El juego de la seducción

Rieznik, Martín
   El juego de la seducción: lo que todo hombre debe saber sobre las mujeres / Martín Rieznik; comentarios de Mariela Tesler; editor literario Rubén Kaplan. - 2a ed ampliada. - Ciudad Autónoma de Buenos Aires: Dibuks, 2021.
   360 p.; 22,5 x 15,5 cm.

   ISBN 978-987-29350-4-7

   1. Relaciones Interpersonales. 2. Sexualidad. 3. Relaciones de Pareja. I. Tesler, Mariela, com. II. Kaplan, Rubén, ed. Lit. III. Título.
   CDD 155.3

Director general: *Ruben Kaplan*
Corrección de estilo: *Liliana Szwarcer*
Diseño y diagramación: *Déborah Glezer / Patricia Leguizamón*
Diseño de tapa: *Andrés Joanidis*

1º edición, Mayo de 2013
1º reimpresión, Noviembre de 2013
2º reimpresión, Julio de 2016
2° edición ampliada, Abril de 2021

© Dibuks
www.dibuks.com

ISBN 978-987-29350-4-7

Queda hecho el depósito que establece la Ley 11.723

Impreso en Argentina - Printed in Argentina

No se permite la reproducción parcial o total, el almacenamiento, el alquiler, la transmisión o la transformación de este libro en cualquier forma o por cualquier medio, sea electrónico o mecánico, mediante fotocopias, digitalización u otros métodos, sin el permiso previo y escrito del editor. Su infracción está penada por las leyes 11.723 y 25.446.

El contenido del presente libro no garantiza ni asegura resultados de ninguna clase en las relaciones humanas y/o desarrollo social del lector y/o de quienes tomen conocimiento de su contenido por otros medios. Esta obra es resultado de la experiencia, imaginaciòn e investigación de sus autores, motivo por el cual los autores, editores y comercializadores de la misma no asumen ninguna clase de responsabilidad respecto de aquellos individuos que decidieran replicar y/o inspirar su comportamiento en el material e información recopilados en este libro, sea respecto de su persona o en relación a terceros. Los Autores y la Editorial no se hacen responsables ni respaldan ningún tipo de acción realizada en sus nombres, por los compradores o lectores de este material. La utilización de nombres es puramente casual, de fantasía y arbitraria, y no se encuentra inspirada en ninguna persona real ni específica. La Editorial no se hace responsable de la falta de exactitud, licitud, veracidad y/o actualidad de los contenidos. Dibuks Ediciones no se hace responsable de todas las opiniones y/o afirmaciones que se encuentran en este libro puesto que muchas de ellas son de carácter individual de las personas, y no necesariamente reflejan la posición de Dibuks Ediciones.

Martín Rieznik

# El juego de la seducción.
## Lo que todo hombre debe saber sobre las mujeres

dibuks
ediciones

A Wanda,
porque yo más, infinito.

# Indice

**Prólogo.**
a la segunda edición (revisada y aumentada) .................................................. 9

**Introducción.**
Lo que nunca nos enseñaron ........................................................................... 15

**Cómo leer este libro.** ................................................................................... 27

**Capítulo 1. Estructura del juego.**
La seducción es un jacuzzi con mujeres que gritan ......................................... 31

**Capítulo 2. Las reglas del juego.**
Aquella autopista al sexo sin límites ............................................................... 41

**Capítulo 3. Valores de supervivencia y reproducción.**
Las mujeres solo quieren divertirse ................................................................. 49

**Capítulo 4. Delivery.**
Todo lo dicho mientras gemías ....................................................................... 63

**Capítulo 5. Regla de los tres segundos**
Dietas de placer social y otras delicias ........................................................... 75

**Capítulo 6. Reactivo vs. Proactivo.**
Ese arcoiris que termina en sus tetas ............................................................. 87

**Capítulo 7. Apertura.**
El acelerador de partículas de sexo ................................................................ 95

**Capítulo 8. Escudo de protección.**
Un filtro de hombres para tomar el té ........................................................... 107

**Capítulo 9. Líder del grupo.**
Perdidos en el espacio estrecho de un armario ............................................ 117

**Capítulo 10. Ping Pong.**
Todos comiendo del mismo sushi emocional ................................................ 131

**Capítulo 11. Ser el hombre.**
Todo al rojo de sus pantimedias ................................................................... 141

**Capítulo 12. Avatar y *pavoneo*.**
Viaje a las estrellas... del VIP .................................................................................. 151

**Capítulo 13. *Valor único*.**
Avalancha Aven en la nieve ..................................................................................... 163

**Capítulo 14. Teoría de la gata.**
Haciendo autostop en el paraíso ............................................................................. 177

**Capítulo 15. Cambio de fases A3/C1.**
La fantasía, ese equipo de hockey en topless ......................................................... 187

**Capítulo 16. Jugar como Alas.**
Un camino de ida hacia la locura ............................................................................ 203

**Capítulo 17. Para cerrar una interacción.**
El círculo virtuoso de las féminas de la cama redonda ........................................... 215

**Capítulo 18. Lectura en frío.**
El circo de las mujeres siempre depiladas .............................................................. 231

**Capítulo 19. *Kinoescalada* y tacto voluntario.**
Todas las miradas conducen a su escote ................................................................ 245

**Capítulo 20. Prueba social.**
Virtudes del uso de la silicona en ambientes domésticos ...................................... 259

**Capítulo 21. Plan de citas.**
Lazarillo de una cita no tan a ciegas ....................................................................... 271

**Capítulo 22. Juego digital.**
Analogía de una vida dedicada al placer ................................................................ 283

**Capítulo 23. Sexo.**
La felicidad es una suite en Las Vegas .................................................................... 307

**Capítulo 24. Seductor de principio a fin.**
Aquella mañana en la que decidimos lavar las sábanas ......................................... 321

**Epílogo.**
Cómo seguir a partir de ahora ................................................................................ 337

**Agradecimientos** ........................................................................................................ 343

**Glosario** ..................................................................................................................... 345

**Bibliografía** ................................................................................................................ 357

# Prólogo
*a la segunda edición (revisada y aumentada)*

La primera edición de *El juego de la seducción* se publicó en mayo de 2013. En su año de lanzamiento, miles de copias llegaron a manos de lectores de todo el mundo, superando ampliamente nuestras expectativas. Recibimos pedidos de casi todos los países de América y Europa, pero también de Australia, Singapur y Sudáfrica. Evidentemente, la seducción es un tema en el que muchos hombres necesitamos una guía, una orientación, un mapa que nos ayude a recorrer un camino que todos queremos emprender pero que nadie aún nos había indicado cómo transitar.

En estos años desde su primera edición, este libro ha demostrado que mejora la calidad de vida de quienes lo leen. Basta con observar los comentarios que dejan en cualquiera de las tiendas virtuales quienes lo han leído, estudiado los conceptos y practicado las técnicas que proponemos. Hombres que han atravesado las diferentes etapas de aprendizaje que requiere el desarrollo de este arte y que finalmente lograron sentir en sus cuerpos y en sus mentes lo que repetimos hasta el cansancio en cada curso, artículo y entrevista: **la seducción es una habilidad que se puede aprender**.

Al publicar *El juego de la seducción* pretendíamos abrir la posibilidad de un mayor entendimiento entre hombres y mujeres; creemos que hemos cumplido ese objetivo con creces. Miles de vidas han sido transformadas y hemos sido testigos de eso: mujeres que nos agradecen porque "mi novio se animó a acercarse a mí gracias a este libro y estamos muy enamorados"; varios bebés y niños que nos han presentado como "fruto del libro" y, por supuesto (no vamos a negarlo, porque es la reacción más inmediata), un número enorme de hombres y mujeres que nos muestran su gratitud porque están teniendo más y mejor sexo gracias a los conocimientos que ofrecen estas páginas. Algunas de esos citas lujuriosas luego se transformaron en relaciones de amor, otras en descendencia y muchas quedaron solamente en encuentros casuales, fugaces (y fogosos), en momentos de placer compartido ("infinitos, mientras duran") de esos que todo ser humano con una vida plena disfruta y merece. **La felicidad solo es real cuando es compartida** y, sea por una noche o para toda la vida, nos llena de alegría saber que, con la ayuda de estas páginas, tanta gente se ha encontrado y conectado en uno de los niveles más profundos que dos personas pueden alcanzar.

Gran cantidad de cosas cambiaron desde esa primera edición hasta ahora. LevantArte, nuestra escuela de *coaching* en seducción y habilidades sociales, experimentó un crecimiento meteórico. Buena parte del mismo se debió a este libro, con el que hemos viajado por toda Latinoamérica presentándonos en radio, TV y medios gráficos.

En 2013, cuando lanzamos la primera edición, solo dictábamos cursos en Buenos Aires. A partir de la publicación del libro todo cambió: llegamos a Rosario, Córdoba y Mendoza, en Argentina. Luego siguieron Montevideo y Colonia, en Uruguay; Santiago y Viña del Mar, en Chile; Bogotá y Medellín, en Colombia; Barcelona y Madrid, en España; DF y Cancún, en México y Lima, en Perú. Actualmente, tenemos sedes en seis capitales del mundo y los cursos online agotan su cupo mes a mes. En ese contexto, fuimos convocados para participar en dos conferencias TED, que cuentan sus reproducciones de a millones: *La ciencia de la seducción*, de Andrés Rieznik en la TEDxRíodelaPlata, de Buenos Aires, y *Seducir para ser feliz* de Martín Rieznik en la TEDx de la Universidad de los Andes, Bogotá.

Por supuesto, en estos años también pasaron cosas en la vida de los autores. Para comenzar, muchos habrán notado que, a pesar de estar escribiendo estas palabras en la primera persona del plural, el libro lleva solo una firma, la de Martín Rieznik, mientras que en la primera edición mostraba también la de Mike Tabaschek. Mike no está presente en esta obra, porque su vida tomó otros rumbos emocionantes que requirieron de su tiempo y su pasión. Sin embargo, mantuvimos la primera persona del plural a lo largo del libro por motivos pedagógicos y de créditos.

Motivos pedagógicos, porque creemos que todos somos ese hombre que se equivoca y que aprende. No creemos en superhombres ni alentamos batallas de egos, porque, para nosotros, nadie es mejor que nadie. **Tampoco queremos separar al autor del lector. Todos somos ese hombre que a veces conquista sus objetivos fácilmente y otras veces no, pero que jamás deja de aprender.** Aprender del dolor no es lo más divertido del mundo, pero es mucho mejor que no aprender absolutamente nada.

La utilización de la primera persona del plural tiene, además, una razón relativa a los créditos del libro; en ese sentido, señala que todo el conocimiento volcado en estas páginas es fruto del trabajo colectivo, aunque solo lleve la firma de una persona. Nada de todo esto podría haber sido escrito sin la ayuda de decenas de *coaches* que trabajan en LevantArte, sin los miles de *feedbacks* y reportes de alumnos que hemos recibido y, por supuesto, sin todos los autores e investigadores que nos precedieron. Por más alto que hayamos llegado, somos conscientes de que no somos más que enanos parados sobre hombros de gigantes.

El juego de la seducción y las relaciones entre hombres y mujeres también han experimentado cambios en los años que nos separan de la primera edición. Para comenzar, en este tiempo atravesamos una histórica segunda revolución de las mujeres. A la primera revolución, la de la década de 1960, ya nos hemos referido en la primera edición de este libro, pues, de alguna forma, estas páginas existen gracias a dicha revolución. La seducción solo puede darse entre personas libres de elegir con quiénes se acuestan y cuándo, y eso no era muy posible para las mujeres antes de los años 60. Tuvieron que conquistar sus derechos civiles, políticos, sociales y sexuales para que hoy podamos hablar de seducción.

La revolución de las mujeres que estamos viviendo ahora representa sin duda otra bocanada de aire fresco para la seducción: mujeres más libres implican relaciones más libres y, sobre todo, más sanas. Aunque aún queda camino por recorrer para lograr una sociedad completamente justa e igualitaria, en esta nueva ola las mujeres se están apropiando de su derecho al goce sexual, de su derecho a decir que "no" y a decir que "sí". La comunicación en el cortejo se vuelve poco a poco cada vez más sincera, más franca, más necesaria.

En las antípodas de esta revolución, en los últimos años impactaron en el mundo aberrantes denuncias de abuso y acoso sexual. Cada vez queda más claro qué es todo aquello que no deben hacer los hombres y ese es un muy buen primer paso. Sin embargo, aún es muy escaso y confuso el conocimiento que se ofrece sobre lo que sí es adecuado a la hora de seducir. Este libro pretende ser un aporte en ese sentido; queremos contribuir a la construcción de un camino que pocos se animan a recorrer: qué es lo que sí es factible ensayar cuando de seducir se trata.

Al abordar esta segunda edición del libro, notamos que no era necesario retocar sustancialmente ninguna de nuestras conclusiones acerca de lo que funciona en el terreno de la seducción, porque nuestros "sí" se han basado siempre en el respeto, en desarrollar la inteligencia emocional y la capacidad de liderazgo; en convertirse en alguien atractivo y empático. Para nosotros, seducir es dar lo mejor de uno mismo, porque entonces es cuando nos sucederán cosas buenas y eso aplica a la seducción.

Nuestras máximas sobre el juego de la seducción son las mismas en esta edición y en la precedente: no demostrar interés sexual en el acercamiento, comenzar toda interacción sin invadir el espacio personal, atentos a los indicadores verbales y no verbales para saber cuándo somos bienvenidos y cuándo no. Si el inicio de la interacción es bueno y proyectamos que somos personas de alto valor y respetuosas (desarrollaremos el concepto de valor en el Capítulo 3), en general las señales serán de avanzar. Y, si no lo son, a otra cosa: no queremos ir adonde no nos invitan. Quien siga los caminos que propone este libro navegará siempre por las aguas del consentimiento y el placer mutuo. El consentimiento es sexy, es nuestro norte. Nadie puede seducirte sin tu consentimiento.

Que no hayamos modificado sustancialmente nuestras conclusiones sobre cómo jugar la seducción no significa que algunos aspectos del juego no hayan cambiado en estos años. Es un hecho, por ejemplo, que la aplicación Tinder y otras similares ni siquiera aparecían en la primera edición de 2013. También han variado algunos aspectos del juego de la seducción en estos años; nos hemos adaptado a ellos y ese es uno de los motivos que nos llevó a concebir esta segunda edición revisada y ampliada.

El Capítulo 22 de la versión anterior del libro se dedicaba al juego telefónico; lo hemos reescrito por completo para aportar las claves de la seducción en el smartphone. En esta nueva versión explicamos cómo seducir en aplicaciones de citas y cómo desenvolverse en redes sociales de forma atractiva. Tan solo este agregado justifica la aparición de esta segunda edición. Esa era la deuda más grande que teníamos con nuestros lectores. Afortunadamente, tuvimos la oportunidad de escribirlo nuevamente. ¡Ahora tenemos *El juego de la seducción* para rato!

Por último, queremos aprovechar este prólogo para felicitar a todo el que haya llegado hasta aquí leyendo. ¿Por qué? Porque el solo hecho de proponerse leer este libro proporciona dos ventajas enormes sobre la mayoría de los hombres: saber que la seducción es una habilidad que puede perfeccionarse y acceder al material perfecto para desarrollarla. ¡Ahora, a disfrutarla!

*Martín Rieznik*
1 de marzo de 2021

# Introducción
*Lo que nunca nos enseñaron*

Nunca nadie nos enseñó esto. Somos hombres, nos gustan las mujeres. Se supone que de algún modo hemos podido arreglarnos, después de transcurridas tantas generaciones. De hecho, ninguno de nuestros ancestros murió virgen. Por lo menos en una ocasión, ellos lograron descifrar el entramado de códigos que permite generar atracción en una mujer. Ya sea para pasar el rato, compartir proyectos de vida, disfrutar del sexo, amar o dejar progenie, seducir nunca fue un acto recreativo, sino más bien una necesidad trascendental. Los genes de aquellos que no fueron capaces de seducir a una mujer se extinguieron de la faz de la tierra.

La sociedad da por supuesto que todos, en algún momento de nuestras vidas, lograremos atraer a la mujer que queramos y alcanzaremos el aclamado final feliz. Hollywood dictamina que vivir es algo así como una historia romántica, en donde el protagonista, bastante torpe en un principio –planteado así para generar empatía en nosotros– logrará conquistar a la mujer más hermosa y, de paso, descubrirá también ciertos superpoderes secretos que lo convertirán en la última versión de El Héroe.

¿Qué pasaría si esto no fuera así? ¿Qué sucedería si este final feliz nunca llegara? ¿Qué ocurriría si las mujeres que anhelamos para ese *happy end* no se sintieran seducidas, a causa de nuestra falta de habilidad? No hay respuestas para esto. Al menos, aún no existe ninguna socialmente aceptada. Es así como pasamos nuestra adolescencia y juventud aprendiendo a fuerza de voluntad, prueba y error. Improvisando, golpeándonos una y otra vez contra la misma pared. Vivimos mirando mujeres, deseando estar con ellas, queriendo que formen parte de nuestro estilo de vida; fantaseamos con lujuria, jacuzzis, yates y tríos. Pero todo eso parecería estar reservado a los campeones del mundo o a las estrellas famosas de la TV. Paulatinamente, notamos que los sueños son solo eso y que son pocos los hombres que llegan a colmar sus aspiraciones de éxito con las mujeres. Nos resignamos a no ser Brad Pitt, pero a un precio muy alto. Podríamos decir que prácticamente todos los hombres desearían mejorar su capacidad de seducción, si se les brindara la oportunidad de hacerlo. El punto es que, hasta ahora, nadie lo ha hecho. Nadie ofreció una respuesta real a quienes querían una guía para perfeccionarse. Hasta ahora, la mejor respuesta ha sido la resignación. El conformismo.

No siempre fue así, pero hoy la seducción parece ser el nuevo tabú. Uno *cool*, posmoderno, de los pocos que quedan. La monogamia obligatoria del "hasta que la muerte nos separe" se extinguió. Tener relaciones antes del matrimonio ya no es un pecado. Los derechos de los homosexuales –incluso los de casarse y tener hijos– comienzan a ser una realidad cotidiana en muchos países. La educación sexual aspira a ser un estándar educativo. Y, sin embargo, algo no encaja, pues la única educación sexual que hemos tenido a lo largo de nuestros primeros años consistió en una patética demostración de cómo colocarse un preservativo sin que se rompa. Y no es que sea un dato inútil, pero es casi la única información que nos han dado acerca de cómo relacionarnos entre hombres y mujeres. Esta es la prueba fehaciente de que la seducción sigue siendo un tabú. Convivimos en silencio con esta realidad y con la cantidad de prejuicios que giran a su alrededor. Sigue siendo más fácil hablar de preservativos, de zonas erógenas o de telenovelas. La desinformación acerca de la seducción es la regla.

Si observamos nuestras vidas, veremos que hemos dedicado la mayor parte del tiempo a trabajar, a estudiar largas carreras universitarias (con mayor o menor éxito), a desarrollar grandes emprendimientos (a cargo de nuestras propias empresas o tal vez como parte fundamental de las de otros) y hasta hemos tenido tiempo para aprender toda clase de habilidades (desde andar en *rollers* o tocar la guitarra hasta practicar yoga o hacer alpinismo). En algunas de estas actividades hemos descubierto grandes pasiones, así es que algunos de nosotros somos diseñadores o artistas y otros, hombres de campo o de negocios.

Hemos logrado tener un gran control en casi todas las facetas de nuestra vida y, sin embargo, hay una en la que siempre nos hemos movido a ciegas. Guiados por cierta intuición, como principiantes, comenzamos de cero una y otra vez ante cada intento fallido o ciclo cumplido. Por rachas, como quien diría. Nunca satisfechos del todo con nuestra vida sexual, querríamos mejorar en cantidad pero también en calidad. Desearíamos poder elegir con quién estar; contar con la habilidad de ser ese hombre por el que todas suspiran. Seducir es, por definición, una necesidad: una sensación de carencia unida al deseo de satisfacerla. Sin embargo, nos han hecho creer lo contrario. Nos han dicho que la seducción es un lujo que solo está al alcance de unos pocos iluminados; que es el patrimonio exclusivo de los hedonistas.

## Una necesidad básica

Nosotros, en cambio, consideramos que seducir es una necesidad básica. Sabemos que un hombre no puede sentirse exitoso en la vida si no está a gusto en su relación con las mujeres. Y esto también vale en sentido contrario: cuando un hombre se sabe exitoso con las mujeres, despliega sus alas para lograr su máximo potencial en los demás aspectos de la vida. Todos nacemos con ese derecho. No hay razón para negarle esta posibilidad a nadie. No hay razón para negárnosla a nosotros mismos.

Este es el punto en el que coincidimos todos los hombres. Allí reside la respuesta a la pregunta que suelen formularnos: "¿Cómo llegaron a este libro?". Y aunque la contestación pueda parecer dispar, tanto quien lo lee como los que lo escribimos transitamos ese mismo camino: el de mejorar nuestras vidas y adquirir los conocimientos y habilidades necesarias para lograrlo. Y, ¿para qué negarlo? **La relación con las mujeres es uno de los componentes más importantes entre los que hacen a nuestra felicidad.** Por eso, he aquí una advertencia: el contenido de este libro cambiará tu vida para siempre. El poder que contienen sus páginas es inmenso. A veces, toda nuestra existencia queda delimitada por pequeños grandes momentos. Este es uno de ellos.

Nuestra revelación llegó la noche de un día como cualquiera. Al tomar en nuestras manos aquellos primeros libros sobre la ciencia de la seducción, dimos uno de los pasos más importantes en la vida de cualquier hombre; uno que nos daría una ventaja considerable sobre todos los demás. Mientras los canales de televisión se dedicaban a proyectar documentales sobre la atracción y reproducción de los peces samurái o los rinocerontes de cuello blanco, nos enteramos de que existía un sinnúmero de investigaciones y muy buena información acerca de la seducción entre seres humanos. Descubrir esto nos cambió la vida. Entonces, invertimos años en absorber todo ese conocimiento vital. El interés se convirtió primero en una pasión y luego en LA pasión, cuando finalmente, tras largos años de dedicación, devinimos expertos en la materia. Hemos estudiado científicamente la seducción durante los últimos veinte años de nuestras vidas. En 2008 fundamos LevantArte, la primera academia de Latinoamérica dedicada al estudio y la divulgación de las dinámicas sociales aplicadas a la seducción. Los testimonios de más de 20.000 hombres que han pasado por nuestras aulas demuestran empíricamente cómo, sobre la base de un éxito social, sexual y amoroso, un hombre puede desarrollar al máximo su potencial con las mujeres. Nos consta que hemos cambiado muchas vidas. En primer lugar, las nuestras; luego, las de nuestros mejores amigos. Lo que jamás hubiésemos podido imaginar es que este conocimiento nos conduciría al punto de nuestras vidas en el que estamos actualmente.

## Rebobinemos algunos años

Hasta ahora, nadie nos enseñó a seducir. Somos hombres. Nuestros padres también lo son, al igual que nuestros abuelos. Seguramente, nuestro padre jamás recibió del suyo un consejo útil acerca de mujeres y él repitió el mismo error con nosotros. No podemos culparlos. Simplemente, ningunos de ellos sabía cómo hacerlo. Por otro lado, las reglas del juego han cambiado vertiginosamente en estos últimos años. Apenas un par de generaciones atrás, el placer sexual se procuraba exclusivamente en los burdeles. Más aún: podemos decir que, en ese contexto, el sexo y las relaciones de pareja rara vez iban de la mano; solo encontraban coincidencia si satisfacían situaciones de tipo social, en su mayoría centradas en mantener o incrementar el nivel socioeconómico de una familia. Hasta hace poco tiempo, el desafío más importante con el que podía toparse un hombre típico de ciudad era el de "pedir la mano" de la mujer que deseaba a la familia de ella. Ese panorama no requería de expertos en seducir a diferentes mujeres y menos todavía de mujeres que pudieran elegir libremente con quién estar. Lo que más aumentaba las chances de obtener la aprobación de la familia para consumar un matrimonio era la posición económica y social del postulante. Los casamientos, básicamente, eran acuerdos sociales (siguen siéndolo) mediante los que se sellaba un contrato que permitía compartir las riquezas (o las pobrezas) de una sociedad demasiado ocupada en su supervivencia como para pensar en vanidades.

La posibilidad de seducir a varias mujeres (simultánea o consecutivamente) fue durante siglos un lujo estrafalario reservado a las clases pudientes. Los emblemáticos casanovas y donjuanes habitaban los palacios de una alta sociedad demasiado ociosa como para no distraerse. La seducción era una necesidad básica convertida en lujo. A esta suntuosidad corresponde el primer estudio riguroso sobre el tema del que se tenga registro: su autor es Ovidio, el poeta romano. Escrito en el siglo primero de nuestra era, su muy citado y poco leído *Ars amandi* (*El arte de amar*) constituye un verdadero manual para el seductor latino de la época. Sin embargo, en su libro, la seducción se postula como un bien accesorio, de uso para la más alta sociedad. Por eso no es de extrañar que una de las más preciadas recomendaciones de esa obra sugiera "trabar amistad con la sirvienta de la joven deseada". Como sucedía hasta hace pocas décadas, la inmensa mayoría de la humanidad (todos aquellos que no pertenecían a la aristocracia) carecía de acceso libre a la seducción. Si dejamos de lado los últimos cincuenta años de historia, deberíamos retroceder hasta la época en que el ser humano vivía en pequeñas tribus para encontrar alguna sociedad en la que hombres y mujeres pudieran seducirse libremente (aunque no sabemos si entonces sucedía eso). En el interín, hemos sobrevivido a miles de años de tabiques y restricciones alrededor de este tópico. Hoy en día, si bien no nos enseñan cómo hacerlo, tampoco nos lo prohíben. Podemos seducir a quien queramos y, aunque parezca increíble, esta es una situación que la humanidad no ha vivido en decenas de miles de años.

## La revolución femenina

El escenario actual es completamente nuevo para el género humano. La década del 60 –con el auge del *hippismo*, la liberación femenina, el acceso de las mujeres a la educación, etcétera– dio lugar a nuevas experiencias que, a su vez, generaron otras necesidades. Por primera vez, hombres y mujeres –libres para seducir, formar pareja y tener sexo con quienes quisieran– compartían el *boom* de los centros urbanos, de universidades atestadas y festivales multitudinarios. Los locales bailables y los recitales de música en vivo brotaron como hongos, de la noche a la mañana. Este fenómeno se observó en primer lugar en los Estados Unidos, luego en las principales ciudades europeas y finalmente se expandió por el resto del mundo. Y se sumó a los nuevos movimientos que proclamaban el amor libre, apoyaban el uso de la píldora anticonceptiva y sostenían ideales sociales transformadores.

Ellas ya no se guardaban bajo el ojo protector del padre. Muchas veces, sus hogares natales se encontraban a cientos de kilómetros de sus nuevas residencias; los hombres, por su parte, tuvieron que aceptar compartir sus complejos académicos, sus clases, sus cafeterías y sus fiestas con mujeres diferentes. Ellas, como nosotros, comenzaban a dar rienda suelta a sus más profundos deseos sexuales y románticos. Feromonas, hormonas de todo tipo y millones de miradas se cruzaban en las aulas de lo que, en la práctica, resultó uno de los primeros laboratorios para la seducción. Ninguna antigua convención social servía en un ambiente tan proclive al intercambio entre las nuevas generaciones de jóvenes. Por primera vez, los hombres tuvimos necesidad de contar con alguna estrategia o técnica para poder aproximarnos a ellas y obtener una cita, un teléfono o un beso.

En ese momento crucial se escribe el primer texto contemporáneo sobre cómo seducir a una mujer. Inicialmente, apareció en forma de fascículos, que luego fueron recopilados en un libro. En 1970, Eric Weber, considerado pionero en el área, publicó *Cómo conseguir chicas*, un compendio de frases para iniciar una conversación con una mujer. La historia mítica relata el surgimiento de esta obra: una tarde cualquiera, caminando por el campus de su universidad, su mejor amigo vio una mujer a la que se acercó para conversar. Weber, que observaba la situación, sostiene que lo hizo con la frase más absurda jamás escuchada. Por eso se sorprendió tanto cuando dos días más tarde vio a su amigo caminar colina abajo junto a su nueva novia, ambos envueltos en un misterioso halo de enamoramiento y sexo. Entonces concibió la idea de recolectar frases para iniciar conversaciones.

Más allá de esta anécdota, los hombres debimos enfrentar los vientos de cambio de la llamada "revolución sexual". Dejó de ser necesario pedir la mano de la doncella, pero en cambio pasamos a depender enteramente de nuestra habilidad de atraer. Las reglas de este nuevo juego generaron una competencia feroz entre los hombres: ya no éramos los únicos en la selva. Por supuesto, como sucede con toda habilidad, algunos contaban con más facilidad natural que otros. Pero el desconocimiento y la intuición siguieron siendo la norma: hombres y mujeres sin acceso a ninguna clase de información acerca de qué hacer, cómo y en qué momento.

Los años 80 aportaron muchas novedades. Por primera vez, grupos de científicos –principalmente mujeres– comenzaron a estudiar el cortejo entre el hombre y la mujer. En estas investigaciones, se destacó una socióloga norteamericana, Leil Lowndes. Basada en estudios subsidiados por el gobierno para investigar la seducción en humanos, ella escribió algunos *best sellers*, entre los que se destaca su gran libro *How to make anyone fall in love with you*. En 1985, la tesis de doctorado del biólogo Timothy Perper (*Sex Signals, The Biology of Love*) se constituyó como hito moderno en la historia del estudio de la seducción. Con novecientas horas de estudios de campo (del tipo "hombre entra a un bar - lenguaje corporal positivo - mujer mueve su hombro en dirección a él - hablan - se van juntos del lugar"), Perper logró delinear lo que sería la base de la comunicación no verbal en la seducción y dio el puntapié inicial para el estudio de la misma con un método científico.

Algunos de los avances más importantes en este campo tienen perfume de mujer. Este es el caso de la doctora Helen Fisher, etóloga que publicó numerosos tratados en neurociencia acerca de la naturaleza de la atracción. *Anatomía del amor* y *Por qué nos enamoramos* son sus libros más vendidos y comentados. Uno de los videos de TED más visto es una presentación de esta carismática científica: *Why we love, why we cheat*, una excelente disertación de quince minutos que cualquier amante del conocimiento sobre la psique humana debería ver.

## La revolución masculina

Hasta aquí, mucha ciencia y pocas nueces. Los hombres aún carecíamos de una guía específica que bajara a tierra todos estos conocimientos y nos permitiera gozar con ellos. Esta revolución llegaría en los años 90, de la mano de la era cibernética, la *world wide web* e Internet. De ese enorme conjunto de hombres frente a una computadora surgirían los primeros foros acerca de estrategias y técnicas de seducción. Eran sitios secretos, de difícil acceso, que además requerían alguna clase de invitación de terceros. Sin embargo, de allí brotaría por primera vez en la historia de la humanidad un espacio masculino inédito. Uno en el que los hombres comenzaron a hacer algo que las mujeres practican desde hace decenas de miles de años: ellos empezaron a intercambiar técnicas y consejos sobre cómo seducir. Eran cientos de hombres de todo el mundo compartiendo metodologías, analizando las que funcionaban y las que no. Uno podía nutrirse de la experiencia de muchísimos otros en situaciones similares y ahorrarse, de paso, unos cuantos rechazos o escenas incómodas. Solidaridad entre hombres, seductores al servicio de la humanidad.

De estas comunidades casi secretas en las que todo el mundo se conocía por *nicknames* y avatares, surgiría alguien que aportaría la estructura y la síntesis del proceso de seducción: un canadiense, mago de profesión. Erik Von Markovik (más conocido por su seudónimo, Mystery) viajaría por todo el mundo durante diez años para delinear y perfeccionar lo que daría a conocer con el nombre de *Mystery Method*. Hace algunos años, la revista Discovery definió a su creador como a uno de los grandes genios del último siglo. No es para menos: él fue una de las primeras personas en la historia de la humanidad que, con bastante criterio, sistematizó las diferentes etapas que deben atravesar una mujer y un hombre para hacer de la seducción un cortejo efectivo. Mystery las describió paso a paso y obtuvo una repercusión inmensa en los foros. Entonces comenzó a dictar sus primeros *bootcamps*, sesiones de entrenamiento que duraban un fin de semana; en ellas, él se dedicaba personalmente a formar a sus discípulos. Primero en forma teórica y luego con salidas grupales, Mystery comenzó a aplicar conceptos fundamentales de *coaching* que le permitieron incrementar exponencialmente el número de casos exitosos entre sus asistentes. Uno de ellos marcaría otro hito en este relato; lo haría empleando su seudónimo, Style, y también alcanzaría fama mundial.

Neil Strauss, conocido más tarde como Style, trabajaba como periodista de la revista *Rolling Stone* cuando conoció a Mystery. Él sería el responsable de dar el giro definitivo a esta historia. Había sido enviado inicialmente a participar en uno de los seminarios para realizar una nota que diera cuenta de su experiencia. Neil aseguraba ser uno de los mayores *loosers* que podían encontrarse. Entusiasmado por la idea y, según él mismo cuenta, después de haber tomado una de las decisiones más difíciles pero más importantes de toda su vida, Style se anotó en uno de los *bootcamps* de Mystery. Los dos años siguientes de su vida lo erigirían en uno de los principales referentes de la comunidad de seductores. Él relató esta transformación total en su novela autobiográfica *El método* (*The game*, 2006), que describe sus vivencias y aprendizajes. Su libro encabezaría la lista de *best sellers* del diario *The New York Times* durante los dos meses posteriores a su lanzamiento y volvería a ese puesto en 2007. Por primera vez en la historia, se daba a conocer al gran público la existencia de estas comunidades que dejarían de ser tan secretas y se propagarían como plagas a lo largo y ancho del planeta. La razón estaba a la vista: el libro abría a millones de hombres la posibilidad de aprender esta habilidad. A partir de ese momento, todos pudimos acceder a la mejor información disponible en formato libro, mediante un seminario presencial o a través de ambas posibilidades, con el fin de aprender lo que nos había sido negado durante años. Los hombres estábamos a punto de dar un paso gigantesco.

### Nace LevantArte

Surgieron entonces las academias y las escuelas de seducción en las principales ciudades del mundo. Por fin era posible optimizar el aprendizaje al máximo para obtener resultados en tiempo record. En 2008 fundamos LevantArte para situar a Latinoamérica a la vanguardia de este conocimiento universal.[1]

---

1   LevantArte, originalmente llamada LevantArt, fue fundada en 2008 por Martín Rieznik, Andrés Rieznik y Mike Tabaschek. Aunque aún colaboran de forma esporádica con la empresa, Mike y Andrés se retiraron de la dirección de la misma, que fue asumida por Martín Rieznik.

En los últimos años hemos desarrollado planes específicos, estudios de campo, divulgaciones y colaboraciones internacionales. Uno de nuestros principales méritos ha sido la adaptación regional de estas técnicas, ya que no es lo mismo seducir a una mujer en Miami o en Los Ángeles que hacerlo en Buenos Aires, Santiago, Bogotá o Montevideo. Tenemos la experiencia única de haber formado a más de 20.000 hombres: abogados, artistas, profesionales, trabajadores independientes o médicos. Ellos han desarrollado su potencial para generar atracción en mujeres, en situaciones que jamás habían siquiera imaginado.

En esta era saturada de pornografía, de naturalización del sexo pago y de relaciones de plástico, este libro pretende ser un faro que ilumine el desarrollo de una habilidad latente que, como hombres, nuestros abuelos no necesitaron y nuestros padres jamás pensaron siquiera que pudiese existir. Es el resultado de intensos años de estudio, de miles de horas de práctica, de la experiencia acumulada por decenas de miles de hombres en culturas diferentes que habitan ciudades muy distintas. Contiene un conocimiento poderoso y requiere que dediques tiempo, voluntad y esfuerzo a recorrer estas páginas de una en una hasta que puedas incorporar los contenidos y desarrollar tu propia habilidad. Es importante tener en cuenta que todo arte conlleva un tiempo de asimilación y una cantidad específica de práctica. También es altamente recomendable que sigas tu lectura por el capítulo titulado *Cómo leer este libro* y utilices la información detallada en las últimas páginas para acceder a tu exclusiva Membresía AVM. Como miembro, podrás compartir este proceso con una comunidad virtual de personas reales que tienen objetivos similares a los tuyos. Al mismo tiempo, accederás a trabajar con el mejor equipo de *Coachs TTC (Teachers Training Course)* de Hispanoamérica, que te guiará paso a paso para obtener el máximo de provecho de esta nueva experiencia.

Nuestra ética respeta a las mujeres como los seres hermosos que son, con tantas cualidades diferentes de las nuestras que día a día procuramos redescubrir. Somos hombres y amamos a las mujeres. La seducción ya no es un lujo para nosotros.

Bienvenido a tu nuevo estilo de vida.

# Cómo leer este libro

Estás a punto de dar uno de los pasos más importantes de tu vida. El libro que está en tus manos es el resultado del estudio empírico y científico de lo que todo hombre puede hacer para causar atracción en una mujer. Sobre la base de ese estudio se han desarrollado técnicas y estrategias específicas para generar la atracción y conexión necesarias para seducir, y para que esta habilidad pueda ser enseñada a cualquier persona que desee aprenderla. Actualmente, son innumerables los hombres de todo el mundo que utilizan estas herramientas para hacer posible su anhelado y exclusivo estilo de vida. Conocer tu propia naturaleza y la de las mujeres te hará más libre. Este no es un libro de autoayuda, es una guía para ser un hombre más seguro, pleno, feliz y dotado de infinidad de nuevos recursos. En estas páginas enseñamos aquello que no se estudia en ningún otro lugar. Exploramos una de las facetas más importantes en la vida de todo hombre, pieza fundamental para el logro de su felicidad, con el fin de saber exactamente qué es lo que une a los hombres con las mujeres y aprender a generar esa conexión.

Desarrollar una habilidad requiere dedicar cierta cantidad de horas a su práctica. Es probable que a lo largo de ese proceso modifiquemos muchas creencias obsoletas con respecto a la relación entre hombres y mujeres. No existen mágicas líneas de diálogo ni frases ingeniosas que hagan que una de ellas se sienta atraída instantáneamente, pero hay características de la personalidad y estrategias sociales exitosas que podemos aprender. Analizaremos en detalle las situaciones concretas en que se genera la atracción y brindaremos respuestas adaptadas a las necesidades particulares de cada circunstancia.

Para avanzar en ese proceso de aprendizaje es necesario desarrollar habilidades sociales e invertir esfuerzo, voluntad, compromiso y trabajo. No sirve demasiado leer este libro sin ponerlo en práctica. Como sucede con cualquier aprendizaje –ya sea tocar el piano, patinar en *rollers* o ejercer la abogacía– solo la dedicación y el esfuerzo nos permiten alcanzar el máximo de nuestro potencial. Más aún, la habilidad misma demandará cada vez mayor entrega. Sin embargo, paso a paso, algunas técnicas que en principio parecerán novedosas y complejas, con el transcurso del tiempo serán fácilmente asimiladas y pasarán a formar parte del día a día. Es una situación similar a la que enfrentamos al aprender a conducir un automóvil. Al comenzar, siempre sucede que, aunque sepamos teóricamente cómo funcionan el acelerador y el embrague, el motor se nos apaga al frenar. Luego, cada hora de práctica ayuda a disminuir la cantidad de errores. Lo que en un principio era complicado deviene automático: ni siquiera prestamos atención ni necesitamos pensar lo que hacemos. La analogía con la seducción es inevitable. En un primer momento cometerás errores –miles de errores–, pensarás demasiado lo que estás haciendo e incluso perderás fluidez y naturalidad al ejecutar las acciones. Esto forma parte del desarrollo de cualquier habilidad.

A miles de hombres les ha pasado lo mismo con las técnicas que enseñamos. Sin embargo, en mucho menos tiempo del que imaginaron, pudieron empezar a disfrutar de sus interacciones y a gozar de los beneficios de este conocimiento. Ellos adquirieron una habilidad que –como andar en bicicleta–, una vez aprendida, los acompaña cada día de sus vidas. Incluso han podido enseñársela a otros: hijos, amigos o a quien quisieron ayudar a ser más felices.

Como puede que el lector haya notado en las páginas que lleva leídas hablamos con frecuencia en la primera persona del plural ("las técnicas que enseñamos") porque aunque este libro lleve la firma de una sola persona, los aprendizajes y el conocimiento que contiene son fruto de un trabajo y elaboración colectivos. Por eso hablaremos de "nosotros" y de "los hombres" en todos los capítulos del libro. Emplear la primera persona del plural es también una declaración de humildad y de principios: no hay hombres "ganadores" y hombres "perdedores": todos ganamos algunas veces y perdemos otras. Seguramente quien lea este libro cometerá muchos menos errores que quien no lo haga, pero no deja de ser uno más en el conjunto de los hombres. Lo que lo diferenciará a partir de ahora no es que pasará a ser un hombre perfecto, pero sí será uno dispuesto a mejorarse y a desarrollar sus habilidades sociales para lograr sus objetivos sociales y románticos.

¿Es posible mejorar continuamente? Por supuesto que sí; el techo lo ponemos nosotros mismos. Hemos tenido clientes que se acercaron porque querían tener sexo con "cientos de mujeres", y luego se enamoraron de la primera que conocieron. Y también algunos que se acercaron para "recuperar a su exnovia", pero que en el proceso conocieron a tantas mujeres que terminaron olvidándola. La seducción no es una ciencia exacta pero, con seguridad, quien posee esta habilidad logra desarrollar una vida llena de opciones. Toda mujer brinda la ocasión placentera de aplicar lo aprendido.

Este libro despliega ese conocimiento paso a paso. Cada capítulo abarca al menos una de las etapas de este proceso. Algunos tratan de las transiciones entre una y otra, y determinadas etapas serán abordadas en más de un capítulo. Recomendamos leer este libro de manera lineal. La ansiedad no suele ser buena consejera. Si surge el deseo de abrirlo por la mitad, perfecto: no hay problema en hacerlo. Pero luego de satisfacer la curiosidad leyendo algunas páginas al azar y una vez terminada la exploración, aconsejamos regresar al punto previo y enfocarse en avanzar en la lectura del libro en el orden prefijado.

Hay conceptos más difíciles de entender que otros, pero ninguno debe ser motivo de preocupación. Todos serán comprendidos más adelante. Lo más indicado es ser firme e intentar poner en práctica la mayor cantidad de conocimiento adquirido. Leer el libro en tres días sirve tan poco como hacerlo en seis meses. Debemos dedicarle el tiempo justo para lograr que cada técnica o estrategia sea asimilada con naturalidad. En la lectura, es normal pasar algo por alto o que el proceso de aprendizaje requiera rever algún capítulo. Afortunadamente, el libro estará allí para volver a él tantas veces como sea necesario.

Nada de lo expuesto aquí es una ciencia exacta, pero tampoco se trata de nociones filosóficas o teorías abstractas. Al final de cada capítulo incluimos una *toolbox que* resume las principales técnicas explicadas en él. Estos apartados se convertirán en una guía de consulta rápida antes de salir a poner en práctica y también serán útiles para repasar antes de abordar un nuevo capítulo.

Nuestra experiencia en la formación de más de 20.000 hombres en las aulas de nuestra academia nos ha enseñado algo importante: con el ejemplo se aprende. Por eso, cada capítulo incluye un reporte de campo (FR, del inglés *field report*), es decir, un relato real de alguien que puso en práctica alguna de las habilidades descritas. Estos reportes de campo fueron escritos por Avens (acrónimo de artista venusiano), alumnos o exalumnos de la Academia e incluso por *Coachs TTC* (*Teachers Training Course*) certificados por LevantArte. Describen situaciones reales con mujeres en las que ponen en juego su habilidad. Hemos tenido que elegir entre los miles de FRs que forman parte de nuestra comunidad virtual o campus, para incluir aquellos que mejor ejemplifican nuestra propuesta. Los nombres de las personas involucradas en estos reportes y los de algunas locaciones han sido modificados para respetar al máximo la privacidad.

Por último, damos por supuesto que muchos hombres están realizando su primer acercamiento a estas técnicas y estrategias a través de la lectura. Por eso hemos incorporado un glosario para despejar dudas y un índice bibliográfico para quienes deseen seguir profundizando sus conocimientos.

Asimismo, en las últimas páginas de este libro ofrecemos al lector la posibilidad de acceder en forma promocional a su propia Membresía AVM. Esta distinción habilita la utilización ilimitada de nuestro campus virtual y el ingreso al foro online de LevantArte, así como también brinda la posibilidad de acceder a un plan de aprendizaje a medida, el ingreso a la mediateca temática –con cientos de ítems entre videos, libros y audio– y obtener las claves de los grupos privados de intercambio de técnicas y estrategias especiales.

La mente es como un paracaídas: solo funciona cuando está abierta. Una vez que se abre a una nueva idea no vuelve a cerrarse jamás.

¡Comencemos!

Capítulo

# 01

## Estructura del juego
*La seducción es un jacuzzi con mujeres que gritan*

> *Todo lo hecho por amor está más allá del bien y del mal.*
> **Friedrich Nietzsche**

Las mujeres son objeto de propuestas románticas y sexuales día a día, mientras que nosotros, los hombres, no. Casi todas las mujeres reciben cotidianamente miradas insinuantes y proposiciones de todo tipo, en especial, las que nos interesan por su apariencia, que son destinatarias de decenas de cumplidos y atenciones, personalmene o a través de las redes sociales.

Si los ámbitos de la seducción o del sexo funcionaran como un mercado, podríamos concluir que toda mujer es un sujeto sobredemandado. No sugerimos que eso sea injustificado, sino más bien que generalmente existe más demanda romántica o sexual sobre una mujer que la que ella puede o quiere satisfacer.

No sucede lo mismo con la mayor parte de nosotros. En términos generales, siguiendo con la analogía del mercado, podríamos decir que, en nuestro caso, el sexo es un bien escaso. Esto no significa que todo hombre sea un indigente sexual sino, simplemente, que para las mujeres no es un problema conseguir sexo con un hombre de forma gratuita e inmediata (pues existe una gran demanda), mientras que para la mayor parte de los hombres sí lo es. Una de las aristas de este fenómeno es el enorme negocio de la prostitución, que ubica a millones de hombres como consumidores y a miles de mujeres en situaciones de riesgo.

Esta es la realidad que deseamos modificar. Este libro está escrito por hombres y para hombres. Probablemente no logremos hacer del mundo un lugar mejor, con sexo y amor suficientes, pero sabemos que ahora mismo, ahí afuera, hay miles de hombres con más citas, relaciones y sexo que lo que jamás habían soñado tener. Lo lograron aprendiendo las etapas que rigen el proceso de seducción y aplicando las técnicas que explicaremos a continuación.

## Las tres etapas de la seducción

Por lo general, una mujer no tiene sexo con un hombre solo porque él despertó su interés, le pareció lindo o le cayó simpático. Los hombres, en cambio, solemos ser bastante más básicos: vemos a una mujer, nos atrae, la deseamos y si ese deseo fuese correspondido y las circunstancias lo permitieran, tendríamos sexo con ella. En cambio las mujeres, en su mayoría, tienen otro tipo de necesidades y filtros. El juego de la seducción, teniendo en cuenta las necesidades femeninas, suele atravesar tres etapas antes de llegar al sexo propiamente dicho: (A)tracción, (C)onfort y (S)educción.[1] A su vez, cada etapa se subdivide en tres fases. A modo de introducción, plantearemos brevemente de qué se trata cada una.

## La atracción inicial, el interés

A1: La fase inicial consiste en comenzar una interacción con una mujer, con un grupo de ellas o con un grupo mixto donde hay hombres y mujeres.

Muy pocas veces sucederá que sea la mujer quien inicie una interacción con nosotros. Y aunque existen técnicas para facilitar esa situación, son muchas las que nunca se aproximarían a un desconocido

---
[1] El modelo secuencial de tres etapas ("Atracción, confort y seducción") fue popularizado por Erik Von Markovik en 2006, luego de que lo publicara por primera vez en su libro *El método*.

con la intención de seducirlo. En general, seremos nosotros los encargados de comenzar a interactuar. Para eso, utilizaremos una frase que denominaremos *opener* o *abridor*. Incorporaremos algunos *openers* con alto grado de efectividad, mediante el recurso de fusionar en pocas palabras algún aspecto de nuestra vida e intereses con los tópicos de conversación preferidos por ellas. Una vez que hayamos internalizado el proceso, luego podremos improvisar.

De este modo, también lograremos dejar atrás el miedo y la ansiedad, y aprenderemos a obtener la atención femenina en apenas algunos segundos. Utilizaremos técnicas que nos permitan pasar a ser nosotros el objeto de deseo. Estas abarcan tanto el lenguaje corporal como la expresión facial e incluso lo que hacemos un tiempo antes de empezar siquiera la interacción.

A2: Fase media de la etapa de Atracción, en la que el hombre genera interés en una mujer o su grupo de pertenencia por medio de DAVs (demostraciones de alto valor), mientras se muestra poco interesado en su *objetivo* (la mujer que desea en el grupo). En esta etapa, también ella comienza a evidenciar indicadores de interés (IDIs), que aprenderemos a detectar.

Ese desinterés inicial masculino permitirá luego, en la fase siguiente, crear conexión. En ese contexto, ella sentirá que se ha ganado la *validación* a través de la interacción mantenida y no solo por ser físicamente atractiva.

A3: Una vez que la mujer demuestra interés, el hombre también revela el suyo y comienza a generarse una conexión.

Contabilizados los primeros tres o cuatro IDIs, daremos por sentado que en ella hay una intención real de hablar con nosotros. Cuanta mayor habilidad adquiramos en las dos primeras fases, menor esfuerzo deberemos realizar para llegar a la tercera. El seductor más eficaz no precisa hablar demasiado. Las mujeres aman hablar. Uno de los errores más comunes entre los hombres es buscar una conexión personal con una mujer sin que se haya mostrado interesada en tenerla. Ahora bien, si deja ver su interés, entonces esperará que queramos saber algo de ella. Si no lo hacemos, pensará que solo nos atrae por su físico.

En esta fase es cuando comenzamos a *validarla* y a mostrar un interés directo por conocerla. Si lo hacemos correctamente, pronto podremos estar a solas en la etapa de *confort*.

## El *confort*

Debemos considerar esta etapa como la ocasión de conversar con la mujer más profundamente, con mayor conexión e intimidad. Hay que tener en cuenta que, por lo general, cada etapa de *confort* se desarrolla en un lugar diferente.

El beso puede ocurrir en cualquier fase, generalmente desde que ella nos dio los tres IDIs hasta el final de la etapa de *confort*. Existen numerosas herramientas para atravesar esta etapa e incluso técnicas que al *elevar la temperatura* producirán en ella un fuerte deseo de que nos besemos.

C1: Aunque el primer beso puede darse frente a sus amigos o amigas, generalmente las mujeres prefieren besar a un hombre en una situación íntima, a solas, sin ser vistas por su grupo. Por eso, si la conocimos en una situación grupal, una vez que ella mostró interés por nosotros, es hora de tener un momento a solas para conocernos mejor. Puede que no nos vayamos juntos en ese momento; tal vez intercambiemos números de teléfono o contactos en alguna red social y pensemos en encontrarnos otro día. Sea como fuere, ¿acaso querrá vernos nuevamente si nunca tuvimos un momento de cierta intimidad? Ella necesita sentirse lo suficientemente cómoda a solas con nosotros como para estar segura de querer volver a vernos. Esto es lo que llamamos *aislamiento*: tener un momento los dos a solas. Si ella está acompañada, nos vendrá bien la ayuda de un amigo (al que llamaremos Ala) para pasar el rato con quienes la acompañan, mientras nosotros nos *aislamos* con nuestro objetivo.

C2: Si en C1 estamos ubicados dentro de la locación donde la conocimos pero algo alejados de los grupos de nuestros amigos, C2 transcurrirá en un sitio intermedio entre el ámbito en el que planeamos tener sexo y el lugar donde nos vimos por primera vez. Estamos hablando de las famosa "citas", que no siempre existen, ya que es probable que conozcamos a una mujer y esa misma noche o día terminemos en la cama con ella, sin cita de por medio. Pero, como dijimos, es menester prepararse para atravesar todas las situaciones posibles. Muchas mujeres tienen como regla no tener sexo con un hombre que conocieron ese mismo día, ¡aunque siempre podrán hacer una excepción con nosotros!

Hay mucho que aprender para diagramar un buen plan de citas, más allá de la clásica cena a la luz de las velas. Lo ideal es uno que incluya varias situaciones interesantes sin resultar eterno, y que su itinerario surja en el devenir del encuentro.

C3: En esta fase ya estamos cerca del lugar en donde podríamos tener sexo. Así como no es conveniente haber conversado con ella solo frente a sus amigas y luego directamente invitarla a salir por teléfono (porque aún no se sintió lo suficientemente cómoda con nosotros), tampoco es eficaz tratar de llevarla de la cita a la cama sin escalas: ese salto abrupto podría resultar incómodo. Un ámbito adecuado, en esta fase, es un sillón de nuestra casa o de la de ella o quizás el automóvil, si es que pensamos ir a un hotel.

Lo importante es que solo a partir de esta instancia podemos empezar la *escalada* de juegos preliminares previos al sexo. Si hiciéramos esto en el *aislamiento* (C1) o en una cita (C2), estaríamos comportándonos inadecuadamente y reduciendo nuestras posibilidades de tener sexo con ella. Las mujeres odian a los hombres desesperados.

Pero en C3 podemos empezar a *escalar* sexualmente para que el paso a la cama sea gradual y natural. Dar unos masajes o que se siente en nuestras piernas para ver un video suelen ser buenas opciones. Todo a su debido capítulo.

## La seducción

Esta es la etapa sexual propiamente dicha. Sin duda, una mujer que gozó el sexo con nosotros es muy probable que quiera vernos nuevamente, así que procuraremos que resulte una experiencia realmente placentera.

Debemos tener en cuenta que es común que las mujeres experimenten cierta ansiedad en el momento previo a tener sexo con un hombre. Esto probablemente tenga un origen biológico: durante millones de años, el sexo estuvo ligado a la reproducción. El embarazo, para una mujer, significa abocarse casi exclusivamente al cuidado de su cría durante por lo menos dos años. En cambio, los hombres, a pesar de las normas culturales, podemos concluir el acto sexual e irnos sin ningún tipo de carga.

S1 es el comienzo del juego sexual y S2 será ese momento –que puede existir o no– en el que ella quiera desacelerar la *subida de temperatura*. Puede que suceda incluso estando ambos ya desnudos, en la cama, porque, aun así, ella no se siente segura de querer tener sexo con nosotros. Llamamos a esa etapa femenina RUM: *reevaluación de último minuto*. Muchos hemos pasado por esa situación. Aprenderemos en qué consiste ese sentimiento femenino y, sobre todo, cómo comportarnos en ese momento para que ella se sienta libre y con ganas de tener sexo con nosotros, sin presiones de ningún tipo.

S3: Es el momento sexual propiamente dicho, en el que la experiencia es nuestra mejor amiga. En esta fase final del juego, la conexión y la confianza que construimos desde el comienzo de la interacción nos permitirán explorar una relación libre de prejuicios y limitaciones. Lo más importante es recordar siempre que estamos yendo a la cama con una persona de otro sexo, que siente y vive la experiencia a su manera.

ATRACCIÓN → CONFORT → SEDUCCIÓN

**Punto de inflexión**

Cinco verdades para comenzar a disfrutar de este proceso de aprendizaje:

**1.** De nada sirve regalar bombones o flores en una primera etapa. Tampoco los piropos. Si algo de eso fuera útil, no hubiésemos escrito este libro.

**2.** La práctica hace al maestro. Leer un libro no convierte a nadie en un as de la seducción. Es necesario **salir y ejercitar** cada una de las técnicas.

**3.** Es preciso ser un científico en la revisión y un artista en el campo; obtener toda la información necesaria para **entender, comprender, aprender y superarse**. Debemos encarar la seducción como un proceso creativo que requiere estudio y perfeccionamiento.

**4.** Es muy importante **disfrutar de cada etapa**, entender el aprendizaje como un proceso de asimilación de conceptos que requiere tiempo de adaptación a nuevas ideas y acciones. Los resultados llegarán como su consecuencia directa.

**5.** Se trata de avanzar paso a paso. El intento de aplicar todo el conocimiento en un día o una noche, desesperadamente, para acabar con una mujer en la cama, solo reportará frustración. El objetivo es que **desarrollemos una habilidad** que nos sirva para el resto de la vida.

> **Field Report**
> ⤳ Luciano.
>
> **El juego.** En este FR, Luciano narra una experiencia propia para describir cómo se siente con respecto a sus habilidades como seductor.

## Estilo de vida Aven para una aventura de discoteca

«El viernes Mike me escribe por Whatsapp que fue a bailar y se retiró del lugar acompañado por una mujer; le pido que me cuente cómo ocurrió:

—No tengo mucho que contar... Nos besamos, salimos de ahí y fuimos caminando hasta mi casa.

"¡Qué fácil!" pensé. Esa misma noche me organicé con un amigo para ir a una discoteca en donde tocaba un DJ amigo. Allí charlé con gente y terminé en una conversación casual con una flaca que también resultó ser conocida del DJ. Morocha, alta, ojos grandes y verdes. De repente eran ya las 4:30 AM; ambos estábamos hablando y riéndonos de pavadas hacía más de diez minutos, cuando simplemente le dije "¿Vamos?". "¡Dale!" me respondió, y salimos sin siquiera habernos besado. Nos besamos después de caminar unos metros, estando ya en la calle. A casa y a la cama. Al día siguiente, con Mike, el diálogo fue el mismo, pero con los protagonistas cambiados.

—No tengo mucho que contar. Salimos de ahí, nos besamos y fuimos caminando hasta mi casa.

Entonces ¿no sirve de nada aprender seducción? Pero. ¿por qué estas cosas nunca me pasaban antes? La clave, pienso, es el estilo de vida. ¡La estrategia de seducción ahora soy yo mismo! Soy, digamos, un emprendedor exitoso, joven, que se viste bien; tengo sentido del humor y buenos amigos. Soy divertido y me gusta divertir a los demás. Siempre lo fui, pero quizá antes no lo creía o no me daba cuenta de cuán atractivo resulta eso para las mujeres. Ahora considero que, en realidad, si esto está a la vista y no cometemos errores tontos, está todo hecho. ¿Qué más precisan ellas? ¡Nada! Y por si esto fuera poco, ahora sé de seducción: eso me ayuda y mucho.

Me sirvió para posicionarme como premio en la charla. Me fue útil cuando se acercó un hombre a interrumpir y sutilmente evité que se convirtiera en competencia. Me ayudó para darme cuenta, al salir, cuando ella se encontró a una amiga, que lo mejor era ponerme a hablar por teléfono y no me quedarme sin nada que hacer esperándola. Me sirvió para besarla sin titubeos. Y, por sobre todo, me vino muy bien para saber medir sus indicadores de interés y reconocer el momento en que debía decir "vamos" para que termináramos juntos en mi casa.

Sin estos años de aprendizaje, seguramente hubiese ido demasiado rápido o me hubiera retrasado en besarla. Probablemente, el hombre que se acercó me hubiese opacado fácilmente, o tal vez yo hubiera actuado como un necesitado en la puerta, cuando ella encontró a su amiga, o la hubiese besado torpemente Y si la flaca no se hubiera ido antes, a pesar de tanta torpeza y falta de conocimiento, hubiera tardado tanto en decirle "vamos" que probablemente ella ya ni siquiera estaría allí. Y me habría perdido una inolvidable noche de placer, sexo y diversión.

Ahora mismo escribo este FR en la laptop desde el bar que está frente a mi casa. Ella aún duerme, le dije que bajaba a comprar el desayuno. Ahora planeo subir y despertarla con otra dosis de vida Aven. 》》

**Capítulo**

# 02

## Las reglas del juego
*Aquella autopista al sexo sin límites*

> *He fallado más de nueve mil tiros en mi carrera. He perdido casi trescientos juegos. Veintiséis veces han confiado en mí para realizar el tiro que ganaba el partido y lo he fallado. He fracasado una y otra vez en mi vida y es por eso que he triunfado.*
>
> **Michael Jordan**

Jugar es aprender una habilidad. Jugando crecemos y aprendemos a caminar, a hablar e incluso a socializar. Así es como construimos gran parte de nuestra experiencia en los primeros años de vida. Este proceso de aprendizaje lúdico comienza a perder importancia y efectividad cuando (tanto en la educación formal con en la no formal) se nos inculca que lo importante es el resultado, que lo único realmente significativo es ganar. La realidad es otra. El concepto de ganar lleva consigo el de perder; la única forma de capitalizar la derrota es lograr aprender de ella: eso nos acerca un paso más a la victoria.

Así es que, mientras juega, el jugador de fútbol se entrena para obtener la habilidad suficiente y dirigir el tiro siguiente con mayor elegancia y en una dirección más acertada que en las anteriores oportunidades. ¿Cuántas veces puede equivocarse un hombre? No hay siquiera una vez que sea igual a la precedente.

## Una analogía con el videojuego

Pertenecemos a la generación del *videogame*, que conoce perfectamente este concepto. Crecimos rodeados de la posibilidad de aumentar *skills* (habilidades) en base a la repetición de patrones, y recibir el correspondiente premio a medida que superamos distintos niveles. A diferencia del modo en que se opera comúnmente en el terreno social, en el videojuego no se descarta totalmente al perdedor, sino que se le da la posibilidad infinita de recomenzar hasta convertirse en un gran jugador, un maestro del juego. Solo la falta de persistencia en este objetivo puede amenazar la consecución de su logro. El *game over* es siempre una posibilidad de empezar nuevamente y eso es lo que hacemos, mientras el juego aún nos parezca divertido.

## Nosotros jugamos el juego de la seducción

Hay variables que hacen de la seducción una experiencia lúdica y gozosa, como es cualquier juego. Siempre que jugamos lo hacemos por placer; nunca se toma el mando de una consola con la intención de pasar un mal rato. Incluso si la inexperiencia en un juego determinado nos llevara a desarrollarlo mal, a perder o a dar con obstáculos muy difíciles de superar, jamás pensaríamos en buscar una ventana para arrojarnos al vacío. Sabemos que se trata de un *videogame* y que podemos recomenzarlo tantas veces como queramos. Lo mismo sucede en cualquier lugar en el que estemos (una discoteca, por ejemplo): nos ofrece enormes posibilidades de desarrollar la habilidad, de jugar y, en particular, de disfrutar de todo el proceso de aprendizaje.

Si somos nuevos en la práctica, nos acercamos a una mujer, intentamos nuestro primer *opener* y este no funciona, en lugar de pensar en saltar por la primera ventana disponible, recordaremos que se trata tan solo de un juego. A partir de ese momento, analizaremos cuáles pueden haber sido los motivos del rechazo en ese primer intento (a lo largo de los capítulos que siguen identificaremos varias causas probables y también sugeriremos alternativas de acción). Como hacemos en el caso de los videojuegos, en lugar de perder tiempo lamentándonos, inmediatamente pulsaremos *restart* para recomenzar la partida y volver a poner a prueba nuestra habilidad, solo que esta vez lo intentaremos con otra mujer y mejorando nuestro acercamiento sobre la base de lo aprendido en la interacción previa.

Tal vez sea difícil de percibir en ese instante, pero en esta segunda oportunidad habremos desarrollado nuestras habilidades en base al análisis y la experiencia y, de ese modo, dispondremos de una gran cantidad de información y de recursos relevantes que nos permitirán superar con eficacia el siguiente desafío.

Con esa misma lógica funcionan también los *videogame*s. Para poner un ejemplo típico, recordemos el archiconocido *Super Mario Bros*[1]: una vez terminada la primera pantalla, nos topábamos con el primer monstruo con su disfraz de Rey Koopa; solo al superarlo podíamos acceder al siguiente nivel. ¿Cuál era el desenlace más frecuente en los primeros intentos? Más allá de la excelencia con que hubiéramos atravesado los desafíos previos, ese último obstáculo nos sorprendía sin los recursos necesarios para superarlo y, en consecuencia, perdíamos.

Después de acceder varias veces a esta última pantalla, el recuerdo de los movimientos del enemigo y nuestro perfeccionamiento en el uso del personaje animado nos permitían pasar de nivel sin mayores dificultades y enfrentar nuevos obstáculos en el siguiente, donde probablemente volvía a suceder lo mismo. A lo largo de todo el juego se repetiría la dinámica de jugar hasta toparnos con una dificultad en principio infranqueable, que nos obligaba a perfeccionar nuestras habilidades. Ese es el funcionamiento de prácticamente todos los videojuegos y de gran parte de los juegos analógicos en los que siempre intervenimos (tanto un partido de fútbol como una partida de ajedrez).

---

1 Videojuego de plataformas producido por la compañía Nintendo en 1985.

## La habilidad hace al jugador

Al poner el foco en el desarrollo de la experiencia y la habilidad, perderán importancia los pequeños desafíos del comienzo y los posibles errores que cometamos. Así podremos concentrarnos en aprender este arte hasta llevarlo a la perfección. Para eso, en un principio, recomendamos no buscar atraer la atención de una mujer en particular. Lo más importante será, en cambio, aprender de nuestras posibilidades y superarnos en ellas; conocer y dominar las técnicas, los recursos y las herramientas fundamentales para que, cuando lleguemos al nivel adecuado, podamos elegir y seducir a las mujeres que más atractivas nos resulten.

Sí, nuestro objetivo es ganar este juego. Pero solo es posible lograrlo realmente si disfrutamos de todo el proceso y, especialmente, si aprendemos a perder. Terminar un juego en el quinto puesto puede parecer una derrota, pero si el día o el mes anterior ocupábamos el vigésimo cuarto lugar, será más justo considerarlo una gran victoria. Un nuevo escalón hacia lo más alto del podio.

Cualquier deportista ganador avanza paso a paso, para que su habilidad siempre guarde relación con el esfuerzo que está a punto de realizar. Así proceden los grandes campeones. En lo que respecta a mujeres, sexo y amor, con el seductor ocurre algo similar. La buena noticia es que en el arte de la seducción siempre podremos llegar más lejos, pues eso depende solo de nuestra voluntad, esfuerzo y práctica.

La estructura detallada en el capítulo anterior es una guía resumida de los distintos niveles que deberemos superar para obtener la maestría en este estilo de vida tan placentero.

El único modo de alcanzar el último nivel del juego (en este caso, la fase final S3) consiste en superar con solidez cada una de las etapas anteriores. El enfoque actual se centra en salir y practicar A1, pero siempre con la mira puesta en A2. Luego vendrán las fases siguientes. Estas, por cierto, llegarán solas a medida que ganemos experiencia en el campo.

Como ya señalamos, en el aprendizaje de la seducción no hay límites. Apostemos a avanzar siempre que podamos y consideremos que cada paso resulta vital para poder dar el siguiente. En menos tiempo del que imaginamos, estaremos disfrutando las mieles de ser nosotros los que ponemos las reglas del juego. Y, sin duda, este será uno de los más divertidos de nuestras vidas.

**A jugar**

Breves reglas para hacerlo y divertirse:

**1.** Disfrutá el proceso de aprendizaje. Sí, el resultado también es muy valioso, pero como consecuencia de **pasarlo bien durante el aprendizaje** (y de hacer disfrutar a los demás).

**2.** Nada es realmente tan importante. No hay razón para preocuparse por pequeñas caídas o rechazos. Al sentirse perdido, lo mejor es **visualizar todo como si fuera un videojuego** y trazar una nueva misión a cumplir.

**3.** Practicá la sonrisa. **En este juego, siempre gana el que mejor la pasa.** Hay que participar con la intención de divertirse y probar cosas nuevas para lograr que cada salida resulte una aventura interesante. Que esto sea así depende exclusivamente de nosotros.

**4.** Crecimiento exponencial. Cuanto más se practica, mejores resultados se obtienen. Buenos resultados provocan más deseos de practicar. **La práctica hace al maestro.**

**5.** **Romper las reglas.** Todo lo aprendido y aplicado en los próximos meses/años constituirá una guía para nuestra realización como seres humanos, lo que incluye una vida sexual plena. Una vez asimilados los lineamientos necesarios para ser efectivo, cada uno construirá **su propio método, una forma original y única de jugar el juego.**

> **Field Report**
> ⇢ Diego.
>
> **El juego.** En este FR, Diego disfruta de la interacción aplicando el *timing* correcto y las rutinas necesarias para realizar un apropiado cambio de fases.

## Pelea en el ring con la chica top del gimnasio

«Para ser sincero, hay muy pocas mujeres que practiquen boxeo y menos aún que me atraigan, pero siempre hay excepciones.

Ella viene al gimnasio hace tiempo, aunque cada tanto deja por un par de meses y después reaparece. Se nota que mis hermanos menores y yo la atraemos (a veces viene antes de que empiece la clase y mira cómo entrenamos).

Dentro del gimnasio, tengo la ventaja de ser uno de los mejores boxeadores y, además, el mayor de mis hermanos (proyecto liderazgo y protección de los seres queridos). Pero, en realidad, nunca se dio una situación de diálogo con ella (bah, muy pocas veces), además de que entrenamos en lugares separados.

En la última clase, llegó con su hermanito mientras yo entrenaba con la bolsa. Nos saludamos con un "hola" y seguí con mi rutina de entrenamiento. La bolsa está cerca de donde la gente puede sentarse para mirar las clases, por lo que ella estaba a menos de dos metros y se me ocurrió que era hora de empezar a jugar y ser un Aven 24 horas.

Fui para el baño, pasé cerca de ella, tomé agua y al volver le pedí que me registrara el tiempo de tres minutos con la bolsa. Accedió y sacó su teléfono del bolso para medir el tiempo.

Quise hacer eso para que estuviera *invirtiendo* tiempo y esfuerzo en mí, como cuando le das tu sombrero o un abrigo a una mujer y queda pendiente de donde estás. En este caso, también me daba la oportunidad de poder hablar con ella mientras entrenaba. Me asistió unos cuatro rounds, con un minuto de descanso de por medio (un total de 16 minutos) y en los primeros tiempos de descanso le hablaba un rato.

Después nos separamos y no pasó nada hasta el final de la clase. Mientras cada uno guardaba sus cosas, nos quedamos hablando y la desafié a una pelea. Accedió. Me dejé ganar y me dijo que otro día me daría la revancha. Necesitaba una forma de contactarla para que la interacción no quedara ahí. Entonces, como sabía que tenía consigo el teléfono con el que me había cronometrado, le pregunté si estaba conectada al Instagram y le sugerí que me siguiera, así coordinábamos la siguiente pelea. Sin más, me buscó y me siguió. ¡Si todo esto sucedía en una discoteca, seguro que la besaba!

Fue un buen juego, todo fluido. Hacía tiempo que quería algo con ella: la típica mujer fit de gimnasio con la que siempre me cuesta arrancar. Ahora estamos conectados en Instagram. Falta aún mucho, pero es un paso necesario, de los que antes de comenzar mi práctica en esto no me animaba o no sabía cómo dar. Varios de mis compañeros de box vinieron a preguntarme luego de ver la interacción cómo había hecho para lograrla. Les contesté "No hice nada, ¡estaba jugando!" (sí, jugando el juego de la seducción, jejeje). ¡Próximamente, novedades! ▶▶

Capítulo

# 03

## Valores de supervivencia y reproducción
*Las mujeres solo quieren divertirse*

*La atracción no es una elección, es un hecho.*
**David DeAngelo**

Existen mecanismos físico-psicológicos, conscientes o inconscientes, que explican por qué con ciertas personas se despierta en nosotros el deseo de tener una relación sexual y por qué, con otras, sentimos desagrado solo por imaginar esa situación.

En este capítulo abordaremos los valores de supervivencia y reproducción (VSR), remitiéndonos a los estudios científicos que investigan qué genera atracción en los hombres y qué en las mujeres.

Ya en *El origen de las especies*, Darwin planteó que, a la hora de elegir compañeros sexuales, todos los animales se basan en los parámetros de supervivencia y reproducción de los posibles candidatos, es decir que seleccionan a sus compañeros sexuales a partir del VSR que perciben. De este modo, cada especie posee sus propios valores de supervivencia y reproducción. Como este libro trata de técnicas de seducción y no de biología, nos centraremos en los VSRs del ser humano y, en particular, en aquellos que resultan más significativos para las mujeres.

## El concepto de VSR

Vamos por partes. Por un lado, como su nombre lo indica, el valor de supervivencia (VS) en un individuo determinado refleja su capacidad de sobrevivir en cierto medio. A diferencia de lo que sucede con muchas otras especies animales, es difícil concebir a un hombre fuera de una sociedad: somos seres sociales. Hace decenas de siglos, el filósofo griego Aristóteles definía al hombre como un animal sociable por naturaleza, por eso nuestro VS se extiende también a quienes nos rodean.

Por otro lado, tenemos el valor de reproducción (VR) que, como su nombre indica, señala la capacidad del individuo para reproducirse y la calidad de su material genético. Dentro de cualquier comunidad, aquellos que posean un material genético apreciado y que al mismo tiempo sean fértiles tendrán un elevado valor de reproducción (VR).

Si bien es complicado establecer parámetros universales de atracción, las características asociadas al VSR son prácticamente las mismas en todas las culturas y todas las épocas.

Tomemos, por ejemplo, el caso del "90-60-90", difundido actualmente como el ideal de belleza femenina en lo relativo a contornos corporales. Es sabido que, en épocas pasadas, las medidas consideradas perfectas eran muy diferentes. Pero la proporción, el *ratio* entre cintura y cadera siempre ha sido el mismo, ya que el mismo indica un alto valor de reproducción. Al ver a una mujer con esas proporciones, nuestros sentidos nos informan que probablemente sea muy fértil y tenga un buen canal de parto y, por eso, posee un alto valor de reproducción. En definitiva, podríamos decir que una mujer no nos atrae porque es linda, sino que nos resulta linda porque nos atrae su VR.

*Las tres Gracias*, el cuadro de Rubens (1639), puede darnos algunas pistas acerca de los parámetros corporales ideales del siglo XVII. Hoy en día, ese tipo de mujer no parece acordar con nuestro gusto, ya que resulta lo percibimos demasiado voluminoso, alejado del 90-60-90. Sin embargo, si observamos con detenimiento la relación entre su cintura y su cadera, veremos que es la misma que los hombres prefieren actualmente.[1] En el presente, las mujeres más delgadas suelen parecernos más atractivas, pero la proporción cintura-cadera sigue siendo la misma que en 1639, cuando Rubens pintó sus tres Gracias. Y eso vale tanto aquí como en una tribu del Amazonas. Es decir, tienden a resultar más atrayentes las mujeres con alto valor de reproducción.

Si bien el VSR es un parámetro de atracción, por supuesto hay excepciones y diferentes gustos. No sostenemos que la atracción entre un hombre y una mujer pueda explicarse de modo monocausal. Sin embargo, el VSR tiende a ser la vara con la que evaluamos a las demás personas y nos permite comprender cómo se genera la atracción, más allá de las excepciones que confirman la regla.

## Sexo y reproducción

Aunque el sexo hace tiempo que ha dejado de estar ligado a la reproducción para la mayoría de nosotros, la realidad es que nuestro cerebro está amoldado a una situación primitiva. La anticoncepción es un fenómeno muy reciente en la historia de la humanidad. Instintivamente, seguimos relacionando el sexo con la reproducción y, aunque conscientemente sepamos que solo deseamos tener una noche de sexo salvaje, nuestra carga genética, nuestras emociones y nuestro inconsciente siempre evaluarán a nuestro compañero sexual en términos de VSR.

No es una cuestión menor la reproducción y mucho menos aún lo es para la mujer. Elegir al compañero sexual no siempre fue un acto recreativo. Salvo el último siglo, a lo largo de los doscientos mil años que el ser humano lleva

---

1 Golombek, D. (2006). *Sexo, drogas y biología*. Buenos Aires: Siglo XXI.

sobre la Tierra, la mayor causa de mortalidad femenina ha sido el embarazo y parto. Durante siglos y siglos, elegir al hombre indicado constituyó una cuestión de vida o muerte para la mujer. Es esperable que el género que más arriesga en la reproducción busque en mayor medida valores de supervivencia en sus compañeros sexuales. Si existe la posibilidad de que el sexo la lleve a estar embarazada durante nueve meses y a cuidar a un niño constantemente por un lapso igual o mayor que ese, es lógico que a la mujer no le interese tanto la belleza de su compañero como la confianza en que él pueda garantizar la supervivencia, si es que ella queda embarazada. Por muy lindo que sea un hombre, por mucho Valor de Reproducción que posea, la mujer instintivamente buscará Valores de Supervivencia. Unos minutos de placer con un "lindo" no compensarían un embarazo, parto y crianza con un "lindo" padre ausente. En el momento de elegir compañero sexual, el VS siempre fue mucho más importante para las mujeres que el VR.

Entendamos cómo se produjo evolutivamente este fenómeno: las mujeres que se sintieron atraídas por compañeros que no les garantizaron la supervivencia (por bajo VS) y se reprodujeron con ellos, probablemente no hayan dejado descendencia, pues ellas y sus crías deben haber perecido en el intento. En términos de selección natural, fueron más aptas (y, por lo tanto, dejaron más descendencia) las mujeres más selectivas, que detectaron mejor los altos VS en los hombres.

Podemos suponer que las mujeres de hoy en día descienden de aquellas que supieron seleccionar a esos hombres con alto VS, y su cerebro se moldeó para eso en el transcurso de los siglos. Del lado masculino, la selección natural parecería actuar de modo inverso. ¿Qué hombres lograron perpetuar su descendencia? Veremos a continuación cómo la promiscuidad y la búsqueda de altos valores de reproducción (mujeres jóvenes y fértiles) siempre constituyeron ventajas evolutivas en el hombre.

## Toda la humanidad en una isla

Mario Luna, escritor y *coach* español, propone que imaginemos un caso extremo, en el que la población humana se redujera a una isla habitada por un solo hombre y cien mujeres. En una situación ideal, en un año él podría tener cien hijos o más, y esta sería probablemente una buena forma de garantizar la continuidad de su linaje y la especie. O, quizá, podría elegir solo a algunas de esas cien mujeres. ¿A cuáles? Quizá la mejor estrategia fuera seleccionar a las más fértiles, las que tuviesen mejor genética y procrear con ellas una cantidad razonable de hijos. ¿Podría ese hombre elegir a una sola mujer? Claro que sí, pero estaría arriesgando la continuidad de la especie si, por ejemplo, ella resultara no ser fértil o muriese en el intento de reproducirse.

En definitiva, podríamos decir que si se apareara con varias mujeres jóvenes, fértiles y sanas (de alto VR, valor de reproducción), él tendría mayores probabilidades de perpetuar sus genes.

Pensemos ahora, como propone Mario Luna, el escenario opuesto: imaginemos a una mujer sola en una isla con cien hombres. Ella podría tener, en condiciones favorables, un solo hijo por año (o, con muchísima suerte, dos o tres). Teniendo en cuenta esa circunstancia, ¿a qué hombre elegiría ella para procrear?

En tanto en la otra isla el hombre podía elegir de una sola mirada a varias mujeres con las que tendría buenas chances de reproducirse, esta mujer sin duda deberá seleccionar con mucho más cuidado. Y lo más conveniente sería elegir al hombre con mayor valor de supervivencia, para tener más probabilidades de perpetuar sus genes. Esto, como bien señala Helen Fisher en *Anatomía del amor*[2], no significa que la estrategia reproductiva de la mujer consista en elegir a un solo hombre. Por el contrario, parece ser mejor que elija al menos tres o cuatro que le garanticen la supervivencia y que incluso tenga

---
2   Fisher, H. (1994). *Anatomía del amor*. Barcelona: Anagrama.

capacidad de recambio, en caso de que uno de ellos muera o deje de aportarle su VS. Lo interesante es que esos tres o cuatro hombres serán seleccionados principalmente por su valor de supervivencia (VS) y no por el reproductivo (VR), ya que solo uno por vez podrá reproducirse con ella.

Ahora podemos comprender un poco mejor la diferencia entre los factores que la mujer pondera en la búsqueda de un compañero sexual y los que predominan en la elección masculina. La selección natural determinó que los hombres busquen principalmente altos valores de reproducción: mujeres con buena genética, fértiles, sanas, jóvenes, que le garanticen una buena progenie. Los hombres nos sentimos atraídos por este tipo de mujer; es un factor decisivo en nuestras elecciones y, al estar presente en nuestros genes, actúa con una intensidad que usualmente no percibimos de forma consciente.

En las mujeres, la selección natural ha operado de modo inverso: en los hombres, ellas buscan un alto índice de valores de supervivencia y, en un porcentaje mucho menor, ciertos valores de reproducción. Si el hombre transmite un alto VS, la mujer se sentirá atraída. En cambio, la belleza y la juventud ocupan un segundo lugar. Tal como sucede con los hombres, este comportamiento ha sido heredado, transmitido a lo largo de generaciones y posiblemente haya sido incorporado en un plano más inconsciente.

Expresado en términos de porcentajes, podríamos decir que el hombre busca valores de reproducción (mujeres bonitas) en un 80 % y valores de supervivencia en un 20 %. En las mujeres, es al revés: ellas buscan principalmente hombres con un alto valor de supervivencia.

## La selección sexual, hoy

La reproducción es un proceso biológico y no parece muy complicado entender en qué consiste un VR elevado: las mujeres jóvenes, sanas y fértiles llevan las de ganar. Pero, ¿en qué radica el VS (valor de supervivencia) actualmente? En la época de las cavernas, quizás se hallaba en la fuerza y la destreza física, la capacidad de cazar y defenderse de otros hombres o animales. Pero hoy en día, a no ser que uno viva en la jungla, la cuestión pasa por otro lado.

Que seamos fornidos no nos asegura la supervivencia. El mayor VS de un hombre, en el mundo de hoy, reside en sus recursos y su personalidad. Y si tomamos a hombres de un mismo estrato socioeconómico, quien tiene más capacidad de sobrevivir exitosamente será quien posea una mayor inteligencia social: lo que conocemos como un líder.[3] El liderazgo es el don social por excelencia y, como mencionamos anteriormente, el ser humano es un ser social. No hay inteligencia más valiosa para la supervivencia humana que la inteligencia social. Los líderes son especialmente atractivos para las mujeres.

El liderazgo siempre ha sido un factor de atracción, porque invariablemente esa condición aumenta el VS y las probabilidades de sobrevivir; podemos suponer que, desde que el ser humano vive en tribus, esto es así. En ese entonces, si se declaraba una guerra o estallaba una epidemia ¿quién tenía más chances de seguir con vida? Seguramente, el jefe o, por lo menos, su familia. El liderazgo siempre ha sido un rasgo de personalidad muy atractivo, en especial para las mujeres, porque es una característica determinante en alguien con alto valor de supervivencia. Ellas suelen buscar hombres con una personalidad sólida, determinada, fuerte, que transmita altos valores de supervivencia. Por lo tanto, como hombres, nuestro as en la manga radica principalmente en nuestra personalidad, aunque es preciso recordar siempre que no se trata de pretender ser quien uno no es, sino de resaltar aquellos rasgos que muestren un alto valor de supervivencia.

---

3   Goleman, D. (1995). *La inteligencia emocional*. Nueva York: Bantam Books.

## Cuándo se encienden los interruptores de la atracción

Como ya señalamos, los hombres tendemos a sentirnos atraídos por valores de reproducción y las mujeres por valores de supervivencia. Ahora bien, el VR puede detectarse en milésimas de segundo: con solo ver la foto de una mujer podemos determinar, sin mucho margen de error, si tiene un alto valor de reproducción y si nos atrae.

El VS, en cambio, requiere más información para poder ser establecido. La foto de un hombre no es un indicador suficiente. Como observamos previamente, el valor de supervivencia hoy en día se relaciona ante todo con la inteligencia social, más que con la fuerza física o la belleza del individuo. Estas habilidades se perciben únicamente en la interacción social.

Cuando se les pregunta a las mujeres qué les atrae de un hombre, suelen responder casi siempre, en primer lugar: "Que me divierta, que me haga reír". Y, ¿qué es el humor sino un rasgo de la personalidad? Manifiesta inteligencia social pura, indica empatía con la gente. Entender qué nos hace reír y qué nos hace llorar es un rasgo de alta inteligencia social. Es por eso que, en una interacción, el sentido del humor se convierte en una herramienta muy útil para transmitir valor en poco tiempo.

En definitiva, los hombres podemos sentirnos atraídos instantáneamente por una mujer, tan solo viendo una foto (a la mayor parte de nosotros nos sucede eso a diario). En cambio, el mecanismo de atracción en la mujer suele requerir mayor tiempo para activarse.

Es crucial, entonces, saber que cuando comienza una interacción entre un hombre y una mujer, es muy probable que la atracción de él se dispare antes que la de ella. Una vez movilizados los mecanismos de atracción, ambos son igualmente efectivos, pero cada uno tiene sus tiempos particulares. En el juego de la seducción, parte de la inteligencia social del hombre pasa por saber cómo actuar frente a esta falta de sincronización de los mecanismos de atracción de ambos sexos. No demostrar interés sexual en el contacto inicial con una mujer es una señal de inteligencia social por parte del hombre, pues transmite conocimiento de la psique femenina: indica que él comprende que, para disparar la atracción en ellas, por lo general no basta con una mirada.

El hecho de que la atracción en las mujeres se despierte principalmente ante altos valores de supervivencia otorga a los hombres una gran ventaja: no estamos tan limitados por nuestra belleza física a la hora de seducir. Nuestra personalidad y comportamiento por sí solos pueden permitirnos atraer a mujeres hermosas. Jamás debemos descartarnos de antemano porque no creemos ser lo suficientemente atractivos en el plano físico. Debemos recordar que, en la selección que realizan las mujeres, predomina el valor de supervivencia: tan solo con generar y exhibir adecuadamente nuestro VS podremos conectar con algunas con alto valor de reproducción. En otras palabras: si desarrollamos una personalidad atractiva, sin duda atraeremos a las mujeres más deseadas.

**Elegir una imagen** *congruente*

Cinco elementos básicos para comenzar a comunicar VSR de manera subliminal:

**1.** **La atracción no es una elección:** no podemos elegir quién nos cautiva. El impulso sexual es tan vital como el de comer o respirar.

**2.** **Las mujeres se sienten atraídas principalmente por la personalidad** y el comportamiento (valor de supervivencia). Los hombres, por la juventud y la belleza física (valor de reproducción).

**3.** Las mujeres generalmente demoran más que los hombres en sentirse atraídas cuando están comenzando a conocer a alguien. Esto es porque **el valor de reproducción de una mujer puede percibirse con una mirada** apenas, mientras que el valor de supervivencia de un hombre solo puede detectarse después de una interacción.

**4.** El atractivo de un hombre reside en su comportamiento y personalidad. **Si proyecta correctamente un alto VS, las mujeres se sentirán inevitablemente cautivadas**.

**5.** Es una ilusión pensar que mintiendo acerca de quiénes somos o de lo que hacemos podremos sacar ventaja. Es mucho más inteligente **dedicar nuestro tiempo a desarrollar realmente aquellas cualidades que queramos tener**; desplegar nuestro VS nos hará más atractivos que cualquier otra estrategia.

## Field Report

⇢ Leo.

**El juego.** En este FR Leo conoce a una mujer de nacionalidad alemana en un bar y genera atracción dando pistas constantes de su VS.

## Museo, Rosedal y sexo con cantante alemana

«El martes pasado estaba almorzando con mis amigos en el bar de siempre. El lugar se veía medio vacío, pero nuestra mesa estaba llena. Éramos como diez y estábamos ya de sobremesa cuando de pronto veo que entra una rubia, alta, de ojos azules, que se sienta sola en una pequeña mesa junto a la ventana.

Trato de hacer contacto con la mirada, pero ella está ocupada en la comida. Mientras hablo con mi amigo Ignacio (periodista), no puedo dejar de mirarla. Me siento seguro, sé que voy a acercarme, no pienso mucho en qué decirle, solo me centro en ir y hablar. Justo en ese momento, Ignacio se levanta y se despide. Yo estoy terminando mi café, así que me digo "Voy, sí o sí". Primero me dirijo al baño y en el trayecto saludo al personal del bar.

Al salir, me acerco a la rubia y le pregunto:

–¡Eh! ¿Qué tal la comida? ¿Necesitás algo? (Lenguaje corporal sólido, tono de voz congruente).

–Bien, bien (con un tono europeo raro).

–Bueno, cualquier cosa que quieras o necesites decime, mirá que soy como el dueño acá.

Ella sonríe.

–¿Ah, sí? Mmmm... Yo no hablo muy bien español.

–Ok, ¿de dónde sos?

–De Alemania, de Colonia.

–Ah, ok, ¿qué estás haciendo?

–Estoy recorriendo, me interesa la música.

–Qué bien, tengo un lugar mágico para mostrarte que te va a encantar conocer Nos comunicamos y arreglamos.

−¿Lugar mágico?
−Sí. ¿Tenés Instagram?
Toma una servilleta y me escribe su usuario de Instagram. Le digo que me esperan mis amigos, que tienen sus cosas guardadas en mi auto y la saludo.

Cuando salgo, quienes habían visto todo el movimiento no lo podían creer... El *daygame* (juego de día) fue uno de mis objetivos principales cuando ingresé a LevantArte.

A las pocas horas, ese mismo día, desde el gimnasio, empezamos a chatear.
−¡"Alemanian" girl!
−Eh, ¡qué rápido!
−¿Qué tal estuvo el almuerzo?
−Muy bueno para mí... "Yo acostumbrada a la carne de Alemania".
−Noté en tu perfil que te interesa el arte y, sobre todo, la música
−Sí, soy cantante.
−¿Cómo es tu agenda de esta semana? ¡Conozco un lugar muy bueno!
−Todavía no lo sé... Tal vez voy a Río en el fin de semana... ¿qué lugar?
−Un lugar especial de la ciudad.
−Ahá...
−¿Fuiste al Museo de Arte Moderno? Es cerca de ahí.
−Todavía no. ¿El *museum*?

Quedamos en encontrarnos al otro día a las 15 hs. en la puerta del museo.

Yo había ido poco antes a ver la exposición de un artista venezolano, Carlos Cruz, un genio de los colores. Entré saludando a la gente del museo como si yo fuese conocido, "Hola, ¿cómo va?" a todo el mundo Hablamos de música y ella me contó algunas historias de su viaje.

Después de ver la muestra, fuimos al bar del museo, tomamos un café y de ahí al parque de enfrente. Le conté que, mucho tiempo atrás, el museo había sido una residencia y que esos eran los jardines de una mansión típica de la burguesía del siglo XIX. Hice un poco de *role playing* para tomarla del brazo:
−Imaginá que vos y yo somos ahora los dueños de este jardín...

Íbamos caminando y sacándonos fotos; en cierto momento, le señalo un grupo que caminaba por allí:
−¡¿Qué hace toda esa gente en mi jardín?!
−No sé, vamos por el puente.

Antes de cruzarlo, le digo:
−En un minuto te voy a dar un beso,

todavía tenés tiempo de escapar corriendo...

Me sonrió y no supe si había comprendido mis palabras, pero como se quedó conmigo del brazo, cuando subimos al puente la tomé de la nuca suavemente y nos dimos un buen beso. Después, estuvimos un tiempo tirados en el parque hasta que se fue el sol y empezó a hacer frío.

Nos vimos un par de veces más y la pasé genial. Nunca supe qué parte de lo que hablamos entendía y qué parte no, ipero, físicamente, compartimos el mismo idioma! 〉〉

# Capítulo 04

## Delivery
*Todo lo dicho mientras gemías*

> Me atrevo a afirmar que no hay erotismo auténtico sin el arte de la ambigüedad; cuando la ambigüedad es poderosa, la excitación es más viva.
> **Milan Kundera**

Los estudios demuestran que aproximadamente el 80 % de la comunicación entre humanos es no verbal: no se trata de qué decimos, sino de cómo lo decimos. Nuestro lenguaje corporal, nuestra expresión facial y nuestra mirada serán los tres elementos fundamentales de lo que llamamos *delivery*.

Tener el control de nuestro *delivery* siempre nos permitirá transmitir correctamente lo que deseamos e interpretar a la perfección lo que sienten los demás, en forma instantánea. También podemos usar estos conocimientos para expresar con nuestro cuerpo las emociones que queramos en cada momento.

## Transmitir correctamente lo que deseamos

Muchas veces decimos algo y no encontramos la reacción que esperábamos del otro lado. Un simple "¿Sabés qué? A partir de este momento, no te soporto" puede ser una incitación a la pelea, si lo decimos seriamente o resultar muy gracioso y divertido, si lo expresamos con una sonrisa. También es posible, por ejemplo, que queramos demostrar desinterés por una mujer pero que nuestro lenguaje corporal esté expresando lo opuesto. O, por el contrario, que deseemos mostrar interés en alguien y enviemos señales confusas mediante un lenguaje físico cerrado.

## Interpretar lo que siente otra persona

Puede que una mujer no nos haya dicho nada, pero su lenguaje corporal haya sido positivo en relación con nosotros. Muchos indicadores de interés (IDIs) de las mujeres son no verbales: quien no los nota, desperdicia buenas oportunidades.

También podemos actuar sobre el *delivery* de ella a nuestro favor. Por ejemplo: es casi imposible besar por primera vez a una mujer que está de brazos cruzados. Pero es posible que los haya cruzado inconscientemente porque tiene frío o por comodidad, aunque tenga ganas de besarnos. ¿Qué podemos hacer, entonces? Pedirle que nos sostenga algo es, por ejemplo, una buena manera de invitarla a relajar los brazos antes de besarla.

## Cargar nuestro cuerpo y mente de las emociones correctas

En su libro *How to make anyone fall in love with you*[1], Leil Lowndes nos relata un experimento muy interesante: un grupo de voluntarios miró un mismo cortometraje. A algunos se les pidió que sostuvieran un lápiz entre los dientes mientras lo hacían; de esa manera, vieron el film con una sonrisa forzada. Al otro grupo del público se le proyectó el mismo cortometraje mientras debía sostener un lápiz entre el labio y la nariz, con lo cual la expresión de sus rostros fue forzadamente adusta. El resultado fue que quienes vieron el cortometraje sonriendo lo encontraron significativamente más divertido que quienes permanecieron serios. Este experimento es un ejemplo de cómo

---

1   Lowndes, L. (1996). *How to make anyone fall in love with you*. Chicago: Contemporary Books.

la mente recibe emocionalmente las señales que el cuerpo le envía. Si sonreímos, la pasaremos mejor que si estamos serios. Si llegamos a una fiesta después de haber permanecido serios todo el día, lo más probable es que percibamos todo desde una óptica menos alegre. A veces, es necesario que nos forcemos a reír: nuestra mente toma nota de eso y libera endorfinas, que nos hacen sentir mejor.

## Los tres elementos del *delivery*

- **La expresión facial**

    No hay razón para no pasarla bien en una situación social. La sonrisa lo es todo en el lenguaje gestual. Además, si queremos ser parte de un grupo y que sus integrantes deseen lo mismo respecto de nosotros, debemos aportar emociones positivas. Si ellos se están divirtiendo y nosotros llegamos con una expresión seria, lo más probable es que quieran expulsarnos elegantemente, porque les estaremos bajando la energía. La regla general es sonreír e integrarse a los grupos, siempre con un nivel de energía levemente más alto que el de ellos. Si el grupo está sentado hablando tranquilamente, no podemos entrar saltando y bailando porque chocaríamos con su estado anímico. En ese caso, bastará con una leve sonrisa y un hablar pausado. Si ellos están riendo, sacándose fotos o bailando, podremos interactuar más enérgicamente. En cualquier situación, siempre recibiremos mejor atención si sonreímos y nuestro rostro transmite alegría.

- **La mirada**

    La mayor parte de los hombres intenta hacer contacto visual con las mujeres lindas y, cuando ellas le devuelven la mirada, dirigen la suya hacia otro lado. Aunque esto funcione en las películas, en la vida real lo mejor es hacer todo lo contrario. Procurar permanentemente establecer contacto visual transmite la impresión de que estamos aburridos y buscamos algo mejor para hacer. Si estamos con amigos, ¿por qué procuramos encontrar otra mirada en lugar de fijarla en ellos?

La regla es que primero tenemos que pasarla bien nosotros y nuestros amigos y luego podremos proporcionar buenos momentos a otros grupos y mujeres.

Si estamos disfrutando de un rato con alguien, miraremos a esa persona a los ojos. Si no lo hacemos, es porque no nos interesa lo que dice. Y si nos dedicamos a mirar a otros, es que lo que estamos haciendo en ese momento no nos divierte. Y nadie quiere hablar con alguien que está aburrido. No busquemos intencionadamente contacto visual con mujeres aún desconocidas: disfrutemos de la actividad presente. Cuando estemos con amigos, debemos hablar frente a frente con ellos. Así lo hacen las mujeres: si charlan con otra, la miran a ella. Y, cuando queramos, podemos hablar con un grupo nuevo, pero sin haber estado observándolo previamente.

Por supuesto, cuando iniciamos interacción con una persona o un grupo debemos buscar contacto visual. Si hablamos con un conjunto de personas, debemos mirarlas a todas alternativamente. Si no, alguien puede sentirse excluido, por lo que es probable que intente expulsarnos o que el grupo se retire. O, en el mejor de los casos, la interacción decaerá, porque no todos se sienten a gusto. Por eso, al acercarnos a un grupo debemos tratar de integrar a todos con la mirada desde el primer momento; es una señal de respeto y atención.

- **El lenguaje corporal**

  El elemento principal a considerar en este punto es si el lenguaje corporal es abierto o cerrado a la interacción. Todos los cruces, sean de brazos o de piernas, suelen transmitir un lenguaje corporal cerrado. Esto es instintivo y manifiesta una actitud de defensa: cuando nos cruzamos de brazos, inconscientemente intentamos proteger nuestros órganos vitales (corazón, pulmones, etc.); cuando cruzamos las piernas, procuramos resguardar nuestro órgano de reproducción. Por lo tanto, es necesario evitar cruzar las extremidades si participamos de una interacción que nos resulta agradable, ya que a veces lo hacemos sin darnos cuenta, por reflejo o por cansancio, y transmitimos una señal confusa a los demás.

  Llevarse las manos a los bolsillos tampoco es una buena opción, pues da la impresión de que ocultamos algo. En todo caso, debemos dejar los pulgares afuera o bien dentro del bolsillo, pero con los demás dedos a la vista.

  Por otra parte, si bebemos algo es importante no sostener el vaso a la altura del pecho o cerca de la boca, como suele hacer la mayor parte de la gente. De ese modo, mostramos más interés por la bebida que por la persona que tenemos frente a nosotros. Simplemente, sostendremos la bebida junto a la cadera y la llevaremos a la boca solo cuando deseemos tomar, regresándola de inmediato al lugar apropiado.

  ¿Cómo pararnos? Si descansamos el peso del cuerpo sobre una pierna, estamos transmitiendo sensación de cansancio. Es común que alternemos el peso entre una y otra extremidad si estamos agotados, pero la fatiga no resulta atractiva. Lo mejor es pararse con el peso repartido en ambas piernas y mantenerlas separadas a la distancia del ancho de hombros. Lo mismo debemos hacer al caminar.

La espalda recta transmite seguridad. Hay que procurar no encorvarse porque, además, de ese modo perdemos varios centímetros de estatura. Y la altura resulta atractiva: desde niños la asociamos con la autoridad y la seguridad. Arriba está quien nos protege. No conviene desaprovechar ni un centímetro de talla.

El mejor ejercicio para practicar cómo caminar erguidos consiste en apoyar primero los talones contra una pared, luego los glúteos, después los hombros y, por último, la cabeza. Y entonces salir caminando así, sin cambiar de posición. Puede parecer exagerado, pero de ese modo estaremos avanzando erguidos, proyectando estatura. Una vez más: la altura es atractiva, así que más allá de cuánto midamos, no dejemos que nuestro lenguaje corporal nos encoja. En resumen, ¡pararse derecho, levantar el mentón, sonreír y mirar a la gente a los ojos mientras les hablamos!

## El lenguaje corporal en la *aproximación*

Es muy importante tener en cuenta cómo debe ser nuestro lenguaje corporal en el momento de la *aproximación*. Ya hemos visto todo lo relativo a la mirada, la expresión facial (sonrisa) y los movimientos del cuerpo cuando estamos con nuestros amigos.

En cuanto al lenguaje corporal en la aproximación, es preciso considerar lo siguiente: la dirección de nuestro interés siempre estará señalada por la orientación de nuestro pecho. Por eso, cuando describimos la forma de pararnos al charlar con un amigo, afirmamos que debemos hacerlo frente a frente, con nuestro pecho en dirección al suyo, para que resulte evidente que estamos interesados en mantener esa conversación.

Ahora bien, cuando iniciamos una interacción con un grupo de desconocidos, debemos *calibrar* nuestro interés. Si expresamos demasiado, puede ser que nuestros interlocutores se sientan invadidos. Si una mujer está sola y nos aproximamos a ella de frente e intentamos iniciar la conversación de ese modo, posiblemente sienta que invadimos muy rápidamente su burbuja personal. Lo mismo ocurre si entramos frontalmente en un grupo.

El mejor lenguaje corporal para iniciar una interacción con desconocidos comprende estos pasos: no caminar directamente hacia ellos; hacerlo como si fuésemos a pasar por un costado y, al llegar a su lado, iniciar la interacción girando la cabeza por encima de nuestro hombro mientras el pecho mantiene la dirección que tenía. Para comenzar el diálogo, solo es preciso girar la cabeza. De esta manera, no se invade el espacio del otro o del grupo y todos se sienten más cómodos al inicio de la interacción. Este lenguaje corporal debe mantenerse solo durante unos segundos. La mejor forma de saber cuándo cambiarlo es observar el lenguaje corporal del grupo o la persona y actuar en espejo. Si ellos giran y apuntan su torso hacia nosotros, haremos lo mismo. Si la charla no se interrumpe, esto no demorará más que unos segundos. Recomendamos colocarse frente a un espejo y ensayar todas estas indicaciones: pararse erguido, sonreír e, incluso, practicar la secuencia girando la cabeza por encima del hombro para iniciar una interacción.

Recordemos una vez más que el lenguaje no verbal representa el 80 % de nuestra comunicación. Un buen dominio del lenguaje corporal será siempre mucho más efectivo que cualquier expresión enunciada, aunque se trate de la frase más ingeniosa que se nos pueda ocurrir.

### Lenguaje corporal

Algunos consejos para poner en práctica un lenguaje corporal correcto:

**1.** Llevar siempre **la bebida a la altura de la cintura** para que no se transforme en una muralla entre nuestro pecho y el resto del universo.

**2.** **No delatar con el cuerpo el deseo** de terminar en la cama con una mujer en particular. Al estar con amigos o con un grupo de gente, la atención debe dirigirse hacia ellos.

**3.** **Evitar cruzar los brazos, las piernas y/o mantener posturas incómodas.** Demuestran aburrimiento y falta de interés por comunicarse con el entorno.

**4.** Al hablar, es importante **mirar siempre a los ojos de los interlocutores.** Lo mismo vale para cuando se los escucha. La sonrisa ayuda a crear un buen clima.

**5.** **Ganar centímetros de estatura es fácil** si nos paramos bien erguidos y sacamos un poco el pecho, sin exagerar.

**6.** Comenzar siempre las conversaciones en grupos nuevos girando la cabeza por encima del hombro e **iniciar todas las interacciones con un 10 % más de energía** que la que tiene el grupo en ese momento.

**7.** En un *venue*, **caminar con la mirada en el horizonte,** sin buscar contacto visual con mujeres aún desconocidas.

### Field Report

⤻ Ignacio.

**El juego.** En este FR, Nacho aplica sus estrategias para lograr realizar una transición A1/S3 sólida, en un tiempo limitado: tan solo seis horas desde que se conocieron hasta que intimaron.

## Desde un picnic en el parque hasta la cama

«Suelo pensar que mi fuerte es la noche, pero este sábado me pasó algo diferente. Supuestamente nos juntábamos con los chicos del curso a la tardecita, pero me quedé dormido. Me desperté a las seis de la tarde. Entonces llamé a Martín y me dijo:

—Es súpertarde. ¡Mejor andá a conocer a alguien a la esquina de tu casa!

Era una broma, pero lo pensé medio segundo y me dije: "¿Qué puedo perder? ¡Vamos!". Así empieza uno de mis mejores juegos.

Me cambié y salí hacia el parque. Ya eran las 18:30. *Abrí* el primer *set* con un mate. Eran dos mujeres con un nivel de energía muy positivo y parecían divertidas. Una, de talla algo grande pero divina, tenía una voz muy sexy y una sonrisa que no se le borraba de la cara. Se había mudado poco antes al barrio, a pocos metros del parque. La otra, la que más me interesaba conocer, era su mejor amiga y vivía más lejos. Con ella conectamos muy rápido. Físicamente era muy linda y, por qué no decirlo, con una cola increíble. Más tarde, hablando un poco con ella, me contó que solía trabajar de promotora para costearse sus estudios en Comunicación.

Me aproximé con una frase muy simple. Iba con un libro de Murakami en la mano, como si fuera al parque a leer algo y las *abrí*, por supuesto, con un lenguaje corporal no invasivo, apenas girando la cabeza por encima de mi hombro para decirles:

—Chicas, me sumo a su picnic, ¿se animan?

—¡Obvio!

Apenas dijeron eso, me senté y me relajé completamente, como si estuviera en casa. Le pedí a la vecina que me sacara una foto con su amiga y nos pusimos a hablar de fotografía. Enseguida, ella dijo que tenía que irse a comprar un colchón antes de que cerrara el negocio (ya eran las 19:30 h). Como tenía que encontrarse con su madre y la promotora estaba divirtiéndose conmigo, me dejó solo con ella y se fue. Entonces aproveché y le dije:

–Quiero tomar algo, esperemos a que vuelva en ese café (señalé una cafetería frente al parque).

Lo pensó un segundo, le avisó por teléfono a su amiga y allí fuimos. Al poco tiempo, volvió la vecina, muy contenta de tener ya su nuevo colchón. Pensé que mi noche se terminaba ahí, pero ella quiso pasar al baño por lo que nos quedamos solos nuevamente y decidí *cerrar* con el intercambio de Facebook. Por las dudas, mis últimas palabras fueron:

–Te escribo un mensaje con una palabra secreta y vos me respondes con la contraseña Yo te digo "Hola, competidora" y vos contestás "Hola, competidor amoroso". ¿Dale?

Llegué muy contento a mi casa. A las 22:20 la vi conectada. Pensé qué haría si se daba la ocasión de volver a verla ese día. Comencé a chatear por Facebook:

–¿Llegaste, competidora?

–Recién, competidor amoroso.

–¡Misión cumplida! ¿Qué haces?

–Acá, con mi amiga. No me presta atención, está con el novio

–¿No estás de más ahí?

–Puede que sí, pero todavía no me incomoda. El chico es muy caballero, no se andan tocando, jaja.

–Yo voy a comprar helado y a ver una peli, ¿te sumás?

–Mmmm...

–No, no; ¡si te gusta el *voyeurismo* te podés quedar a mirar ahí!

–¡Jajaja! Mmm, bueno, dale. Película y helado, pero no me puedo quedar hasta muy tarde.

–Hecho.

Entonces arreglamos para encontrarnos de nuevo. Compramos helado y fuimos a mi departamento. Vamos a aclarar algo: lo que cuento quizá parezca fácil de hacer, pero no lo fue. Tuve que esforzarme para lograr que ella entrara en confianza. A grandes rasgos, esto es lo que hice para generar *confort*: entramos y salimos del departamento varias veces con cualquier excusa (tirar la basura, comprar cigarros, etcétera). La idea era que no sintiera que estábamos encerrados ahí. Nos pusimos juntos a elegir música. Le pedí que guardara el helado en la heladera y que buscara unas cucharas, como si fuéramos amigos desde mucho tiempo antes. Después buscamos una película: *El club de la pelea*.

Sacamos el helado y nos sentamos en el sofá frente al televisor. Ella estaba bastante nerviosa, se le notaba; tenía cruzados los brazos y las piernas. Para no hacerla sentir incómoda, no hice nada hasta que no se relajó corporalmente. Esperé a que se descruzara y dejé que fuera ella la que tomara la iniciativa de ir a lo físico. Después de ver la mitad de la película, empezó a imitar a Brad Pitt y a pelearme en el sillón. Arrancamos con los besos y al rato ya estábamos en la cama.

Hagamos las cuentas: salí a las 18:30 de casa y el momento cúlmine llegó a las 0.30, es decir ¡seis horas después! Fue increíble. No esperaba nada parecido de una salida al parque. ¡Gracias, Martín! ❱❱

# Capítulo 05

## Regla de los tres segundos
*Dietas de placer social y otras delicias*

> *El que nunca tuvo miedo, no tiene esperanza.*
> **David Cowder**

La timidez no es un problema: es una declaración de incapacidad. Este rasgo adyacente a la personalidad de cada uno a menudo es utilizado durante años como excusa para no tomar las riendas del destino personal. Aquí haremos un *stop* para entender las razones biológicas y emocionales de ese desastre.

Hay personas que, por naturaleza o por cultura, son más introvertidas, en tanto hay otras naturalmente extrovertidas. Eso no cambia los patrones de atracción a la hora de intentar seducir a una mujer. A primera vista, lo único que genera es un pretexto para utilizar en defensa propia y justificar la apatía social. Esta aparente protección no otorga ningún refugio ni tampoco permite operar sobre la estricta dieta que nos aguarda si seguimos por ese camino, y que nos privará inevitablemente de todo placer social. La timidez durará el tiempo que demoremos en poner en práctica algunas técnicas no muy complejas. Por eso mismo es urgente dejarla de lado para centrarnos en el problema que afecta al cien por ciento de los hombres: la *ansiedad a la aproximación* o AA, también (mal) llamada "el miedo al rechazo".

¿De dónde proviene todo esto del miedo y la AA que sentimos cuando queremos acercarnos para seducir a una mujer?

Remitámonos al lugar en el que hemos permanecido durante la mayor parte de nuestra existencia como seres humanos. Los doscientos mil años de historia precedente nada tienen que ver con los últimos cincuenta, en los que prácticamente se ha triplicado la población mundial. El ser humano no ha sido originalmente diseñado para vivir con tanta gente alrededor y menos aún en ciudades. Hemos llegado a esta situación a partir de un ciclo histórico.

## Miedo al rechazo

Hagamos un ejercicio: transportémonos imaginariamente a una sociedad tribal, como aquellas en las que los hombres se agruparon durante casi toda su existencia histórica. Supongamos que nuestro núcleo consta de veinte personas: diez hombres y diez mujeres. De estas, una vez pasadas por el filtro del jefe de la tribu, deberíamos descontar también a algunas mujeres que no nos resultarían atractivas o que descartaríamos por ser familiares directas nuestras (madre, hermana). Por lo tanto, las mujeres con las que podríamos satisfacer nuestro deseo de reproducirnos (o tener sexo, lo que, en definitiva, forma parte del mismo deseo) serían aproximadamente... ¡tres! Tres únicas oportunidades de tener sexo en toda una vida.

Podemos especular con que, en un momento remoto de la historia, tuvo lugar una separación muy grande entre los hombres, que se dividieron en dos clases: los que solamente pensaron en sexo sin tener en cuenta el carácter preselectivo de la mujer (debido a su búsqueda de *valores de supervivencia*), por un lado, y los que combinaron esa necesidad puramente femenina con su propio deseo masculino.

Imaginemos a los hombres del primer grupo, sin estrategia alguna, generalmente extrovertidos y con una actitud similar a la que hoy en día tendría un improvisado. Sin duda, corrían un gran riesgo si se aproximaban a una de las pocas mujeres de la tribu con un planteo similar a este: "La verdad, no tengo idea de qué decirte, tampoco me interesan tus necesidades, lo único que quiero es tener sexo contigo". La reacción de las mujeres probablemente las llevaría a descartar a esa clase de hombre que no ofrece ningún tipo de ventaja evolutiva. Probablemente intuirían que, en caso de quedar embarazadas, un individuo de ese perfil no garantizaría el cuidado y la protección de su descendencia. El primer rechazo recibido, sin embargo, posiblemente no modificara el accionar de este tipo de hombre, que –arriesgando la extinción de su estirpe por celibato– continuaría intentando la misma aproximación con las otras dos mujeres. Y estas, incluso, ya podían haber sido advertidas acerca de intenciones de él... Un nuevo rechazo le plantearía el peor de los escenarios.

Ese tipo de hombre, extrovertido y despreocupado por las necesidades femeninas, seguramente no dejó descendencia. Fue literalmente borrado de la evolución.

En simultánea, también hubo otro tipo de hombre (el del segundo caso) que sí fue antepasado nuestro. Él, seguramente, se dijo: "Acabo de ver lo que pasó, cómo lo rechazaron, y no quiero arruinar mis tres posibilidades de reproducirme (o de tener sexo). Por lo tanto, tendré que acercarme a las mujeres de otra manera, con otra propuesta, pensando mejor qué es lo que ellas buscan en un hombre".

Naturalmente, antes de atreverse a intentarlo, tuvo miedo. La posibilidad de incurrir en el mismo error que su vecino le provocó un grado de ansiedad óptimo que lo impulsó a realizar la tarea de la mejor manera posible. Este hombre –que podría parecer tímido en comparación con el primero– en realidad se tomó el tiempo de pensar una estrategia que incluyera las necesidades femeninas selectivas, con el fin de alcanzar su objetivo reproductivo o sexual. Su propuesta hacia la mujer probablemente fue más clara, concisa y acorde a complacer las necesidades femeninas: le ofreció, por ejemplo, compartir una ración de su caza, producto de sus habilidades. Para esa mujer, la supervivencia representaba un problema real. Comer no era un asunto menor y, si alguien podía garantizarle el alimento, seguramente estaría en condiciones de hacer lo mismo en el caso de tener prole. Sin duda, esta propuesta contaba con *valores de supervivencia* que le permitían a ella arriesgar sus *valores de reproducción* en favor de la experiencia sexual. Si esa oferta era rechazada de todos modos, el hombre podía intentar con la segunda de sus tres oportunidades, refinando su estrategia hasta lograr su objetivo.

Somos descendientes de aquellos ancestros que, en algún momento, tuvieron miedo de que los rechazaran. Ellos convirtieron ese temor en una estrategia. La ansiedad constituyó el síntoma fisiológico que manifestó ese miedo. La pregunta actual sería: entonces, hoy, ¿qué podemos hacer nosotros con él?

## Ansiedad por la aproximación

Debemos notar que la situación ha cambiado. Hoy en día, hay tantas mujeres que podríamos ir de una en una preguntando "¿Hola, querés tener sexo?", con la probabilidad estadística de que la número 934 se interesara por nuestra oferta. Más temprano que tarde, alguna aceptaría. Sin embargo, pese a esta evidencia, seguimos teniendo ese miedo, esa ansiedad por la aproximación (AA). Cualquiera de los que practicamos este arte –este juego– la tiene, igual que todo hombre sobre la faz de la Tierra.

Entonces, ¿qué podemos hacer con este miedo? Algunas respuestas habituales son: reconocerlo, aprender de él, enfrentarlo, acostumbrarse, evitarlo, etcétera. Veamos: por un lado, podemos insensibilizarnos. Cada intento fallido y/o aproximación errónea será un paso más hacia la perfección, una posibilidad de aprender mejor esta nueva habilidad. Analizaremos la causa del rechazo y diremos "La próxima vez debo mejorar el lenguaje corporal, el *opener* y la FLT", por ejemplo. Esto incluirá entender la situación y aceptar que el rechazo fue impuesto por el filtro de ella, equivalente a cualquier obstáculo en un videojuego. De esta manera, comprenderemos cuál es el proceso personal que nos conducirá a ese patrón de comportamiento. Quizá este no sea el paso más importante de nuestro aprendizaje, pero seguramente resultará muy pedagógico.

Sin embargo, nada de esto evitará que sintamos miedo y, mucho menos todavía, AA. ¿Entonces? Nada. Con este miedo no podemos hacer nada.

La AA es una carga genética que llevamos desde siempre. No lograremos cambiar doscientos mil años de evolución en treinta años de adiestramiento cultural. Puede ser que dentro de doscientos mil años la situación se haya modificado y, con ella, seguramente también habrán variado nuestras pautas de reproducción, supervivencia y goce. Pero, por ahora, no es así. Se trata de algo que, en su momento, constituyó una ventaja evolutiva. Si no hubiéramos tenido ese miedo durante tantos años, probablemente no estaríamos hoy acá.

La misma situación se da, por ejemplo, en el caso de la ansiedad que genera volar en avión. Muchas personas sufren a la hora de subirse a uno y experimentan síntomas muy similares a la AA: palpitaciones, sudoración, flojedad en las piernas, etcétera. Es un caso claramente análogo, ya que en la actualidad hay una probabilidad muy baja de morir en un accidente aéreo: es mucho más posible que eso suceda al viajar en un medio de transporte terrestre o al cruzar una calle como peatón. Sin embargo, el miedo a las alturas está en nuestra naturaleza: no es natural volar para el ser humano. Quizá en doscientos mil años las personas se suban tranquilas a un avión y sientan temor al cruzar la calle pero, por ahora, no es así. Los miedos no siempre son racionales, pero ahí están. Entonces, así como algunos tienen miedo a volar, todos tenemos AA. Imaginemos esta situación: vemos a una mujer en un *venue* y, en lugar de llegar a hablarle, nos detenemos a dos metros de distancia. La miramos, pero no nos acercamos. Esto se repite mucho, en diversos lugares, prácticamente todas las noches, como si dependiera de ella dirigirnos la palabra para que nosotros podamos hablarle. Nuestra situación es estática; a dos metros, nos quedamos pensando cuál sería la mejor manera de aproximarnos.

Veamos qué ocurre en la cabeza de la mujer. Ella comienza a filtrarnos, pues nos percibe como a alguien de bajo VSR. Pongámonos en su lugar por un momento y tratemos de pensar desde ahí: "Si un hombre no se anima a decirme 'hola' –además de lo ridículo que suena, en sí mismo, que alguien no se atreva a hablarme–, ¿cómo pensar que luego podrá afrontar situaciones sociales mucho más difíciles, como conocer a mis padres, pagar un alquiler o protegerme de diversas formas?". En esa línea de pensamiento femenino, nuestro valor desciende segundo a segundo, a medida que sostenemos nuestra proximidad con ella sin concretar la aproximación.

Tanto es así que, si a los cinco minutos nos decidiéramos a hablarle, nuestro VSR sería tan bajo que, automáticamente, nos toparíamos con un claro rechazo: su *escudo de protección*, un filtro para protegerse de los hombres de bajo valor. Las mujeres viven este tipo de situaciones noche a noche. Y hacen bien en rechazarnos. Nosotros aprenderemos a interactuar con mujeres que sepan filtrar correctamente, que sepan distinguir a un hombre de alto valor. Nuestra misión ahora es convertirnos en ese hombre de alto VSR.

Veamos ahora qué pasa en nuestra cabeza, la del hombre. Estamos parados a dos metros y la miramos; comenzamos a idear la mejor frase para aproximarnos a ella y, de pronto, pensamos: "No, seguro que me va a rechazar, y lo hará riéndose de mí y de mi forma de seducir. Incluso sus amigas, que habrán visto la situación, vendrán después a reírse de mí y a decirme que soy un estúpido por intentarlo Y no solo eso: sus amigos también se acercarán en actitud hostil a recriminarme mi mal desempeño. Y el DJ parará la música para señalarme, describirá mi ropa por el micrófono mientras critica mis malas artes. Acto seguido, los encargados de seguridad vendrán, obviamente, a pedirme que abandone el lugar". Un poco más, un poco menos, todos los hombres magnificamos así nuestro miedo al rechazo, pero, ¿cuánto de todo esto es real y cuánto es imaginario?

## Todo es imaginario

Hasta que el rechazo no ocurra, hasta que no se produzca, será tan solo una posibilidad, como también lo es que ella nos acepte y podamos comenzar una interacción. Del mismo modo, es posible pensar que en diez minutos habrá un terremoto, pero eso no será real hasta que suceda. Mientras tanto, a los pensamientos de este tipo los catalogaremos como "paja mental". No sirven, molestan e incrementan los niveles de ansiedad. En esos cinco minutos que supuestamente dedicamos a planificar nuestro mejor movimiento, lo que en realidad logramos es entorpecerlo. Nuestro umbral de AA habrá subido tanto que, incluso si encontráramos el *opener* perfecto y decidiéramos usarlo, nuestro lenguaje corporal y el *delivery* en general mostrarían tanta ansiedad que seguramente ella nos rechazaría de todos modos. Nuevamente, haría bien en filtrarnos. La mayor parte de las veces, los hombres no reaccionan frente a esta situación; simplemente, abandonan la escena cuando empiezan a sentirse mal, incómodos. Lo real es algo que ocurre; el resto es "paja mental", no sirve para jugar ni para vivir; no sirve para nada.

Veamos el caso contrario: nos acercamos y *abrimos* de costado, sin ser invasivos, a una mujer o a un grupo de mujeres y sin habernos detenido a mirarlas antes. Los niveles de ansiedad son mínimos e incluso desaparecen una vez que entramos en escena, tanto sea para recibir un rechazo como para continuar con la interacción. Si no permitimos que se incremente en el tiempo, la AA nos permitirá jugar, sentirnos cómodos y avanzar en nuestra seducción. Como conclusión, extraeremos una pauta, la famosa "regla de los tres segundos" de David DeAngelo. Él la puso en boga y está relacionada con el tratamiento que la psicología cognitiva presenta como respuesta al miedo a la exposición: es preciso enfrentarse a la situación en el menor tiempo posible.

Nosotros no buscamos contacto visual solo por el contacto visual; somos personas sociales, interactuamos con grupos y elegimos a la mujer que nos interesa una vez que comenzamos esa interacción. Incluso, aunque ninguna de las mujeres de ese grupo nos resultara interesante, entraríamos en un estado hablador que nos permitiría fluir con mayor facilidad en los *sets* siguientes y hasta desarrollar estrategias más precisas a la hora de conseguir un gran objetivo –atraer a la más linda del *venue* o a quien nosotros queramos–.

Todo esto, sin sufrir picos de AA, excusarnos en la timidez o paralizarnos por pensamientos distorsionados.

**Romper la *ansiedad a la aproximación***
Herramientas para enfrentarla:

**1. No mirar por mirar.**
No dedicarse a mirar mujeres ni establecer contacto visual antes de *abrir* un *set*.

**2. Aplicar la regla de los tres segundos:**
No dejar pasar un lapso mayor desde que ella nos mira o nosotros la vemos hasta que abrimos su *set*.

**3. Entrar en *state*:**
Ponerse lo más rápido posible en estado hablador en el *venue*. No dejar pasar más de tres segundos desde la entrada a una locación nueva y el momento de la interacción con alguien.

**4. Implementar los tres *sets* de precalentamiento:**
Utilizar tres *sets* de práctica para entrar en calor sin que importe el resultado obtenido.

**5. Alcohol y otras hierbas:**
El alcohol desinhibe, pero también destruye nuestro lenguaje corporal y verbalización. Es necesario usarlo con moderación, al igual que otras hierbas.

**6.** **Ser con la circunstancia:**
Dejar de lado tanta información acumulada y utilizar cualquier objeto o un *role play* circunstancial para comenzar una interacción.

**7.** **Basarse en la práctica:**
Aprender de los rechazos, de los picos de AA y de los desastres iniciales. Son pasos fundamentales para estar un poco más cerca de la perfección.

**8.** **Sonreír:**
Si el cuerpo se siente bien, todos los movimientos serán relajados. La sonrisa contribuye notablemente a entrar en *state*.

> **Field Report**
> ⇢ Pablo.
>
> **El juego.** En este FR, Pablo *abre* varios *sets* de forma circunstancial para terminar realizando un trío con dos amigas esa misma noche.

## *After* de trío con dos jugadoras de vóley amigas

«Era el cumpleaños de una amiga del club. Varios años atrás habíamos jugado juntos al vóley, pero nunca había pasado nada entre nosotros.

Esa noche yo venía con un *state* realmente bueno; estaba contento y entré al bar sonriendo ampliamente. Comencé rápidamente a hacer *social proof* con mi amiga, porque había mucha gente que no conocía. Creo que en la mayor parte de ellas eran compañeras de facultad.

*Abrí* algunos grupos logrando atención de varias mujeres, pero sin traspasar la etapa de atracción, hasta llegar al *set* que derivaría en un trío demoledor: diez mujeres disfrazadas; supuse que estaban en una despedida de soltera.

–¡Eh! ¿Quién es la afortunada novia? Porque mi amigo que está ahí también tendrá su matrimonio y quiero que hoy pasemos una de las mejores noches de nuestras vidas.

Mostré liderazgo y protección de los seres queridos en una pequeña frase. Respondieron todas a la vez, con gritos y me dijeron que era el cumpleaños de una de ellas, a la que me señalaron y que enseguida se me tiró encima, me abrazó e hizo que se me cayera el sombrero. Primer NEG de la noche:

–¿Ella siempre es así? ¿Ustedes la peinan, la maquillan y la sacan a pasear?

Risas, IDIs, puse un *test de complicidad* grupal desafiándolas a todas.

–Pero chicas, no puedo traer a mi amigo a un grupo con tan poca onda...

Todas empezaron a saltar a mi alrededor, mientras mis amigos y los del cumpleaños nos miraban. Nadie entendía muy bien realmente qué pasaba. Traje a mi amigo al *set*, hice que ellas lo acosaran y a otras dos les pedí que me hicieran masajes con el pretexto de que la situación me estaba estresando. Me los dio la líder del grupo y se generó un mini *aislamiento,* ya que todas empezaron a *perrear* algún reggaetón y yo quedé con ella, observando la fiesta que se había armado; sentí que éramos como dos dioses del Olimpo. Había llegado el momento de *levantar temperatura* (ya tenía tres indicadores de interés de su parte, que se había quedado un tiempo conmigo). Le dije que me encantaba el perfume de su *shampoo,* le toqué el cabello, sonrió y nos besamos.

En ese momento, se acercó una amiga de ella recién llegada a la fiesta y nos interrumpió el beso con alta energía, haciendo chistes y hasta dándole un *pico* a su amiga delante de mí. Aparentemente, ambas comparten vestuario en el equipo de vóley. Hablamos unos minutos, nos dimos unos besos más y me fui por un rato, con la excusa de buscar a mi amigo.

Subí a la terraza de la discoteca a tomar algo y al poco tiempo llegó la amiga de la chica que había besado, con otras dos más que salían a fumar. Me encaró y me dijo "¡Vos! ¡Ojo con mi amiga!". Le respondí:

—Vení, me caíste bien, vamos a jugar a algo: tenés que elegir tres chicos de los que están en esta terraza y decirme con quién te casarías, con quién tendrías una aventura y a quién matarías.

Accedió; caminamos por el lugar, del brazo. En el momento de elegir un compañero de aventuras, me dijo:

—Te prefiero a vos, pero ya estás ocupado. Es una lástima

—Me parece que compartimos el mismo lenguaje sexual, somos dos depredadores Yo ya estuve en un par de tríos y es una experiencia increíble. Es una pena que a vos no te haya pasado...

—¡Ay! Siempre tuve la intriga... ¿cómo es? Contáme.

—¿Sabés guardar un secreto?

—Sí.

—Yo también, no puedo contarte.

Se ríe. Silencio. Nos miramos a los ojos. Me acerco un poco y me besa... mucha tensión sexual. Le digo:

—Vos y yo no podríamos estar con tu amiga, nunca...

—¿Por qué no?

—Sería mucho placer junto, demasiado intenso

Rápidamente pasé a otro tema de conversación, para que no sintiera que lo único que me atraía de ella era la idea del trío. Volvimos con el grupo como si nada hubiera pasado.

Al rato, subió la amiga con las demás chicas que habían quedado abajo. Como ya era un poco tarde, todas comenzaron a organizar su partida y yo les propuse a las dos chicas que había besado ir a desayunar a lo de un amigo. Aceptaron; creo que la primera no sabía que había besado a la segunda.

Volvimos en el auto de un amigo. Yo propuse ir atrás con las dos, "para que no se porten mal". Obviamente, me ubiqué entre ellas, las abracé, las acerqué a mí y les dije:

—Las vi darse un pico, pero iyo beso mucho mejor que las dos!

—¿Qué? Nosotras damos mejores picos.

—¿A ver?

Lo hicieron y yo le di un pico a cada una como premio, con el pretexto de mostrarles que los míos eran mejores.

Seguí compitiendo y desafiándolas. Les dije que seguramente no se animarían a dárselo con lengua; lo hicieron, rieron y todos en el auto también. Ya no había marcha atrás.

Subimos al departamento de mi amigo, puse música y él dijo que se iba a dormir (obviamente, yo ya le había contado lo que estaba pasando y ellas no mostraban ningún interés por él). Saqué a bailar a las dos, se besaron y luego me besaron a mí. Una de ellas se mostró bastante tímida cuando vio que la cosa venía en serio, pero su amiga la abrazó, la acarició y la acercó hacia mí para besarme. En seguida, ella se metió entre nuestras lenguas. Después, el paraíso

A las 8 AM pidieron un Uber y yo dormí como un bebé en el sillón del living de mi amigo. »

## Capítulo 06

## Reactivo vs. Proactivo
*Ese arcoiris que termina en sus tetas*

> *El amor verdadero es un lujo, no se trata de un derecho de nacimiento predeterminado. Como ocurre para conquistar cualquier lujo, precisamos examinar los métodos más eficaces para conseguirlo.*
>
> **Leil Lowndes**

Un Aven se relaciona con las mujeres de una forma diferente a la empleada por la mayor parte de los hombres.

Las personas, en general, actúan de manera reactiva. Reaccionan a las emociones de los demás con un reflejo casi idéntico: si alguien los trata de forma agresiva, responden con agresividad; cuando alguien les sonríe, sonríen.

Esta falta absoluta de control sobre las emociones nos dejaría desnudos en el proceso de cortejo. Aunque siempre vayamos a seducir con las mejores intenciones, no necesariamente obtendremos una buena respuesta, lo que puede ser interpretado por muchos hombres como signo de la mal llamada "histeria". Entonces, suele ocurrir que el rechazo penetre como una daga en nuestro ego y en nuestro orgullo y desencadene un torrente de emociones negativas (ira, rabia, enojo, desprecio, malhumor, vacío, depresión y otras similares).

Esta reacción revelaría lo mal preparados que estamos para enfrentar ciertas situaciones de la dinámica social, y también expondría nuestra escasa predisposición para desarrollar una fortaleza emocional que nos conduzca al logro de los objetivos propuestos.

Tomemos dos ejemplos. Veamos cómo actúan el señor X y el señor Y en las siguientes situaciones:

1. El señor X se aproxima a una mujer y es rechazado con una frase hiriente. De modo automático, modifica su actitud y le responde también de modo despectivo. Su humor cambia por completo; lo sucedido lo afecta por varias horas o incluso durante algunos días.

2. El señor Y se aproxima a una mujer, es aceptado en la interacción, pero ella comienza a tocarle el bíceps en forma insinuante. Automáticamente, él responde también en plan sexual, con toques o cumplidos ante los que ella reacciona mal, ya que la *escalada* ha sido muy rápida y no quiere sentirse expuesta ni estar con un hombre que rápidamente se entrega a ella y se muestra sexualmente necesitado. Al tocar al señor Y, aunque sea de modo inconsciente, ella solo intenta verificar cuán necesitado de sexo y/o de interacciones sociales está él. Si lo percibe muy necesitado, lo rechazará.

En ambos escenarios, tanto el señor X como el señor Y actúan reactivamente, dejándose llevar por sus emociones primarias, sin perspectiva de la situación. Así desaprovechan una interacción que bien podría haberse desarrollado de manera diferente. ¿Cómo?

## La proactividad en un Aven

Utilizaremos los mismos dos ejemplos, pero mostrados desde el accionar de un Aven.

1. El Aven X se aproxima y es rechazado con una frase hiriente. Pero la mujer no se va: si lo hiciera, concluiría la interacción. Solo está probando si logramos pasar su filtro. En lugar de reaccionar como el señor X, el Aven podría chocarle las manos como si la estuviese felicitando y aprobar su comportamiento diciéndole: "Me encantan las mujeres con actitud". Esta acción le permitirá pasar a la siguiente fase en su juego. Estará dentro del *set*, hablando con ella, y podrá continuar.

2. El Aven Y se aproxima a una mujer y es aceptado en la interacción, pero ella comienza a tocarle el bíceps de manera insinuante. En ese caso, él rechazará discretamente su insinuación con una demostración de desinterés hacia esa *escalada sexual*. Por ejemplo, llevando el cuerpo hacia atrás y pidiéndole a la mujer, con ánimo divertido, que primero al menos lo invite a cenar o exigiéndole dinero por cada vez que lo toca: "Eh, ya me tocaste tres veces, ¡me debés como trescientos dólares! ¡Este cuerpo vale oro, nena!". Se coloca así en una clara situación de premio. Ella responderá a esto con una o varias *demostraciones de interés*; entonces, el Aven Y podrá continuar con la interacción en forma proactiva, construyendo *atracción*.

En ambos casos, el hombre mantiene el control de la interacción, incluso cuando inicialmente parecían situaciones difíciles de superar.

En general, los seres humanos actuamos con patrones de comportamiento bastante limitados. Salvo alguna variable extraordinaria, las mujeres suelen rechazar a los hombres de cuatro o cinco formas diferentes. Y aunque algunos puedan contabilizar hasta diez formas de rechazo distintas, sigue tratándose de un patrón fácil de responder. De esta manera, para las cuatro formas de rechazo establecidas, tendremos en mente una herramienta que podrá convertirlas activamente en interacciones a nuestro favor.

Lo mismo ocurre si la mujer responde de manera positiva. No son muchas las formas en las que esto puede suceder; quizá cinco o seis situaciones distintas y, nuevamente, para cada una de ellas tendremos una emoción proactiva (porque reaccionaremos juzgando cuál es la mejor manera de responder a la emoción de la mujer en nuestro favor), tal de seguir manteniendo el control de la interacción. En esto consiste tener un plan.

La práctica de lo aprendido hasta aquí y, sobre todo, de lo que queda por aprender, nos permitirá sentirnos relajados, liderar las interacciones más difíciles y concretar nuestros objetivos a nivel social, sexual o amoroso.

### Meditación Aven

Frases para reflexionar y extender nuestro dominio sobre nuestro juego interno:

**1.** Soy proactivo y **busco transmitir mis vibraciones** a los demás.

**2.** Siempre muestro las mismas **actitudes y movimientos relajados** que tendría en mi propia casa, frente a mis mejores amigos.

**3.** Cuando interactúo con otros, **fluyo con el desenlace de la interacción**, sin querer forzar un final determinado.

**4.** **Creo valor y estímulo** en mi propia realidad.
Me gusta compartir ese valor con los demás.

**5.** Siento emociones positivas.
**La vida es un regalo maravilloso.**

**6.** Soy divertido y juguetón.
Me gusta dejar a todos con **expectativas sobre qué es lo que haré** a continuación.

**7.** Continuamente logro que las cosas fluyan.
Soy proactivo al hacerlo. Tomo riesgos.
**Lidero de manera natural y divertida.**

**8.** Me siento cómodo al compartir mis sentimientos.
**Puedo reírme de mí mismo** y no me tomo las cosas demasiado dramáticamente.

**9.** Soy una persona sociable.
Comienzo conversaciones y presento a la gente entre sí.
**Soy el anfitrión.**

**10.** Tengo mucho que dar.
**Irradio energía, humor y creatividad.**
Esta es simplemente mi forma de ser.

> **Field Report**
>
> ⤑ Fran.
>
> **El juego.** En este FR, Fran juega con una actriz internacional sin demostrar demasiado interés ante sus señales e impide –con sentido del humor– que su *valor relativo* baje.

## Spa y sexo con actriz española en el hotel Faena

«Lugar de los hechos: Faena Hotel, el mejor de Buenos Aires. Yo, hospedado allí para tomarme un relax del trabajo, me dedico a descansar y a invitar a las chicas con las que me venía viendo.

Una mañana, estoy solo en la piscina y veo a lo lejos la silueta de una tremenda rubia con dos hermosas tetas, cola preciosa y siento esa maldita mirada penetrante... Cansado de ver mujeres que están solas mientras sus maridos empresarios se encuentran de gira en Buenos Aires, me dirijo a un *bartender* de confianza, le pregunto acerca de esta chica... y me entero: ¡está sola!

Voy directo a ella; no hay nadie más en la piscina y le pregunto:

—Nos falta uno para jugar al truco... ¿te sumás?

—¡Uh! No sé jugar, ¿con quiénes estás?

—¡Solo!

Se muere de risa. Me dice que una amiga está por visitarla, que tiene que ir a buscarla, que la espere. Le digo que sí, pero me aparto hasta la otra punta de la piscina, poco visible aunque accesible. Si ella quiere seguir charlando, tendrá que venir a mí.

Pasa el tiempo. Mientras desayuno, llegan ella y su amiga y se sientan en otra mesa. Sigo en la mía, contestando mensajes desde el celular. Cuando termino de responder unos audios, paso al lado de ellas y les sonrío mientras camino. Les deseo buen día, me devuelven el saludo.

Día siguiente: no recuerdo bien cómo, pero nos saludamos en la piscina.

Como yo estoy desayunando, la invito a sentarse. Ella comienza la conversación con un reproche:
—Ayer no me esperaste.
—Estaba sentado, pero vos estabas con tu amiga... no quería molestar y, además, tenía que ir al *gym*.
—Todavía no fui, ¿me entrenás?
—Ni loco, ¿pensás que soy tu *personal trainer*?
—¡Jaja! ¿Y qué hacés, hospedado acá?
Le explico que estoy de vacaciones, sin poder irme afuera por un tema de trabajo; le pregunto qué está haciendo ella allí.
—Soy actriz en España, estoy de vacaciones en Buenos Aires.
Terminamos de comer, cada uno paga lo suyo. Le propongo mostrarle el *gym* y accede. Después, la invito a comer una torta de chocolate que trajeron mis amigos el día anterior (a todo esto, son las 15 h y a las 17 hs. tengo que estar en mi casa, por un tema personal).
Vamos a mi habitación del hotel.
Ella disfruta de una porción mágica de torta de chocolate; señala que mi habitación es hermosa, más linda que la de ella. Le hago una rosa de papel y nos damos un abrazo. Ella propone ir a su habitación y mostrármela, aclarando que allí está durmiendo una amiga.
Ya en su habitación, mientras su amiga se mete en la ducha, ella me muestra unas fotos en su Ipad... De pronto, veo una en la que está con Torrente. ¡Sí, José Luis Torrente! ¡Mi detective favorito!
Me pongo loco y le pregunto:
—¿Que hacés con Torrente?
—Yo actué en la película, era una de las carceleras *hot*...
—¡No puede ser!
La abrazo, me río y le pido que sea mi mejor amiga. Ella se ríe mucho.
Vamos a un sillón. Desde la mañana yo bromeo con que ya no me gustan más las mujeres, así que se me sube encima, me juega y me pregunta si me excita o no. Yo, con cara seria, aseguro que no me pasa nada... ¡aunque por dentro me muero! En un momento no aguanto más, la tiro a la cama y nos besamos, siento que soy parte de una película.
Tengo que irme corriendo a casa, así que acerco a las chicas hasta un centro comercial y sigo viaje. Esa noche yo no

regresaría al hotel y ella lo sabe, pero me manda un mensaje a las 2 AM: "Qué lástima que no está mi vecinito". No se lo contesto.

Retorno al hotel por la noche. Nos damos un par de besos, pero ella tiene cita con un representante de actores. Con una sonrisa, la dejo partir. Al día siguiente me llama y no alcanzo a contestar, pero a las pocas horas, ya de noche, nos encontramos y finalmente terminamos solos en mi habitación; muy rápidamente llegamos a la cama. Sin duda, fue un proceso de seducción a fuego lento, ¡pero no saben lo rica que estaba esa carne española! ❯❯

# Capítulo 07

## Apertura
*El acelerador de partículas de sexo*

> *Cada mujer que pasa frente a uno sin detenerse es*
> *una historia de amor que no se concretará nunca.*
> **Alejandro Dolina**

Iniciar una conversación fluida con una mujer que no nos conoce puede ser complicado, si no tenemos en cuenta determinados factores. Como ya vimos, las mujeres atractivas son socialmente más demandadas que los hombres. Por ende, su valor social es más alto. Es una realidad con la que debemos lidiar: ellas reciben constantemente propuestas sexuales, nosotros no. Si recordamos esto, basaremos nuestras técnicas de seducción en anticipar el pensamiento femenino; buscaremos ponernos en el lugar de ellas y estar siempre un paso adelante. ¿Qué es lo primero que piensa una mujer en una situación social cuando se le acerca a hablarle un hombre que no conoce? Lo resumiremos en tres preguntas básicas que circulan por su cabeza cuando esto sucede: "¿Otro más? ¿Qué quiere? ¿Cuánto tiempo va a estar aquí?".

Si somos "uno más", automáticamente nos descartará. Si demostramos interés sexual en las primeras frases de la interacción, también quedaremos rápidamente fuera del juego. Si le damos a entender que pretendemos quedarnos mucho tiempo, sin duda se preguntará "¿Cómo me lo quito de encima?".

Sin embargo, con algunos recursos bien utilizados, es muy fácil lograr que, en escasos segundos, sea ella quien desee nuestra compañía. Vamos por partes.

Toda mujer, especialmente aquellas que destacan por su grado de belleza, son abordadas por distintos hombres hasta varias veces en un mismo día, personalmente o por chat.. ¿Por qué debería hablarnos a nosotros si somos tan solo "uno más"? Ya dijimos que el físico es lo de menos; hemos visto cientos de hombres "lindos" que rebotan contra una pared cuando se acercan incorrectamente a una mujer o a un grupo.

No podemos ni queremos ser "uno más", así que debemos buscar la forma de aproximarnos y resaltar rápidamente. No es difícil, porque la mayor parte de los hombres casi siempre dice lo mismo. Quizás cambien las palabras, pero en esencia siempre comunican "Hola, soy uno más y ¡quiero algo con vos!".

Estas son algunas de las frases más típicas que se utilizan para transmitir ese mensaje estéril:

–¿Cómo te llamás?
–¿Nos conocemos?
–¿Estás sola?
–¿Tenés novio?
–¿Vamos a tomar algo?
–¡Me enamoré!
–Qué hermosa, qué lindos ojos.
-Etcétera, etcétera, etcétera...

Son frases hechas que las mujeres escuchan una y otra vez en un día cualquiera. Más allá de las variantes formales, en la cabeza de ellas se traducen todas con un simple: "Me gustás, ¿podemos tener sexo juntos?".

Dado que reciben decenas de *aperturas* de este tipo, en el 99% de los casos no les importará quién las emita: el rechazo será la respuesta automática, casi como un acto reflejo. Si nos acercamos con un "¿Estás sola?" o, peor, con un nefasto "¡Qué lindos ojos!", sin duda seremos uno más entre el montón de hombres necesitados de sexo. Y una mujer no puede decir que sí a todos los que quieren algo con ella. Entonces, a los que se acerquen con el mismo cuento de siempre, los descartará de inmediato. Pero bastará con que llegue uno con algo diferente para que obtenga una oportunidad.

Volvamos a la cabeza de la mujer. Si bien casi todas reciben propuestas sexuales constantemente, la mayor parte de ellas se queja de que escasean los hombres interesantes. Si no comprendemos esto, no entenderemos en absoluto a las mujeres; debemos recordarlo siempre al comienzo de una interacción.

Para que una mujer (o un grupo de mujeres) acepte interactuar con nosotros y logremos evitar un rechazo inmediato, tendremos que desactivar sus reflejos. No es tan difícil. Solo debemos emitir las señales correctas en los primeros segundos de interacción, de modo tal que ellas sientan: a) que nuestro tiempo es muy valioso y nos quedaremos allí solo en la medida en que ellas ganen nuestra atención, b) que no tenemos un interés sexual inmediato y c) que, por el contrario, hay una razón diferente y genuina que nos llevó a aproximarnos.

Existen dos técnicas muy importantes que logran generar ese efecto en la mente femenina. Aprenderemos a aplicarlas con ejemplos clásicos pero, con el tiempo, te recomendamos adecuarlas a tu forma de ser.

## La Falsa Limitación Temporal (FLT)

Para lograr nuestro primer objetivo, utilizaremos una técnica que fue sistematizada por primera vez en el libro *Venusian Arts*[1]. En su forma más básica, la FLT puede reducirse a una sola frase: "Hey, tengo un minuto". Con el tiempo, aprenderemos a comunicar esto físicamente, con lenguaje corporal, pero es bueno que practiquemos primero su forma verbal.

---

1 Von Markovik, E. (2007). *The Mystery Method: How To Get Beautiful Woman Into Bed*. Connecticut: Tantor Media Inc. Library edition.

El objetivo de la FLT es desactivar el *escudo de protección* de una mujer para que ella esté dispuesta a iniciar una interacción. Si nos aproximamos diciendo: "Tengo dos horas para abordar un tema, ¿me ayudás?", seremos descartados de inmediato. Nadie inicia una interacción con esa frase, pero casi todos generan una respuesta de rechazo cuando pronuncian cualquiera de las frases hechas que antes mencionamos ("¿Cómo te llamás?", "¿Nos conocemos?", etcétera). Quien lo hace, se muestra dispuesto a permanecer en ese lugar hasta lograr su objetivo sin importarle cuánto tiempo le demande y lo más probable es que, justamente por eso, sea descartado de inmediato.

La FLT comunica todo lo contrario: "Estoy de paso, en realidad me tengo que ir pero esto que estamos hablando me parece interesante". Eso predispone mejor al grupo para escucharnos. Y al observar que las mujeres responden satisfactoriamente a nuestra frase inicial, sabremos que ya no somos "uno más" para ellas.

Pero... ¡atención! Es muy diferente decir "Hey, ¡tengo un minuto!", que "Hey, ¿tienen un minuto?". En esta última frase, le estamos pidiendo tiempo a ella, estamos solicitando su permiso para hablar y lo que estamos por decir parecerá menos interesante. Por el contrario, si utilizamos una FLT como "Chicas, tengo un minuto", ", Tengo que irme, pero...", o bien "Antes de que vuelva con mis amigos...", mostramos que los apurados somos nosotros; los que estamos a punto de irnos somos nosotros. La realidad es que si la interacción resulta interesante, ellas serán quienes deseen que nos quedemos allí. Entre otras razones, porque les serviremos para espantar a los hombres que, si las ven solas, podrían aproximarse con un clásico y molesto: "¿Ustedes vienen siempre a esta discoteca?". Vemos entonces que revertimos los roles desde un principio: somos nosotros los que tenemos poco tiempo para estar con ellas y, si no nos entretienen, nos iremos a hacer algo más importante.

## El *opener*

Con la FLT, comunicamos que nuestro tiempo también es valioso y que solo estaremos con ellas siempre y cuando logren atraer nuestra atención. Ahora, debemos transmitirles los puntos b y c. Y eso haremos con el *opener*.

Ya hemos mencionado que en cualquier *opener* es fundamental no demostrar un interés sexual inmediato. Al iniciar una interacción, debemos salir del conjunto de los "desesperados por el sexo" y comenzar a revelarnos más bien como uno de esos hombres interesantes que escasean. Las preguntas situacionales, como "¿Dónde queda el baño?" o "¿Saben qué hora es?" quizá habiliten un diálogo mínimo pero, en definitiva, no impedirán que sigamos siendo un "don nadie" para ellas.

Para iniciar exitosamente una interacción, buscaremos *openers* que, unidos a la FLT, constituyan temas de conversación interesantes y que, a la vez, nos permitan mostrarnos tal cual somos y dar a conocer esas particularidades que nos hacen únicos y muestran nuestro VSR.

Existen decenas de *openers* "enlatados", es decir, líneas de diálogo que se han probado como efectivas para iniciar una interacción con desconocidas. Aquí van algunas:

–Necesito una opinión femenina: ¿quién miente más, el hombre o la mujer?

–Ayúdenme con esto: ¿cómo le digo "no" a una mujer sin lastimarla?

–¿Qué le regalarían a una mujer de XX años?

–Preciso un consejo: ¿sexo o chocolate?

Tras muchos años de experiencia pedagógica, hemos comprobado que la mejor manera de aprender las dinámicas sociales de la seducción consiste en comenzar la práctica con este tipo de *openers* enlatados. Con el tiempo, cada uno diseñará los suyos e incluso será capaz de improvisarlos. Pero es una habilidad que requiere práctica, al igual que cualquier otra. Por ejemplo, es sumamente complicado aprender a tocar la guitarra mientras se intenta componer una canción al mismo tiempo. Prácticamente todos los guitarristas empiezan tocando temas de otros, para luego componer los propios. Lo mismo ocurre con los *openers*: es mejor empezar utilizando aquellos cuya efectividad ya se ha demostrado. Una vez que comprendamos los patrones que operan en el fondo de un buen *opener*, estaremos en condiciones de crear los nuestros.

Como vimos en los cuatro *openers* que usamos como ejemplo, los temas que plantean justifican que nos aproximemos a hablar con una o varias mujeres. Son tópicos para cuyo abordaje requerimos una visión del sexo femenino. Este tipo de *opener* se clasifica como "*Abridor* de opinión femenina".

Ahora bien, hasta aquí logramos captar la atención del grupo: empezamos con una FLT seguida de un *opener* que despertó el interés de las mujeres. Nos hemos anticipado a ellas y pasado con éxito la primera etapa, cumpliendo las tres reglas fundamentales para comenzar una interacción:

1. No demostrar un interés sexual inmediato.
2. Exponer una razón genuina por la que nos aproximamos.
3. Transmitir la idea de que nuestro tiempo es valioso.

La interacción ha comenzado de una forma totalmente diferente de la que emplearon los veinte hombres que nos precedieron en el intento, que se mostraron excesivamente interesados. ¿Y ahora, qué?

## La ecuación inicial

La combinación FLT + *opener* es una de las maneras más efectivas, al menos en un principio, de iniciar una interacción. Pero, ¿cómo seguimos? En primer lugar, escuchando qué tienen para decirnos ellas. Un error muy común en quienes comienzan a utilizar estas técnicas es hablar y hablar sin dejar espacios para que las mujeres se expresen, o no escuchar lo que ellas dicen. Por eso, después de nuestro *opener*, dejaremos que ellas participen. Es una interacción, no un monólogo.

Tan importante como la FLT y el *opener* es haber elegido estratégicamente el tema de la conversación. Tenemos que aprovechar la ocasión para comenzar a hablar sutilmente de nosotros y elevar nuestro valor. De ahí que el *opener* debe adaptarse a cada persona. Veamos uno de ellos y cómo puede amoldarse a diferentes hombres:

Aven: –Chicas, tengo un minuto, ayúdenme con esto: ¿cómo le digo que no a una mujer sin lastimarla?

Chicas: –Bla, bla, bla…

Aven: –No quiero ser cruel, pero mi secretaria me insistió con presentarme a su mejor amiga, diciéndome que tenemos las mismas pasiones y la verdad es que su amiga es muy linda pero no es mi tipo. Necesito salir de esta situación con alguna excusa que sea creíble.

En este caso, estamos hablando de alguien que tiene una secretaria. Pero podríamos reemplazarla por una socia, compañera de universidad, asistente o mejor amiga. Lo importante es que iniciar de este modo nos permite hablar de nuestra vida y deja abiertas algunas preguntas en la cabeza de nuestras interlocutoras:

"¿Socia de qué? ¿Compañera de qué? ¿Asistente de qué? ¿Cuáles son las pasiones que comparten? ¿Por qué no es tu tipo de mujer?".

Todas estas son preguntas que les permitirán conocernos sin que parezcamos un monologuista idiota que solo habla de sí mismo. Así, ya logramos diferenciarnos del resto de los hombres. Además, sobre todo, incrementamos nuestro VSR (ver Capítulo 3), sin dar la sensación de que nos estamos "vendiendo". De este modo, comenzamos a encender los interruptores de atracción.

La pregunta inicial puede convertirse en circunstancial si luego pasamos a hablar de nuestras pasiones. En realidad, más que preocuparnos por cuál es la mejor frase para lograr una interacción, es importante que nos concentremos en elegir la que sea más útil para continuar el diálogo. Cada fase del juego constituye solo un escalón para llegar al siguiente objetivo. Debemos disfrutar de cada una y atravesarlas con éxito, pero siempre con la mira puesta en el próximo paso.

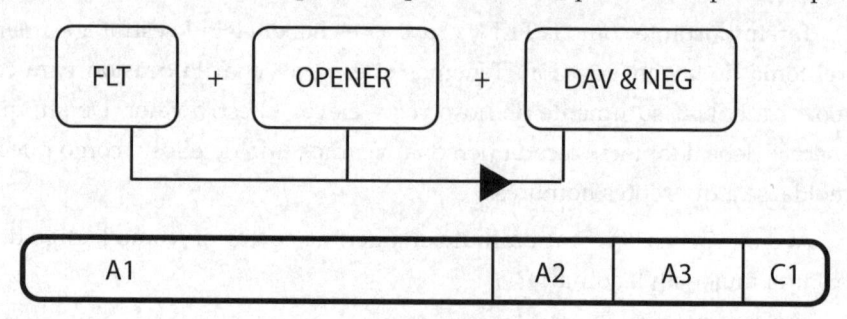

```
[ FLT ] + [ OPENER ] + [ DAV & NEG ]
           →
[ A1        |    A2   |   A3   |  C1 ]
```

### ¿De qué nos permite hablar un buen *opener*?

Lo cierto es que solo la práctica permite responder a esa pregunta. Si abrimos diez grupos de mujeres con un mismo *opener*, del lado de ellas no encontraremos más que un par de respuestas posibles. Esto nos planteará un patrón a propósito de lo que puede suceder y, con el tiempo, podremos anticipar sus contestaciones y llevar la interacción hacia donde queramos.

Tomemos como ejemplo el caso del Aven Alemán, que ha formado parte del equipo de *coachs* de LevantArte. Apenas comenzó, sin saber muy bien por qué, decidió utilizar un *opener* que consistía en pedir una opinión femenina para hacer un regalo.

Alemán: –Chicas, tengo un minuto. ¿Qué le regalarían a una niña de quince años?

Ellas: – ¿Quién es ella?

Alemán: –Ehhhh...

Se encontró sin nada que decir y ahí se terminó la interacción pero, en lugar de descartar el *opener*, pensó en cómo podría contestar esa pregunta y cuando tuvo la respuesta se acercó a otro *set*.

Alemán: –Chicas, tengo un minuto. ¿Qué le regalarían a una niña de quince años?

Ellas: – ¿Quién es ella?

Alemán: –Es mi sobrina, la adoro...

Ellas: –Ay, ¡que tierno! Comprá un bolso de esos que venden en tal lugar...

Alemán: –Qué buena idea, gracias.

Luego de hacer esto un par de veces, el Alemán dedujo que debía estar un paso adelante y saber cómo saltar del *opener* a otro tema. Con eso en mente, se acercó al grupo siguiente.

Alemán: –Chicas, tengo un minuto. ¿Qué le regalarían a una niña de quince años?

Ellas: –¿Quién es ella?

Alemán: –Es mi sobrina, la adoro...

Ellas: –Regalále un bolso con onda...

Alemán: –Ok... El tema es que me quedan menos de veinte euros. ¿Alcanzará?

Ellas: –Ay, ¿pero por qué solo tenés veinte euros?

Alemán: –Es que la fiesta es mañana, pero antes, más temprano, también tengo que pagar la cuota del campeonato de boxeo y perdí mi tarjeta, me voy a quedar sin dinero en efectivo hasta el lunes...

Ellas: –¿Competís en boxeo?

En base a la práctica, en pocas frases logró dejar de ser un ser anónimo para convertirse en alguien que va a competir en un campeonato de boxeo y que quiere comprarle un regalo a su sobrina, dos datos que hablan de un hombre de alto *valor de supervivencia*, es decir, un hombre atractivo. Como vimos en este caso, que un *opener* no nos haya funcionado una vez no es motivo suficiente para no volver a emplearlo. Debemos aprender a *calibrarlo*. El Alemán, a partir de un mismo *opener* –testeado varias veces– pudo pasar de una frase cualquiera a hablar de boxeo, que es su pasión.

Si aprendemos a *calibrar*, ya nunca más nos quedaremos paralizados, pensando "¿Qué les digo?". Con un poco de práctica, podremos iniciar una interacción con la mujer o el grupo de mujeres que queramos y, sin darnos cuenta, ya estaremos en la segunda etapa del proceso de seducción. En ese momento es cuando entra en juego la *teoría de grupos* que es expuesta en el Capítulo 9. Allí explicaremos el modo más conveniente de movernos socialmente dentro de los grupos para seducir a la mujer que deseemos.

*El mundo está lleno de mujeres hermosas que esperan conocer hombres que les sigan resultando interesantes después de abrir la boca.*
*Esos hombres somos nosotros.*

### Openers

Un buen *opener* siempre está precedido de una FLT; es muy importante acompañarlo con el lenguaje corporal correspondiente (ver capítulo 4):

Algunos *openers* "enlatados" para comenzar una interacción son:

1. "¿Qué puedo **regalarle a mi sobrina** que cumple quince?".
2. "¿Cortarían una **relación con un mensaje** de texto?".
3. "**¿Quién miente más?** ¿El hombre o la mujer?".
4. "Chicas... ¿saldrían con un **chico que es amigo de su ex-novia**?".
5. "¿Cuenta como válido un **'te quiero'** dicho por alguien en estado de ebriedad?".
6. "**¿Sexo o chocolate?** ¿Qué prefieren?
7. "¿Qué le respondo a una amiga cuando me pregunta si **debería bajar de peso**?

> **Field Report**
> ⇢ Eddie.
>
> **Calibración.** En este FR Eddie sale a *calibrar* los principales elementos de A1: FLT, lenguaje corporal, *opener* y DAV.

## La Cenicienta era virgen

«Ayer a la noche decidí ponerme objetivos concretos para *calibrar* mis recursos y poder analizarlos después.

Primer objetivo: Respeto total por la regla de tres segundos, apenas entre al lugar y divise los grupos.

Segundo: Control sobre mi lenguaje corporal; *abrir* sobre mi hombro y a medida que el *set* muestre interés responder girando. Además, mantener una postura erguida, tratar de hablar pausadamente y en un tono fuerte, sin inclinarme demasiado hacia el grupo.

Tercero: Unir el *opener* a mi DAV, que es el teatro y la actuación. Al mismo tiempo, utilizar NEGs circunstanciales.

Ejemplo: "¿Era virgen Cenicienta? Te reís, pero ni idea de lo que hablo ¿no? Mi director quiere mostrar una imagen de pureza en la protagonista, pero de lejos se nota que a ella le encanta el sexo, lo que a mi juicio hace poco creíble nuestra escena."

NEGs circunstanciales que experimenté:

–"Ya te va llegar, date tiempo" (tratándola a ella de niña).

–"¿Ves? Por cosas como esa tu ex se quedó con el perro". Decidí ser metódico y quizá un poco estructurado esta vez, pero lo necesitaba: quería ir despacio y practicar desde cero.

¿Qué pasó? Abrí muchos *sets* y en dos de ellos creo que podría haber intentado *aislarme con mis objetivos*, pero no era la meta de la noche. Además, decidí solidificar las etapas previas para poder jugar bien después, en *confort*.

Al analizar más tarde la experiencia, me di cuenta de que tuve bastante dificultad para mantener mi lenguaje corporal bajo control, sobre todo al comienzo. Notas para mejorar: debo hablar más lentamente, moverme menos y poner un poco más de entusiasmo en mis historias.

De todos modos, siento que la salida fue muy positiva, porque pude empezar a *calibrar* mis técnicas, tanto durante la interacción inicial como en las siguientes.》》

# Capítulo 08

## Escudo de protección
*Un filtro de hombres para tomar el té*

> *El problema de la mujer siempre ha sido un problema de hombres.*
> **Simone de Beauvoir**

Las mujeres poseen un refinado mecanismo que les permite detectar incongruencias en el *valor proyectado* de un hombre.

Como planteamos en el Capítulo 3 acerca de VSR (*valores de supervivencia y reproducción*), estadísticamente se comprueba que ellas son atraídas en un 80 % por los *valores de supervivencia* (VS). Es decir que, para una mujer, la personalidad del hombre y sus aptitudes sociales son fundamentales. La pregunta entonces es cómo hacen ellas para averiguar rápidamente si los hombres con los que interactúan tienen un alto VS.

Consideremos que una mujer bella recibe a diario una gran cantidad de insinuaciones y muestras de interés por parte de varios interesados, por lo que debe encontrar la forma de detectar a la brevedad si alguno de ellos vale la pena, pues le resultaría imposible llegar a conocer a todos en profundidad. Si tuviera que dedicar tan solo cinco minutos a cada uno, pasaría días enteros evaluando posibles candidatos y, a decir verdad, el tiempo es lo más valioso que tenemos. La vida es tiempo: no podemos comprarlo ni recuperarlo. Para no despilfarrarlo, a lo largo de los años ellas han desarrollado estrategias para evitar la interacción con hombres de bajo *valor de supervivencia*.

Ese conjunto de estrategias femeninas es lo que llamamos *escudo de protección*. Mediante su empleo, las mujeres se aseguran de interactuar solo con hombres que les interesan, o sea, con aquellos en quienes perciben un alto *valor de supervivencia*. En definitiva, la mujer debe ahorrar tiempo para elegir entre los muchos candidatos que se postulan. Cualquier persona haría lo mismo si recibiera mil currículums para un único puesto. ¿Leería todos desde el principio al fin o descartaría algunos rápidamente, empleando un criterio general (por ejemplo, errores de ortografía o de diseño)? Este método quizá resultara injusto o prejuicioso con algunos postulantes, pero con seguridad ahorraría eficazmente una gran cantidad de tiempo valioso.

Algunas de las estrategias que utilizan las mujeres para filtrar a los hombres de bajo valor consisten en:

- Ignorarlos.
- Decirles que tienen novio.
- Bailar.
- Tratarlos despectivamente.
- Refugiarse donde el volumen alto de la música impide un diálogo fluido.
- Rodearse de amigas que las rescaten en el caso de una interacción no deseada.
- Salir con un amigo –preferentemente, gay– que se haga pasar por su novio.

No es casual que las mujeres casi nunca salgan solas o que –a diferencia de lo que hace la mayor parte de los hombres– no se separen en toda la noche de su grupo de amigas: entre ellas se sienten protegidas. Esa muralla alrededor de la chica que nos gusta, aunque a veces parezca imposible de traspasar, puede ser superada poniendo en práctica algunas técnicas muy simples.

Cuando en el capítulo anterior analizamos la importancia de la FLT y la utilización de buenos *openers*, aprendimos los primeros pasos para poder atravesar ese *escudo* automático. Estudiemos ahora un poco más en detalle su funcionamiento y cómo actuar frente a él.

## Superar el filtro

El paso fundamental para lograr superar el *escudo de protección* en los primeros segundos de una interacción es hacer lo que jamás haría un hombre interesado sexualmente. De esta forma, el filtro no se activará porque su función, precisamente, consiste en repeler a quienes portan un interés sexual excesivo (pues eso transmite un bajo VS). De este modo, pasaremos a través del filtro sin ser descartados prematuramente.

Sí. Es totalmente opuesto a lo que señala nuestra intuición: tenemos que mostrarnos sexualmente desinteresados en un primer momento para poder lograr que ella se interese sexualmente por nosotros después. Es algo absolutamente comprobado y real. No siempre debemos confiar en la intuición; si esta fuese infalible, se habría verificado que la Tierra es plana. ¿Y cómo podemos representar esa falta de interés? El modo más fácil de dar esa impresión consiste en acercarnos al grupo con una mujer a nuestro lado. Dado que ya estamos bien acompañados, no encontraremos el *escudo de protección* activado pues, en un principio –y probablemente de forma inconsciente–, todos supondrán que no nos guía una motivación sexual. Sin embargo, no siempre podremos utilizar esta estrategia, así que propondremos algunas otras que también resultan muy efectivas.

Como ya sugerimos en el capítulo anterior, la falsa limitación temporal (FLT) es una de las mejores herramientas para destruir (o, al menos, desactivar momentáneamente) un *escudo de protección*. La mayor parte de los hombres no suele mostrarse "de paso" cuando inicia una interacción, sino que transmite una disposición desmesurada a permanecer en ese lugar el tiempo que sea necesario. Sin notarlo, al proceder de este modo limitan seriamente sus posibilidades de éxito.

El lenguaje corporal también es fundamental. Si nos acercamos de modo frontal, chocaremos contra el *escudo* femenino. En cambio, si iniciamos la interacción girando nuestra cabeza por encima del hombro, el gesto parecerá más casual. A la vez, no pondrá en evidencia un interés excesivo en el comienzo de la interacción ni resultará una invasión del espacio personal. Solo estableceremos un lenguaje corporal frontal cuando ellas muestren un lenguaje corporal positivo hacia nosotros; es decir, actuaremos reflejando en espejo.

Por otra parte, es muy importante tener siempre en mente la *teoría de grupos* que analizaremos en detalle en el próximo capítulo. Una de sus claves es no iniciar una interacción hablando directamente a nuestro *objetivo*: en cambio, debemos dirigirnos a todo el grupo.

Veamos un simple ejemplo que resalta las diferencias entre el común de los hombres y un Aven. Los primeros, cuando ven a una mujer que les atrae en medio de un grupo, consideran que para abordarla lo mejor es esperar a que esté sola, momentáneamente separada de los demás. Sin embargo, ese es el peor recurso que puede emplearse para iniciar una interacción: una mujer se siente desprotegida fuera de su grupo y quiere volver a él lo antes posible. Si esa es nuestra estrategia, vamos por mal camino. Lo más inteligente, en este caso –lo que sin duda haría un Aven–, sería aprovechar el momento en que ella va al baño o se separa de su gente para aproximarse al grupo. De esta forma, cuando la mujer regrese, el Aven ya estará charlando cómodamente, como uno más de ellos. Hasta es posible que ella crea que él es amigo de alguno de los miembros del grupo. Yendo en contra de la intuición, habremos evitado su *escudo* con eficacia y rapidez, empleando simplemente el recurso de no demostrar un interés inmediato en ella.

En conclusión, como hombres, debemos tener en cuenta que siempre estará activado el *escudo de protección*; no podemos enojarnos con ellas por eso, porque es lo natural. El rechazo es siempre una posibilidad y todo hombre exitoso con las mujeres se ha acostumbrado también a esa eventualidad, sin sentirse mal por eso, pues sabe que, en definitiva, no se trata de algo personal. Nuestro razonamiento debe ser: "Ella ni siquiera nos conoce; simplemente, está aplicando estrategias automáticas que se disparan cuando un hombre desconocido se le acerca."

## Restart

Cada vez que choquemos con ese *escudo de protección* es importante analizar qué podemos mejorar de nuestro juego. ¿Mi lenguaje corporal fue correcto? ¿Habré sido demasiado frontal? ¿Sonreí? ¿Demostré mucho interés en lo que dije?

La reflexión acerca de esos interrogantes y el análisis de los hechos nos permitirán perfeccionar nuestro estilo. Por eso, a partir de este momento, encontraremos en esas pequeñas batallas perdidas muchos motivos de alegría y no de frustración. En la vida, lo que nos hace crecer y buscar nuevos rumbos es la derrota, el error; eso nos mantiene atentos y nos ayuda a avanzar. Cuando tenemos éxito, pensamos "Genial, me lo gané", y nos relajamos. Una victoria consumada nos hará dormir bien, pero podremos crecer mucho si sabemos analizar una derrota, por desastrosa que haya sido.

Si en un *set* nos va mal, festejemos con el primer amigo que se nos cruce, sintiéndonos orgullosos de haber probado cosas nuevas. Estamos jugando y aprendiendo. Y así, cuando ganemos, sentiremos la satisfacción de saber que no fue debido a un golpe de suerte, sino realmente obtenido por mérito propio.

## A la luz de la derrota

El 21 de octubre de 1879, Thomas Edison realizó la primera demostración pública de la bombilla eléctrica ante tres mil personas reunidas en Menlo Park, Nueva Jersey, Estados Unidos. Este ha sido uno de los inventos más importantes en la historia de la humanidad.

Sin embargo, cuentan que Edison realizó más de mil intentos hasta lograrlo. Un discípulo suyo le preguntó por qué persistió en construir una bombilla después de tantos fracasos; Edison le respondió que no habían sido realmente fracasos, pues había logrado aprender novecientas noventa y nueve formas que mostraban cómo no debe hacerse una bombilla. El resto de la historia ya la conocemos: tras su persistencia, Edison tuvo éxito en esa empresa. Del mismo modo, cada error cometido debe ser tomado por nosotros como una oportunidad para aprender a hacerlo mejor la vez siguiente.

Por otra parte, es conveniente no actuar reactivamente frente a una mujer o un grupo de ellas que no estén dispuestas a escucharnos. Seguramente, no es algo personal: quizá somos el décimo interesado que lo intentó en la última hora. O quizá ellas están hablando de un tema que les atañe y realmente no es momento de conocer a alguien nuevo. Simplemente, si no nos contestan, nos dicen que son lesbianas, que tienen novio o nos piden que las dejemos a solas, las saludaremos y seguiremos nuestro camino. "Ok, nos vemos luego", ¡y a buscar otro grupo! Si nos mostramos socialmente correctos, es probable que más tarde las crucemos nuevamente y en esa ocasión puede que incluso sean ellas quienes nos pregunten de qué queríamos hablarles anteriormente. Una actitud despectiva con ellas porque nos rechazaron no sirve de nada: nos carga de energía negativa y nos hace destinatarios de su odio. Además, podrían ser amigas de las mujeres que estamos a punto de conocer. Nunca dejemos que gente que ni nos conoce afecte nuestro estado anímico: nadie te hiere sin tu consentimiento. ¡A relajarse, es simplemente un juego!

**Trauma post *escudo de protección***

Cuatro modos de superar el rechazo de un *escudo de protección*:

**1. El rechazo no debe herir el orgullo.**
La mujer actúa así frente a un desconocido. Es mejor pensar "Si supiera cómo soy, no me rechazaría". No debe ser tomado como algo personal.

**2. Las mujeres también tienen malos días.**
El acoso que sufren por parte de hombres que a diario las abordan utilizando frases inservibles genera en ellas un filtro automático. Aun aprendiendo a superarlo con éxito, existe la posibilidad de que una mujer tenga un mal día y no quiera interactuar.

**3. Festejar los rechazos.**
No delante de ella, ni en señal de venganza o rencor; simplemente acercarse a un amigo y alegrarse por haber dado un paso más hacia la perfección.

**4. No enojarse.**
El tiempo es valioso. La energía es el motor que permite conocer a mucha gente y disfrutar de su compañía. Es mejor seguir adelante. Nada importante ha pasado.

### Field Report

····⟩ Lionel.

**El juego.** En este FR, Lionel diseña en el momento un plan específico para poder avanzar en el juego con su *objetivo* dentro de un casino.

## Rutina de los anillos al jugar al póquer en un casino

«Jueves por la noche. Decidí ir con dos amigos al casino para jugar al *Texas hold'em*. Mi día había sido entretenido porque había jugado en actitud *cocky & funny* con la dueña del bar del club en el que entreno y ya estaba en estado hablador desde la tarde.

Al entrar al casino nos sorprendimos: había una mujer muy linda sentada sola, jugando al póquer. Es algo que realmente no sucede muy a menudo. Me anoté para jugar y por suerte me tocó en la mesa de ella, justo a su lado. No necesitaba ninguna otra señal, estaba obligado a hacer algo o no me lo perdonaría jamás. Había buena energía con todos los integrantes de la mesa, pero tenía que lograr algo muy difícil: que ella dejara de pensar en sus cartas y en su dinero, y desplazara esa atención hacia mí.

Ella: (comenta en general) –¡Qué mal estoy! No ligo nada...
Lionel: –¿Sabés cuál es tu problema?
Ella: –¿Cuál?
Lionel: –El pañuelito que tenés en el cuello: es hermoso pero, obviamente, trae mala suerte.
Ella: (risas y me mira)
Lionel: –Sacátelo y después me decís.
Ella: –Dale, a ver...
Mano de póquer, ella gana y se lleva como 300 dólares.
Ella: –¡No lo puedo creer! Tenías razón.
Lionel: –¿Viste? Yo te dije (choque de puños).
Ella: –¿Cómo te llamás?
Le dije mi nombre pero no le pregunté el de ella. Ya tenía lo que quería, su atención: lo único que debía hacer era no perderla, así que decidí no aplicar

rutinas, pues solo podía hablar entre mano y mano. Entonces comencé a tirar interés y desinterés, sin parar, con actitud atrevida y juguetona. Tuve muy buena respuesta.

En un momento en el que los dos abandonamos la mano, le pregunté por las letras de su anillo; me explicó que eran sus iniciales (BB). Le pregunté "¿Bárbara cuánto?". Se mató de la risa y, sorprendida, me preguntó cómo había adivinado; me reí y le hice la rutina de los anillos que vimos en clase:

—¿Siempre usás el anillo en el dedo índice?

—Sí... ¿por?

—Leí hace poco que en la antigua Grecia, el dedo en que llevaras los anillos indicaba veneración a un dios particular y, a la vez, cierto tipo de personalidad.

—Mirá... ¿Y a qué dios estoy venerando, cuál es mi personalidad?

—El índice corresponde a la devoción a Zeus, el dios de los dioses que gobierna en el Olimpo. Por eso usamos ese dedo para mandar, señalar, dar indicaciones, órdenes... ¿Viste que tiene lógica?

—Es verdad...

—Como novia, debés ser insoportable, siempre queriendo elegir el restaurant, la bebida, la película, ¿no?

Se rió y funcionó perfecto, porque dijo:

—Claro, debo ser insoportable, por eso estoy sola.

En un momento estábamos hablando y riéndonos tanto que el supervisor de la sala nos retó y la *croupier* también. Incluso algunos de la mesa nos dijeron que se estaba jugando por dinero, como insinuándonos que no molestáramos más. Jaja, ¡no saben lo bueno que estuvo! Seguí en la mía y al poco tiempo mis amigos me hacían señas para irse. Tenía que *cerrarla*.

Inventé rápidamente que tenía un campeonato de póquer la semana siguiente y que me faltaban jugadores... No hizo falta continuar explicando nada, ya me estaba agregando al Instagram desde su Iphone.

Esta semana sale cita y *full close*, seguro. 〉〉

# Capítulo 09

## Líder del grupo
*Perdidos en el espacio estrecho de un armario*

> *Las minitas aman los payasos y la pasta de campeón.*
>
> **Indio Solari**

Hemos llegado a uno de los puntos más importantes de este libro. En los capítulos anteriores analizamos muchas situaciones y describimos algunas herramientas que nos facilitarán la interacción con las mujeres y nos permitirán atravesar sus primeros filtros. Llegó el momento de abordar uno de los pilares fundamentales de la seducción.

Gran parte de la dinámica social y la seducción giran en torno a lo que se conoce como *Teoría de grupos*. Desarrollemos entonces los conceptos fundamentales de la misma antes de continuar desanudando el ovillo de la seducción.

Partamos de una base: las mujeres casi nunca están solas en una situación social. Menos aún en *venues* (tanto si se trata de una discoteca como de un evento social) y, aunque a veces den esa impresión, lo más probable es que en realidad no sea así. Puede ser que estén esperando la llegada de un taxi o de una persona, o incluso que hayan terminado su turno de trabajo. Esa vieja creencia de que hay una mujer sola junto al baño a la que nosotros podemos abordar es ilusoria. Realmente, eso no sucede.

Esa escena es una situación que puede presentarse solo en circunstancias de calle o *daygame* (juego exclusivo durante el día), pero casi nunca en el contexto de una reunión social. Es lo que podríamos denominar *set* de uno (llamamos *set* a un grupo de personas; según la cantidad de chicas diremos *set* de 2, 3, 4, 7 o *sets mixtos*, si se trata de hombres y mujeres). Y que las mujeres no estén solas se debe en gran medida a que necesitan protegerse del acoso continuo por parte de los hombres; esto se ve claramente en la utilización que hacen de su *escudo de protección*.

En conclusión, casi nunca hay mujeres solas. No persigamos esa quimera. Nos interesan las mujeres de alto VSR, que serán siempre las que han tenido que soportar mayor cantidad de interacciones. Por eso mismo, habrán aprendido a seleccionar a un hombre que también sea socialmente *calibrado*. En ese caso, y a partir de ese momento, nosotros seremos esa persona.

### Todo grupo social posee una líder

Al comenzar a aplicar técnicas de seducción en distintos *sets*, percibimos que, generalmente, dentro de un grupo hay cierto liderazgo y una dinámica que permite reconocer diferentes roles. No es algo que suceda solo en grupos de mujeres, sino también entre hombres.

Esto ocurre en todo grupo, sea este deportivo, amistoso, laboral o artístico. No es necesariamente un hecho negativo, pero es importante saber que existen distintos tipos de líderes con personalidades diversas; su forma de ser caracterizará la dinámica grupal.

Con algunas excepciones, el líder suele ser quien más atracción genera en el plano social, en ambos sexos. Si ingresamos a un grupo ya formado, en principio tendremos un *valor relativo* más bajo que el resto de los integrantes y muchísimo menor que el de su líder. Ante un saludo simple ("Hola a todos, ¿cómo están?"), todo el grupo espejará la reacción de su guía. Si este no es muy proclive a interactuar con desconocidos, es probable que seamos rechazados automáticamente por el conjunto. Si, por el contrario, el líder se presenta ante nosotros y desde su rol nos da la bienvenida, el grupo imitará generalmente su actitud y se interesará por nuestra presencia. En este caso, la posibilidad de acceder a él habrá sido generada por quien lo lidera.

Vale aclarar que quien es líder de un grupo puede no serlo en otro: alguien que es líder en su trabajo puede no serlo cuando juega al fútbol y viceversa. Sin embargo, algunos individuos se destacan por liderar múltiples ámbitos y situaciones.

Veamos qué ocurre con las mujeres. ¿Quiénes suelen ser líderes en los grupos femeninos? Tendemos a pensar que ese rol será ocupado por las que más atracción generan y probablemente esto sea así, pero tengamos en cuenta algunas consideraciones.

### ¿Por qué la líder suele ser la que más nos atrae?

Analicémoslo. ¿Qué ocurre en la vida de una mujer atrayente cuando tiene apenas cinco años? Todo el mundo está atento a satisfacer sus caprichos. ¿Qué ocurre con esa misma mujer diez años más tarde? En la escuela, posiblemente obtenga buenas calificaciones sin necesidad de estudiar demasiado. Sus compañeros le facilitan los trabajos prácticos y los resúmenes, mientras que los profesores juzgan sus exámenes sobrevaluando sus conocimientos. Pronto comienza a entender cómo el uso apropiado de su lenguaje corporal puede lograr resultados inesperados. Con los años, aprenderá a utilizar con toda maestría esta herramienta, que la socióloga británica Catherine Hakim denomina "capital erótico".

Tengamos en cuenta que en los ámbitos sociales en los que comúnmente nos desenvolvemos predomina una visión claramente misógina y machista. Y cuando decimos "nos desenvolvemos", en realidad nos gustaría dar un paso al costado, porque el solo hecho de estar aprendiendo o practicando las técnicas de este libro genera nuevos patrones de comportamiento más justos para ambos sexos. Este es un buen momento para dejar de lado definitivamente ciertas actitudes poco inteligentes y estratégicamente inservibles, como invitar champagne a cambio de sexo, escupir cumplidos como "Qué lindos ojos" o ejercer ciertas "caballerosidades" que de modales señoriales no tienen nada.

Esta situación sociocultural, inevitablemente, coloca a las mujeres atractivas y con capacidad de liderazgo en una posición muy ventajosa en algunos aspectos. Si estuviéramos en la situación de ellas, casi todos nosotros –por no decir todos– le sacaríamos provecho. No es una cuestión de maldad: es dinámica social aplicada.

¿Qué ocurre con ese tipo de mujer cuando va a buscar trabajo? Hay una larga fila de candidatos esperando, el empleador sale a decir que no hay más puestos vacantes y, cuando la ve, cambia de idea e inventa uno nuevo, cuyo sueldo él mismo se encargará de pagar. Estereotipos y bromas aparte –por ridículo que parezca–, lamentablemente, estos hechos suceden a diario.

Para esa mujer, el liderazgo es algo natural. Tanto, que su continuo crecimiento personal se basa en el manejo de recursos bien administrados.

Cambiemos de piel. Veamos ahora qué ocurre con las amigas de la líder de grupo, que no la igualan en belleza. ¿Qué beneficio obtienen al salir con ella?

El estatus de esas mujeres no subirá, ya que siempre estarán a la sombra de su amiga. Si piensan en conseguir hombres, las probabilidades son muy bajas: ellos suelen aproximarse a las más lindas, unos tras otros. Usualmente, las amigas no quieren ser el segundo plato de nadie, y menos aún si se trata de un hombre que ya ha sido rechazado por la líder. Para que quede claro: una vez que la más linda determinó que el VSR del hombre es bajo, sus amigas, por una cuestión básica de *preselección*, no querrán estar con él, pues lo percibirán también como un individuo de bajo valor (analizaremos más en detalle esta dinámica en el apartado sobre *preselección*, del Capítulo 11).

Hay algunos casos en los que las amigas menos favorecidas por la naturaleza logran seducir a algún hombre por estar en compañía de la más bonita. Pero esa situación no parece ofrecer ventajas realmente atractivas. Es más, esas mujeres tendrían más oportunidades si buscaran hombres por su cuenta o lideraran su propio grupo.

En lo que a seducir se refiere, salir con una chica muy bonita no parecería ser realmente algo muy útil para sus amigas.

## El capital erótico

Pero veamos qué tipo de ventajas obtienen las amigas de la líder en una noche. Cuando el grupo llega a un *venue*, ella puede "seducir" al encargado de relaciones públicas del lugar y, mientras este esté bajo su influjo, conseguir que le regale "pases gratis" para todo el grupo. Una vez dentro del *venue*, como ya sabemos, los hombres no *calibrados* les regalan champagne, intentando conseguir favores sexuales, aunque solo logren menguar su VSR a los ojos de la líder, que lo acepta y comparte la bebida con sus amigas. Es decir: este grupo no gasta dinero en entradas ni en bebidas gracias a los hombres que hacen que esta situación se potencie y se perpetúe. ¿Con cuánto dinero salimos nosotros un fin de semana? ¿Y con cuánto sale una mujer?

Algunas llevan solo el dinero necesario para tomar un taxi y esto ni siquiera significa que lo vayan a gastar; es, más que nada, un resguardo por si nadie las lleva a su casa, un padre no las pasa a buscar o deciden abandonar al hombre que se ofreció a llevarlas. Saberlo es de gran importancia, porque cuando nos aproximemos a un grupo de mujeres, casi siempre intentaremos seducir a la más linda. Saber cuál es nuestra posición con respecto a ese grupo determinará nuestro accionar dentro de él.

La estrategia consta de distintos pasos, que estudiaremos a continuación.

## La interacción dentro de un grupo

Es conveniente que elijamos primero nuestro *objetivo*; de otra manera, no podremos aplicar correctamente las técnicas. Por otro lado, necesitamos entender que sus amigas serán *obstáculos* mientras no logremos ganarnos la simpatía de ellas. Una vez que lo hagamos, pasarán a ser nuestros mejores aliados dentro del *set*. Serán *obstáculos* en tanto nos acerquemos directamente a hablarle a la chica que nos interesa, momento en el que el resto del grupo activará su *escudo de protección*. En particular, eso es lo que modificaremos en nuestra manera de interactuar con los *sets* a partir de este momento: jamás comenzaremos estableciendo un contacto unilateral con la líder o la mujer que nos interesa.

Esta etapa del juego (ATRACCIÓN), en la que la *teoría de grupos* será nuestro soporte principal, consta de tres partes bien definidas.

En A1 nuestra misión es entrar en el grupo. Para eso utilizamos la FLT y el *opener* que, como observamos anteriormente, ya debe suponer la posibilidad de continuar con una demostración de alto valor (DAV).

Así, ya estaremos entrando en A2 con el propósito de subir nuestro *valor relativo* para que nos encumbre a la posición virtual de líderes de grupo. Luego, aplicando NEGs, bajaremos el valor del *objetivo*, para generar la posibilidad de que nuestras DAVs le provoquen atracción y, cuando esto ocurra, empezaremos a contar indicadores de interés, que será algo así como comenzar a ver en movimiento ciertos patrones de la *Matrix*.

Nuestra aproximación se caracterizará por demostrar mayor interés al grupo que a la mujer que nos interesa. Para eso, pondremos en práctica lo ya visto en relación a la dirección del pecho y la demarcación de la voz, dirigiéndonos al grupo entero pero garantizándonos que nuestro *objetivo* escuche y no quede fuera del *set*.

Veamos un ejemplo. Nos acercamos a su grupo con una FLT y un *opener calibrado*:

—Chicas, tengo un minuto (FLT). Si mi bajista prende fuego la batería en el escenario, ¿qué hago? ¿Lo echo del grupo? (*opener*).

¿Qué ocurrirá en ese momento dentro de la cabeza de la líder y qué ocurrirá en la cabeza de sus amigas? Para ellas, será un: "Wow, por fin un hombre nos viene a hablar a todas!". Automáticamente estarán encantadas. Nos demostrarán gran interés y harán lo posible para que continuemos con nuestra DAV. Por el contrario, la líder se preguntará: "¿Qué pasó?, ¿por qué este hombre no vino directamente a hablar conmigo?".

Importante: si entramos al *set* y nos quedamos más de cinco minutos hablando con sus amigas, ¿qué ocurrirá con el *objetivo*? Supondrá que nuestro interés está focalizado en alguna de sus amigas y se alegrará por eso. Puede que seamos el primer hombre que se acerca a las demás antes de intentar con ella, "¡Y tanto se lo merecen!". Con la cantidad de hombres que hay a su alrededor, nuestro *objetivo* no tendrá problemas para encontrar compañía.

En conclusión, debemos dirigirnos primero a todo el grupo pero sin perder de vista en ningún momento cuál es nuestro *objetivo* final.

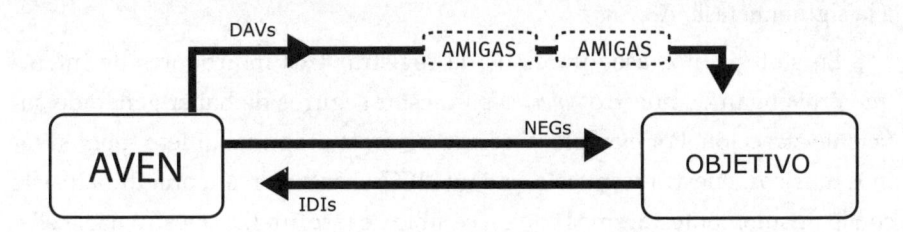

```
           DAVs      ┌─────────┐ ┌─────────┐
         ────────▶   │ AMIGAS  │─│ AMIGAS  │──┐
        │            └─────────┘ └─────────┘  ▼
┌──────────┐               NEGs          ┌──────────┐
│          │        ────────────────▶    │          │
│   AVEN   │                              │ OBJETIVO │
│          │        ◀────────────────    │          │
└──────────┘               IDIs          └──────────┘
```

## Ping-pong en el *venue*

Ahora retrocedamos al instante en el que entramos al *set*. Apenas nos aproximamos, lo más probable es que la líder marque su territorio: desde su óptica, si queremos seducir a una de sus amigas, tendremos que contar con su aprobación. Su actitud consistirá en intentar retomar rápidamente su liderazgo utilizando cualquier frase como filtro o *escudo de protección* apenas nosotros hayamos ingresado.

Debemos estar preparados para ese momento, que se puede dar mientras hablamos con el *set*. Si escuchamos que ella utiliza una frase para demostrar su liderazgo, responderemos con un NEG mirando a todas a los ojos (a ella también, para que no se sienta excluida). Uno clásico puede ser: "Mirá, acá tenés un numerito (hacemos como que se lo damos en la mano), cuando llegue tu turno, estoy con vos" (con una gran sonrisa, claro).

A medida que nuestra interacción vaya aumentando dentro del *set* (a partir de las DAVs, que utilizaremos como bálsamo dentro de este ping-pong de NEGs/IDIs) se incrementará su interés por nosotros y ella intentará entrar en la interacción. Entonces debemos mantener el ping-pong hasta estar seguros de que en tres oportunidades nuestras intervenciones han generado demostraciones de interés por parte de ella. Solo en ese momento daremos un giro total a nuestra interacción, pasando a tener un lenguaje corporal más interesado en ella y tomando el último IDI que nos haya dirigido para pasar a la siguiente fase, A3.

En síntesis, nos aseguraremos de registrar tres indicadores de interés que provengan de nuestro *objetivo* para estar seguros de haber generado suficiente atracción. Por ejemplo, si con su primera pregunta quiere saber si somos músicos, nuestra respuesta será un NEG; si en su tercera pregunta insiste con lo mismo, contestaremos con un cambio de fase: un IDI nuestro hacia ella.

Eso ocurrirá comúnmente a los cinco minutos de haber iniciado la interacción y nos colocará en A3. Si nos quedamos por más tiempo, perderemos el *set*, nuestro *objetivo* y la interacción. Un tiempo mayor a cinco minutos podría generar dudas en nuestro objetivo, llevándola a preguntarse: "¿Estará realmente interesado en mí?", "¿No será gay?" "Quizás le gusta una de mis amigas".

## Para revertir valores

Veamos en profundidad cómo es la relación de valores cuando *abrimos* un grupo. ¿Qué ocurre en la cabeza de sus amigas cuando dirigimos un NEG hacia nuestro *objetivo*?

En todo el tiempo que llevan saliendo con ella, tal vez no hayan escuchado a ningún hombre decirle un NEG. Exceptuando a su hermano mayor o a su padre, probablemente ningún otro la haya descalificado antes como potencial pareja sexual. Menos aún frente a sus amigas.

Por eso, con nuestra actitud crearemos una respuesta emocional en sus amigas que se manifestará en risas (IDIs) y diversión. Ellas simplemente no podrán creer que alguien trate con menos valor de lo habitual a su líder, sobre todo cuando están demasiado acostumbradas a lo contrario. Caerá una lluvia de IDIs sobre nosotros, que el *objetivo* no podrá pasar por alto. Estos generarán en ella *preselección*, al mismo tiempo que lograremos posicionarnos en un virtual lugar de liderazgo dentro del grupo.

¿Y qué ocurrirá en la cabeza de la líder? Por un lado, pensará que está perdiendo liderazgo, pero no por culpa de un *clown* que hace malabares, sino de un hombre con alto VSR; alguien interesante, que tiene un estilo de vida atractivo y que, obviamente, está despertando atracción en sus amigas. Además, observará que cuando intenta retomar el liderazgo en el grupo, ese hombre, con sus intervenciones, no se lo permitirá o la dejará entrar en un papel secundario. Esto le causará cierto "cortocircuito emocional". Primero, porque está perdiendo el *set*; segundo, porque nunca antes había sido *negueada* delante de su grupo.

Por último, la líder comenzará a sentir atracción. Pensará que, de todos los escenarios posibles, ese es sin duda el mejor: un hombre con alto VSR, que colidera su grupo, que muestra DAVs congruentes (la utilización de las DAVs será explicada en detalle en el Capítulo 11). Inevitablemente, ella comenzará a experimentar atracción por nosotros. Su única opción en este punto es utilizar todas sus tácticas femeninas para lograr seducirnos. Ella lo desea. Nos desea.

Para alcanzar este punto que nos conducirá a A3, solo debemos cuidar que los NEGs no sean dañinos, ni le quiten valor de liderazgo o la alejen del *set*. Por el contrario, serán técnicas sutiles para revertir nuestros valores relativos y lograr un *punto de enganche social* dentro del *set*. Desde ahí podremos generar suficiente atracción en ella como para seducirla.

### *Delivery* al aplicar *teoría de grupos*

Cinco comportamientos para controlar mejor tus interacciones en los *set*s:

**1. Establecer contacto visual.**

Al entrar en un set, mirar a todo el grupo, no solo a nuestro objetivo. Realizar paneos generales con la mirada para que nadie quede fuera de la conversación. Hacer lo mismo con la voz.

**2. Si no escuchan, que se acerquen.**

Utilizar siempre un volumen de voz razonable: no susurrar, pero tampoco gritar. Si es necesario, hacer señas para que se acerquen. Es posible mover a todo un grupo utilizando bien esta técnica.

**3.** Buscar cómplices.
Estar atentos a los IDIs de sus amigas. Capitalizar esta dinámica de grupo buscando complicidad para los NEGs dirigidos al *objetivo*. Validar a sus amigas, abrazarlas y jugar como aliados.

**4.** No importa tanto el *opener*, sino la DAV.
Abrir con lo que sea. Si el control del grupo y el *delivery* son buenos, cualquier historia servirá para conseguir atención. El nivel de energía nunca debe ser demasiado dispar. Aplicar la *teoría de grupos* sin contemplaciones.

**5.** No autoexpulsarse.
A veces, llega un punto de la conversación en el que parece no haber más de qué hablar. La interacción decae y nace la duda acerca del plan utilizado. Ninguno de estos motivos justifica que nos retiremos del *set*. Tampoco lo haremos si recibimos un elocuente "tengo novio". Es importante mantener siempre un buen ánimo y quedarse hasta el final. Es prácticamente imposible aprender si cada *set* dura un minuto en promedio.

> **Field Report**
>
> ⇢ Nico.
>
> **Rutinas.** En este FR, Nico aplica la *teoría de grupos* y se besa con una mujer que había abierto días atrás.

## *Kissclose* junto al río

«Sábado a la noche. Bar frente al río. Mientras estaba en la barra intentando cambiar mi cerveza, una chica me dice: "¡Vos sos el del regalo!". Lo primero que pensé fue que no debo ser tan dependiente de las rutinas, debo empezar a cambiar de *opener*. Estaba con dos amigas y ¡las había conocido el jueves anterior!

A partir del comentario sobre el regalo, empezamos a hablar de la película en la que Schwarzenegger tiene que comprar un regalo a su hijo; pude tirar varias DAVs, porque trabajo en una productora de cine y hago el sonido de películas.

Al principio, me costó elegir a mi *objetivo* porque las tres chicas estaban muy bien, pero finalmente me decidí por la morocha que me había abierto.

Ya estaba en A2. La bombardeé con NEGs, le pedí que me cambiara la bebida y seguí con los NEGs un poco más. Todo el grupo empezó a hacer chistes sobre nosotros como pareja.

Luego de cuatro o cinco IDIs pasé a A3 (¡qué rápido lo hice, me sentía Kimi Räikkönen!). En eso llegó mi amigo Alex. Lo presenté al grupo, le tiré un par de NEGs más al *objetivo* y en seguida nos aislamos a un metro de todos.

La *escaneé*, le pedí que me dijera tres virtudes y tres defectos suyos (esto lo aprendí en una entrevista de trabajo y me funciona para generar conexión). No sé cómo, empezamos a hablar sobre razas de perros y la validé un poco, demostrándole interés. Cada tanto le pedía que me sostuviera la cerveza mientras le hablaba (*test de complicidad*). Me pidió que la acompañara a fumar un cigarrillo abajo, pero las amigas escucharon y también quisieron venir (¡malísimo!).

Ya allí, nos aislamos nuevamente. Si bien estábamos en C1, había cierto clima de A3 en cuanto a los chistes y los NEGs. Creo que este cambio de fase no fue muy claro, tal vez porque se dio muy rápido el pase de A1 a A3. Gran parte de nuestra interacción se basó en hacernos chistes mutuamente. Le pedí que me acompañara a comprar un trago y aceptó. En la barra podría haber subido con la escalada de *kino* y tantear, pero reconozco que su belleza me acobardó un poco. Volvimos al grupo, que ya nos veía como una pareja ideal y se reía de nosotros En un momento no sé qué dije que hizo que mi *target* se fuera a charlar con Alex y una de sus amigas. Yo me quedé conversando con la otra amiga, sin perseguirla: estaba dispuesto a mantener hasta el final la idea de que yo era el premio. En un momento se dio la posibilidad y traje a mi *objetivo* otra vez junto a mí. Ella fue a buscar un trago a la barra, pero no me pidió que la acompañara, como yo había hecho antes con ella. Me mantuve concentrado en "soy el premio" y no la seguí.

Al rato fui a buscar una cerveza, pero me paré a dos metros, lejos de ella, fingiendo que no la había visto. Cuando se acercó, improvisé juego de ajedrez con botellas sobre la barra con unos cuadrados que había ahí, le olfateé el pelo, le dije que estaba luchando con mis ganas de besarla y me alejé dando un paso atrás. Seguimos jugando al ajedrez, le clavé la mirada, la mantuvo, creció la tensión sexual y nos besamos. Así estuvimos un tiempo larguísimo. Propuse volver a buscar al resto de la gente (no quería mostrarme desesperado ni que pareciera que le daba tanta importancia a un beso). El grupo nos sacaba fotos mientras nos besábamos y mi amigo Alex bailaba como loco con sus amigas. ¡Gran noche y una mujer hermosa! 》

## Capítulo 10

# Ping Pong
*Todos comiendo del mismo sushi emocional*

> *Locura es hacer la misma cosa una y otra vez esperando obtener resultados diferentes.*
> **Albert Einstein**

Muchos de los conocimientos acerca de dinámica social que estamos aplicando nacieron hace más de veinte años. Sin embargo, el NEG como concepto es una invención que debemos reconocerle a Mystery. Cuando comenzó a utilizar la *teoría de grupos* explicada en el capítulo anterior, él percibió la necesidad de contar con una herramienta que le permitiera conseguir tiempo suficiente como para revertir los valores en el grupo y lograr que la mujer en posición de liderazgo se sintiera atraída por él.

## Los NEGs en el juego

Sin ellos, se dificulta la posibilidad de medir la atracción y mucho menos aún de generarla. Un NEG consiste en una frase, comentario o gesto que puede definirse como un "cumplido negativo". Es una forma *cocky & funny* (se podría traducir como "arrogante y divertida", ver Glosario) de demostrar desinterés sexual. Una técnica en la que la sonrisa se vuelve imprescindible.

Un comentario algo irónico (como "¿Ella siempre es así? No sos de salir mucho, ¿no?") sonará divertido si proviene de alguien sonriente y simpático, pero puede ser percibido como una agresión si la expresión del rostro y el tono no atenúan el contenido de la frase.

Por lo tanto, para emplear esta técnica es muy importante modular elementos fundamentales, como la sonrisa y la búsqueda de asentimiento. Es totalmente imposible obtener aprobación por parte de nuestro *objetivo* como respuesta a un NEG. Sepamos que si buscamos aprobación recibiremos exactamente lo contrario, reprobación, porque estaremos tomando demasiado en serio lo que dijimos y ella se sentirá obligada a responder negativamente. La forma correcta de aplicar un NEG es emitirlo y luego continuar hablando sin detenerse ni buscar aprobación en sus ojos: no es realmente algo que digamos en serio, estamos siendo divertidos, nada más. Si hacemos una pausa buscando una aprobación de nuestro objetivo, por breve que esta sea, provocará un efecto opuesto al deseado. En cambio, si utilizamos sabiamente los NEGs, generaremos el ping-pong necesario para conseguir IDIs y pasar a las fases siguientes.

### Cómo construir buenos NEGs

Como la mayor parte de los recursos que enseña este libro, los NEGs requieren el uso de una cuota importante de creatividad e improvisación en quien los emplea. Más allá de los ejemplos que recopilamos en la *toolbox* de este capítulo, es imposible ofrecer una fórmula infalible para construirlos. Con todo, la práctica y la experiencia nos han mostrado qué características poseen los NEGs más efectivos y, fundamentalmente, qué tipo de comentarios evitaremos para que esta herramienta no se transforme en un *boomerang*. Comencemos entonces por mencionar lo que no debemos hacer:

- Nunca utilizamos NEGs que aluden al físico de la mujer. Si tiene una nariz gigante, no lo digamos, pues solo lograremos que se aleje de nosotros y tendrá motivos válidos para hacerlo. Antes de dejar que pisoteemos su ego, preferirá perdernos de vista. No buscamos herir a nadie, solo pasar un momento divertido todos juntos.

- No señalamos con las manos ni hacemos público, fuera del *set*, el NEG que estamos utilizando. Evitar conductas humillantes revela inteligencia social y discreción, dos VSRs muy apreciados por las mujeres.
- No empleamos NEGs referidos a valores personales, sean estos religiosos, políticos o de cualquier otro tipo. Es muy sencillo hacer un chiste fácil a una activista de Greenpeace, pero eso está muy lejos de ser un NEG. Atacar una convicción ético-moral solo crea distancia.
- Evitamos el choque: no entablamos discusiones de género, política, religión o fútbol. Son temas que no deben tratarse a la ligera, mucho menos frente a personas que apenas conocemos.
- No utilizamos NEGs con todo el grupo o con más de una persona dentro del *set*. Eso genera confusión y rechazo colectivo. El uso de NEGs debe limitarse solo al *objetivo o* líder de grupo, pues se trata justamente de demostrar que nosotros también podemos liderar. No somos un obsecuente más que se obnubila frente a su belleza física.

## El poder de los NEGs

Los NEGs nos permitirán medir el nivel de atracción alcanzado observando los IDIs que generen. De esta forma, podremos avanzar con seguridad, sin correr riesgos innecesarios.

Es importante ser espontáneos; de hecho, la propia *calibración* como Aven nos hará utilizar cada vez más rutinas propias. Aun así, inicialmente, contar con un buen arsenal de NEGs nos ayudará a sentirnos más confiados y *calibrar* mejor este punto de la interacción. Incluso, hay ciertos NEGs que podremos utilizar como comodines en situaciones diversas.

Hasta que no empleemos un NEG –una de las técnicas más antiintuitivas para los hombres, que estamos malacostumbrados a mostrar un interés desmedido por las mujeres–, no conoceremos el poder real que estos pueden tener. Nuestro primer NEG es como el primer *opener*: nos mostrará en un instante un potencial hasta entonces desconocido.

## Contar IDIs

Si bien los IDIs pueden ser emitidos de forma inconsciente o automática, nunca aparecen en vano. Debemos prestar mucha atención a los que surgen en respuesta a nuestro ping-pong de NEGs, pues son útiles para ajustar nuestras intervenciones. Según Leil Lowndes, existen veintisiete formas tipificadas de demostrar interés.[1] Gran parte de las mismas solo consiste en gestos o actitudes físicas y son, generalmente, invitaciones al abordaje. Para facilitar su reconocimiento, aquí dividiremos los IDIs en cuatro categorías principales:

- **Risas y/o lenguaje corporal positivo**

    Si la mujer quiere abandonar la interacción, no mostrará interes riéndose de nuestros chistes y, menos aún, exhibiendo un lenguaje corporal positivo (ombligo apuntando a nuestro ombligo y mirada a los ojos). Los IDIs de esta categoría son siempre señales de que vamos por el buen camino.

- **Preguntas personales**

    Cualquier pregunta que ella formule para obtener información acerca de nosotros (ocupación, edad, gustos) será tomada como un semáforo

---

1 Lowndes, L. (2006). *Undercover Sex Signals. A Pickup Guide For Guys*. Nueva York: Citadel Press.

verde que nos habilita para seguir liderando la interacción y conocernos mejor. Tendremos cuidado, principalmente, de no entrar en el rol de amigos conversadores; debemos estar siempre concentrados en nuestro juego. De hecho, desde un primer momento conduciremos el diálogo a esta situación. Por ejemplo, jamás diremos al *objetivo* nuestro nombre o edad hasta que no pregunte. De ese modo, sumaremos un IDI fácilmente.

- **Contacto físico**

Las mujeres no suelen ir por ahí tocando gente. Es más, evitan al máximo el contacto. Si ella se apoya en nuestro brazo, nos da un golpe suave o sujeta en su mano algún objeto que nos pertenece, podemos interpretar que se trata de un IDI y que, claramente, intenta atraer nuestra atención. En caso de que haya contacto de piel con piel, lo entenderemos como un buen paso para que se acostumbre a nuestro toque, que permitirá, luego, que nuestra *escalada en kino* no resulte brusca (veremos esto en detalle en el Capítulo 19). Esto crea un terreno favorable para que las cosas sucedan con sutileza, algo que claramente distingue a la mujer del hombre promedio.

- **Conversación**

La mejor excusa para que una mujer huya de nosotros y escape de la interacción, en caso de que no la desee, es la interrupción de una amiga. En ese momento, con cualquier pretexto, creíble o no, ella abandonará la escena y no regresará más. En cambio, si ella se siente a gusto con nosotros y va respondiendo a nuestros primeros NEGs con IDIs, su reacción será quedarse. El solo hecho de que mantenga una conversación prolongada con nosotros, podemos interpretarlo como un IDI. En caso de que alguna amiga suya nos interrumpa, actuaremos en espejo a la interacción de ella con su amiga (que puede durar apenas unos instantes). Por ejemplo, abriremos el *set* más próximo a nosotros, pero sin alejarnos más que uno o dos pasos. Lo mismo haremos cuando ella regrese al núcleo de la interacción: nos moveremos en espejo para reanudar la conversación. Lo haremos sin poner a prueba su interés; simplemente, retomaremos la interacción. A medida que esta avance, intentaremos contar los IDIs de nuestro *objetivo*. Recordemos que, una vez que totalicen tres o cuatro, estaremos en condiciones de pasar a la siguiente fase.

### NEGs

Breve listado de NEGs para comenzar a *calibrar*:

**1.** "¡Que buenas extensiones!" (mientras le rozamos el cabello).

**2.** "Me encanta tu ojo izquierdo...".

**3.** "Me gusta tu collar/aros/lentes/zapatos (cualquier cosa). Además, está muy de moda, **se lo vi puesto a otra mujer recién...**".

**4.** "Me gusta tu *piercing*/arito/collar/etc., pero **no va con vos**".

**5.** "**Me encanta tu perfume.** Sos la tercera mujer que encuentro con el mismo en este bar".

6. "Pestañeás seguido".

7. "¡Tu nariz se mueve cuando te reís! ¿Ves? Lo hiciste otra vez".

8. "¿Qué te gustaría estudiar cuando termines el jardín?".

9. "Tenés los dientes manchados de lápiz labial".

10. "Sentáte derecha o te va a crecer más la joroba".

11. "Me encanta tu vestido, pero la arruinaste con esos zapatos".

12. "No salís mucho, ¿cierto? (Cuando comete una torpeza).

13. "¿Acabas de salir de la cárcel o qué?" (Cuando comenta algo desacertado)

> **Field Report**
> ⋯▶ Eddie.
>
> **Teoría de grupos.** En este FR, Eddie abre una interacción en un casamiento. Lidera al grupo para generar atracción en su *objetivo* y la aísla para *closearla*.

## Los *rompebodas*: Las mujeres quieren Avens

«El viernes tuve un casamiento y aproveché para practicar ahí mi juego.

Esa noche tenía dos metas:

1) Elegir un *objetivo* en los *sets* (a veces me cuesta decidirme).

2) *Aislar*.

Me tomé un tiempo para observar a los grupos, intentando no resultar obvio ni baboso, sino obrando con disimulo mientras hablaba con amigos.

Después de varias interacciones breves, llegué a un *set* de tres mujeres. Me acerqué y les hablé por encima del hombro. Usé la FLT y el *opener* "¿Por qué las rubias se casan en otoño?". Todas, riéndose, dijeron que no sabían. Mi *objetivo* (la rubia), en cambio, respondió secamente: "El color del cabello no tiene nada que ver".

La corté con un NEG: "Me refería a las rubias de nacimiento". Las amigas rieron nuevamente y el *objetivo* sonrió mientras se acomodaba el pelo (IDI 1). "Hablando de nacimiento, nació mi sobrinita", les digo y abro los brazos en dirección a sus amigas: "Abrazoooo". Me abrazaron con alegría y el *objetivo* agregó: "Yo soy tía también". Le respondí con otro NEG: "Espero que no haya salido a vos, porque no va a dejar hablar a nadie, la pobre criatura". El *objetivo* se rió (IDI 2) y me dio un empujón (IDI 3).

Después me preguntó: "¿Es rubia tu sobrinita? Parece que te fascinan " (IDI 4).

Con cuatro IDIs decidí pasar a A3: "Te respondería, pero ¿cómo sé que sos una persona en la que se puede confiar?". Entonces le ofrecí el brazo y agregué: "Vení, vamos a la barra que tengo sed y lo averiguamos". Le hice una variante breve del *test del cubo* (una prueba de personalidad que leí en el foro de LevantArte; aparentemente, el test original tiene miles de años). Le gustó y salimos al exterior.

El lugar era frente a un lago. Tuvimos una charla entretenida, con bastantes puntos en común. Me acerqué a olerle el perfume; tocándole el pelo y oliéndole el cuello, le dije: " ¿Qué te parece el mío?". Cuando terminaba de olerme, acerqué levemente mi boca a la suya nos besamos, pero fue breve. Me dijo que todos estaban mirando y yo: "Entiendo. Bueno, quizá de alguna manera y con suerte nos veamos en el casamiento de otra amiga rubia en común". Se rió y me dijo: "Qué tontería, anotá mi telefóno". Y yo: "¡Ok! Te tengo como rubia aspirante". Nos dimos un abrazo y cada uno por su lado en la fiesta. Se fue antes que yo y se despidió con una sonrisa cómplice, mientras yo charlaba con unos amigos. Ayer hablamos por teléfono y quedamos en tomar algo el jueves. 》

# Capítulo 11

## Ser el hombre

*Todo al rojo de sus pantimedias*

> *Las cosas no se dicen: se hacen, porque al hacerlas se dicen solas.*
>
> **Woody Allen**

En capítulos anteriores hemos visto que las mujeres suelen sentirse atraídas por hombres con altos valores de supervivencia. Teniendo esto en cuenta, ¿qué podemos hacer para que se nos perciba como tales? La estrategia que cabe utilizar para ello son las demostraciones de alto valor (DAVs).

Las DAVs incluyen todo comportamiento, actitud o estilo de vida que pueda generar atracción en una mujer o en un grupo social determinado. Las DAVs pueden ser demostradas (una mujer ve a un hombre que mantiene una conversación animada con un grupo de mujeres); comunicadas (un hombre cuenta acerca de su último viaje a un parque de diversiones junto a su sobrino) o subcomunicadas (una mesera le acerca a un cliente distinguido un champagne, cortesía de la casa).

Para entender como miden las mujeres el valor de un hombre, debemos tener en cuenta que los *homo sapiens sapiens* llevamos en la Tierra aproximadamente 200.000 años y, al menos durante 190.000 de ellos (un 95 % de ese tiempo), hemos vivido en pequeñas tribus. Esto quiere decir que, a lo largo de miles de años, nuestro cerebro se fue amoldando a la convivencia y la reproducción en pequeños grupos. A pesar de residir en grandes ciudades, contamos con las mismas funciones cerebrales que poseían nuestros antepasados, habitantes de pequeñísimas comunidades. Sabemos que, aunque los cambios sociales y tecnológicos han sido vertiginosos en los últimos siglos, desde el punto de vista biológico, el ser humano no ha cambiado prácticamente en nada.

Tratemos entonces de analizar cómo funcionaba la seducción en esas sociedades en las que se desarrolló nuestro cerebro. ¿Quién atraía más a las mujeres de una tribu? ¿Quién podía ofrecerles el mayor valor de supervivencia? Sin duda, en las comunidades primitivas, esa persona era el jefe de la tribu, que tenía el VS superior por poseer la mayor cantidad de recursos materiales, beneficios y poder de decisión.

¿Cuáles eran sus características principales? Era el líder, estaba en condiciones de proteger a sus seres queridos y tenía un alto grado de *preselección*.

Estos tres rasgos que suponemos que generaban atracción en una mujer hace 200.000 años son los mismos que, nada casualmente, encienden los mecanismos de atracción de las mujeres en la actualidad y probablemente continúen haciéndolo en el futuro.

Analicemos entonces estas tres características que distinguían al líder tribal y veamos cómo podemos comunicarlas hoy en día.

## Liderazgo

El liderazgo es uno de los rasgos del carácter más importante que posee alguien con alto valor de supervivencia; es uno de los dones sociales por excelencia.

Liderar no debe entenderse como sinónimo de poseer poder y autoridad, sino más bien como la capacidad de conducirse en diferentes situaciones y de enfrentar eventuales desafíos.

Hay quienes creen que el liderazgo es la vocación de imponer a los demás los deseos y pareceres propios, cuando lo más importante es que tengamos la facultad de afrontar distintas instancias y adoptar decisiones más o menos complejas. Esas son elecciones que, con frecuencia, afectarán a las personas que nos rodean, especialmente a nuestra ocasional pareja.

En una situación de seducción, ante todo intentaremos liderar la interacción. Si pedimos permiso para cada cosa que queremos hacer o decir, seremos percibidos como inseguros y no como líderes. "¿Te puedo contar algo?", "¿Querés que nos veamos?" o "¿Adónde vamos?" son preguntas que pueden demostrar fragilidad en el carácter. Por el contrario, si tomamos el control de la situación: "Escucha esto, es increíble", "Quiero verte" o bien "Vamos, quiero que conozcas tal lugar" estaremos proyectando decisión, confianza y seguridad, elementos fundamentales del liderazgo.

Es importante poder transmitir que esa capacidad de liderazgo también está presente en nuestra vida diaria. Para eso, en la fase A2 será oportuno mencionar con naturalidad algún evento de nuestra cotidianidad: una fiesta sorpresa que estemos organizando para un amigo, un viaje o un negocio nuevo o algo tan simple como haber dado una clase en la facultad o haberle enseñado una habilidad a una amiga.

Esas son situaciones en las que lideramos positivamente y, si las relatamos con sutileza, lograremos que esa mujer sienta que sabemos lo que hacemos, que estamos siempre un paso adelante, que tenemos ideado un plan en el que la pasará bien. No queremos que piense que, al estar juntos, ella deberá ser quien afronte las situaciones complicadas porque nosotros vivimos estancados y nos paralizamos ante cualquier eventualidad.

## Protección de los seres queridos

Esto significa, ni más ni menos, que somos capaces de compartir nuestro alto *valor de supervivencia*. A esto precisamente se refieren las mujeres cuando dicen sentirse atraídas por hombres románticos. Esto es muy diferente de andar regalando flores o bebidas por ahí.

Si a una mujer que apenas conocemos la invitamos con una copa, mostraremos que somos derrochadores de recursos y no protectores de seres queridos. No sabemos quién es ella y, sin embargo, ya le regalamos algo. La mujer busca hombres que potencialmente sean buenos compañeros de hogar, capaces de cuidar a su familia sin que sea preciso gastar dinero innecesariamente para impresionar a alguien.

Existen diferentes formas de transmitir a una mujer que somos protectores. Con cierta práctica, lograremos hacerlo en el primer minuto de interacción, ya sea contándole que nuestra sobrina está a punto de cumplir años y queremos regalarle algo inolvidable o bien comentándole que la noche anterior llevamos al gato a la veterinaria a las dos de la mañana porque lo vimos mal.

Si uno no ha hecho nada de eso últimamente, ¡es momento de comenzar! Muchos Avens llevan en su teléfono algunas fotos con sus sobrinos, hijos, el bebé de un amigo o su mascota para mostrarlas en algún momento de la interacción.

Que la protección de seres queridos se traduzca en un alto *valor de supervivencia* explica que las mujeres no puedan dejar de mirar a un hombre que juega con un bebé. ¡Para una mujer, es casi como ver porno! No es algo que eligen, simplemente se sienten atraídas instintivamente por eso.

## La *preselección*

El hombre virgen a los cuarenta años solo puede resultar interesante en una película, como personaje de ficción. Para una mujer, que ya hayamos sido elegidos previamente por otras constituye un indicio de alto VS y, por lo tanto, un gran ahorro de tiempo. Ella interpreta que si otras mujeres han estado con nosotros, será seguramente porque tenemos un alto VS. De no haber sido así, no hubiera sucedido. En el capítulo sobre el *escudo de protección*, mencionamos que si nos aproximamos a un *set* del brazo de una mujer, el filtro femenino prácticamente se desvanece. Esto sucede por un motivo doble: por un lado, en un primer momento las mujeres a las que nos acercamos suponen que no estamos interesados sexualmente en ellas; por otro, al resultar obvio que ya hemos sido *preseleccionados*, nos convertimos en hombres de alto *valor* que merecen atravesar el *escudo*.

Es importante advertir que no suele ser recomendable hablar de una exnovia con frecuencia, pues corremos el riesgo de que parezca que aún estamos apegados sentimentalmente a ella. Y a nadie le interesa ser la segunda opción ni tener que competir con un recuerdo.

Para proyectar preselección, alcanza simplemente con que se perciba que hay mujeres en nuestro círculo social y que sabemos cómo tratarlas. Por supuesto, siempre es mejor demostrar esto con hechos. Si nos ven hablando con la mujer que más miradas acapara en el lugar y observan que ella muestra interés en nosotros, la mayor parte de las presentes sentirá deseos de conocernos.

Recordemos la importancia de ser sutiles: no es necesario presumir. La discreción es una virtud. Por ejemplo, mucho más efectivo que alardear de una conquista será que noten una marca de lápiz labial en nuestro cuello. Las mujeres son verdaderas especialistas en reconocer esos detalles y puede ser que, por una vez en la vida, esto juegue a nuestro favor.

## La DAV sos vos

Cuando comenzamos a jugar, la mayor parte de las DAVs las transmitimos verbalmente, narrando anécdotas y experiencias vividas que comunican los tres valores fundamentales que aprecian las mujeres (liderazgo, protección de los seres queridos y preselección). Por eso dijimos que el mejor *opener* es el que nos permite pasar a hablar de nuestros altos valores. Sin embargo, con el tiempo y el desarrollo real del *valor de supervivencia* propio, no hará falta que comuniquemos el VS en forma oral: nosotros mismos seremos la DAV, la encarnaremos. De ahí la frase que encabeza este capítulo: "Las cosas no se dicen, se hacen, porque al hacerlas se dicen solas".

**Demostrar *alto valor***

Siete claves para demostrar de manera efectiva tu VS en forma de DAVs.

**1. Ser emocional.**

Las mujeres hablan el idioma de las emociones en un porcentaje mucho más alto que la mayoría de los hombres. Al contar una experiencia, dejá que las emociones impregnen el relato.

**2. Las descripciones cuentan.**

Una narración detallada sirve para incluir a la otra persona dentro de la fantasía o realidad que se transmite. Como hace un buen escritor, debemos lograr que la mujer a la que le contemos esas historias las viva como si hubiera estado ahí. Eso hará que el relato suene verídico y que nos ganemos su atención.

**3. La DAV perfecta.**

Como un músico persigue la canción perfecta, un Aven –o quien aspire a serlo– debe trabajar continuamente en perfeccionar sus técnicas. Es muy redituable repetir las DAVs que resulten más efectivas en la práctica, buscando siempre sumar detalles y hacerlas más entretenidas. Un buen comienzo y un buen desenlace serán cruciales. Si se utiliza una DAV varias veces sin éxito, lo mejor es descartarla y probar con otra.

**4.** **Un monólogo no es una interacción.**
Es muy importante no convertirse en el abuelo contador de historias añejas. Por eso, es necesario controlar el *timing* de la DAV para no perder la atención del grupo y también añadir técnicas (NEGs, por ejemplo) que permitan cambiar de fase en el momento indicado.

**5.** **Hacer pausas y tomar atajos.**
Debemos crear suspenso, detener el relato y abrir caminos que introduzcan nuevos temas. De este modo, podremos reanudar la conversación con diferentes tópicos y evitar que la interacción se termine por un silencio demasiado largo o un intercambio aburrido.

**6.** **No repetir la misma historia.**
No es conveniente que reiniciemos la anécdota si alguien irrumpe en el *set* (sea porque se suma como nuevo integrante o porque hemos captado repentinamente su atención). Es preferible retomar en el punto en el que nos encontrábamos o incluso cambiar de tema para no dejar a esta persona fuera de la interacción grupal.

**7.** **Ser enfático ayuda**.
Es bueno magnificar las vivencias, experiencias o acciones, destacando palabras y teatralizando con gestos y movimientos todas las secuencias del relato que lo ameriten.

> **Field Report**
> 
> ⇢ Marc.
> **No reactivo.** En este FR, Marc utiliza sus DAVs para diferenciarse y comenzar un juego con una recepcionista.

## Recepcionista sexy busca hombre diferente

«Ese es mi primer reporte de una experiencia que transcurre durante el día. Hace meses que veía a esta mujer: ella es recepcionista en una compañía de seguros a la que voy siempre por motivos laborales. Sin embargo, nunca supe qué hacer para que sucediera algo.

Quien haya estado en el centro de Buenos Aires en un día hábil seguramente habrá notado cuántas mujeres lindas y súper producidas trabajan en esa zona. Esta mujer es una de ellas, bella y refinada. Hacía meses que quería conectar con ella.

Llegué el lunes a su oficina, como siempre. Hay un mostrador de madera con una ventana de vidrio muy chiquita y en ese lugar está su escritorio. La ventana está tan mal puesta que es necesario agacharse para ver los ojos de la persona que está del otro lado, así que todo parecía muy difícil. Como supuse que encorvarme para hablarle bajaría mi valor, me paré un poco más lejos de la ventanita, de modo que ella tuviera que agacharse para verme a mí. Le dije que traía unos recibos para entregarle; cuando extendió la mano sonreí y le comenté que tenía manos de artista.

Recepcionista: –¿En serio, te parece?

Marc: –Sí. Tenés los dedos largos, como de pianista.

R: –¡Jajaja! Nah, yo estudio fotografía.

La validé y le tiré mi DAV:

M: –¡Qué bien! La foto es un arte, me encanta. Yo me dedico a la música.

R: –Ah... ¿Y qué hacés?

Le conté de mi pasión por la música electrónica y de cómo empecé a organizar fiestas para unir eso con la posibilidad de estar rodeado de amigos y amigas, haciendo que todos la pasen bien. Fue increíble: luego de meses sin saber qué decir o de hablar tonterías, como el clima, estaba dirigiendo la conversación hacia mis DAVs y viendo cómo ella, interesada en lo que decía, me sonreía y hacía esperar a otra persona que acababa de llegar.

El tiempo es decisivo; me di cuenta de que tenía que cerrar con algo rápidamente, antes de que tuviésemos que volver al trabajo.

M: –Disculpá, tengo que irme. Mirá, dentro de poco voy a hacer un evento con otro DJ y necesitamos gente para las fotos, pasáme tu Instagram y te aviso.

R: –¡Dale!

Me anotó su usuario en un papelito, la saludé y me fui con una sonrisa de oreja a oreja. Primer juego estratégico con ella y fue un éxito. Tampoco podía besarla ahí, en su trabajo y frente a su jefe, jaja. Señalo que con ella jamás había pasado del "Hola, te traigo los recibos. Gracias, hasta luego". Ayer ya estuvimos chateando unos 20 minutos y surgió la propuesta de hacer una sesión de fotos juntos, viene muy bien todo! ¡Qué lindo ese sentimiento de poder seducir en cualquier ámbito! ❱❱

**Capítulo**

# 12

## Avatar y *pavoneo*
### Viaje a las estrellas... del VIP

> *Lo que seduce nunca suele estar donde se piensa.*
>
> **Gustavo Cerati**

A la hora de construir nuestra identidad como hombres con personalidad seductora, ética de juego y maestría en las dinámicas sociales, debemos tener en cuenta tres factores fundamentales: inteligencia social, avatar y pavoneo. Con esos elementos pasaremos de buscar mujeres a ser buscados por ellas.

¿Qué es lo que nos atrae a los hombres de las mujeres? Generalmente, el 80 % de la seducción es generada por el *valor de reproducción*, es decir, su físico, su genética. Nos es inevitable mirar a las mujeres bellas. Aun sabiendo que no debemos observarlas fijamente antes de *abrirlas*, muchas veces nos es biológicamente imposible no sentirnos atraídos por su *valor de reproducción*.

Obviamente, la personalidad también es un factor importante en la atracción. No es lo mismo tener una amante con la que no se puede intercambiar una palabra, que una con la que es posible disfrutar de una buena charla post-sexo. Generalmente, preferimos a la segunda. Sin embargo, si es solo la personalidad lo que nos gusta de una mujer, será muy raro que terminemos en la cama con ella, pues apuntaremos usualmente a establecer un vínculo de amistad y no una relación sexual. De este modo interpretamos los hombres la atracción; cuando actuamos, lo hacemos según estos parámetros. Es parte de nuestro funcionamiento como máquina biológica.

En todo caso, un mayor poder de selección basado en nuestras habilidades adquiridas significará un equilibrio mayor tanto en belleza como en personalidad. Aun así, nuestra atracción siempre se activará a primera vista. Desde lejos, ya categorizamos a una mujer en un rango de belleza. Simplemente sucede.

¿Qué hacen las mujeres para atraer a los hombres? Se maquillan, se cortan el pelo, se tiñen, se ponen extensiones, se pintan las uñas, se depilan, toman sol. Algunas se agrandan los pechos, otras se los achican. Invierten grandes cantidades de tiempo y dinero en su apariencia física.

Dejando de lado algunas pocas excepciones (mujeres que son dueñas de una belleza natural inusual), muchas de las que obvian esta inversión tienen dificultades para despertar atracción en los hombres. Y esto se debe a que su personalidad representa, como máximo, un 20 % del conjunto de características que componen el VSR de una mujer. Para contar con el 80 % restante, la mayor parte de las mujeres se ocupa a diario de su apariencia personal y compra los productos de moda según las últimas tendencias.

Cambiemos de género. ¿Qué es lo que más atrae a una mujer de un hombre? Hemos estado perdidos en los confines de esta pregunta durante mucho tiempo. Si encontramos la respuesta correcta, habremos podido realizar un cambio de paradigma revelador. No solo aprenderemos a ser más atractivos, sino también a generar atracción.

Pues bien, al contrario de lo que nos sucede a nosotros con ellas, lo que más atrae a las mujeres de un hombre suele ser su personalidad. En un 80/20 inverso al patrón masculino: ellas buscan, en mayor grado, *valores de supervivencia* y, en menor grado, de *reproducción*.

No es que ese 20 % deba ser descuidado. La salud física colabora con la mental y lucir bien es una muestra clara de *valores de supervivencia* y de inteligencia emocional. Pero, en general, a las mujeres no les interesa tanto que un hombre sea musculoso y bello: estas características pueden ayudar a redondear ese 20 %, pero no más. El porcentaje restante será ocupado por la construcción que nosotros hagamos de nuestra personalidad. Cuando una mujer dice "¡Me gusta ese hombre", generalmente tiene en cuenta parámetros como la actitud, el humor, la simpatía o la valentía.

## Paradigmas opuestos

Uno de los errores más frecuentes que cometemos los hombres es pensar que porque nosotros ponderamos tanto la belleza, ellas la estiman en igual medida. Ya vimos que la mayor parte de ellas valora la personalidad por sobre la belleza. ¿Cómo podemos activar entonces la atracción al acercarnos? El lenguaje corporal es fundamental. Como observamos anteriormente, este incluye la mirada, los gestos, la sonrisa, la forma de pararnos y de ubicarnos frente a nuestro *objetivo*. El lenguaje corporal comunica mucho acerca de nuestra personalidad, aunque no debemos subestimar la importancia de lo que llamamos *prueba social* o *social proof*: si hemos saludado a muchas personas o no, con quién llegamos al lugar, a quién conocemos. Es decir, cómo es nuestro comportamiento social en general. No hay duda de que la mujer observa y analiza lo que hacemos antes de aproximarnos a ella (explicaremos *social proof* en detalle en el Capítulo 20).

La mujer buscará indicios de VS y lo hará incluso antes de que nosotros hayamos abierto la boca. Querrá saber si nuestra personalidad es atractiva y si lo que proyectamos es congruente con las claves que ha detectado en su propia *calibración*.

Si logra superponer (de manera exacta o aproximada) lo que supuso de nosotros al observarnos (el VSR que ella cree que tenemos) con lo que percibe al comenzar a interactuar (lo que para ella sería nuestro VSR real), dará el visto bueno a la interacción y puede comenzar a sentirse atraída por nosotros.

De modo contrario, si estoy vestido como un ingeniero y al acercarme le digo que soy un *rockstar*, ella percibirá una incongruencia. Entonces, llegará a la conclusión de que mi VSR no es de fiar y su filtro responderá *calibradamente*, rechazándome o expulsándome de la interacción. En cambio, si considera que somos estrellas de *rock* o ingenieros y luego confirma su percepción, nuestro camino quedará allanado para poder avanzar.

Por lo tanto, lo que tendremos que construir a partir de ahora es la congruencia, ese factor clave que genera atracción en ellas.

## Inteligencia social aplicada

Ser inteligente en la esfera social significa actuar de modo tal que nada de lo que hagamos en la apertura del *set* resulte demasiado llamativo o rompa su propia sinergia. No intentaremos ocupar el centro de la atención o un lugar de liderazgo cuando la situación o el juego no lo requieran.

Tampoco lo haremos cuando esto represente una violación a ciertas normas sociales. Un ejemplo absurdo pero muy gráfico sería el de asistir a una boda vestidos de Batman. La etiqueta en estos casos es fundamental.

Las mujeres toman en cuenta estos detalles mucho más de lo que cualquier hombre pueda imaginar. De algún modo inconsciente, ellas ya están pensando en el día en que nos presenten a sus amigos o a sus padres: "¿Cómo irá vestido? ¿Qué imagen proyectará? ¿Qué anécdota contará?". Incluso, el detalle en sí mismo es un factor de supervivencia tan importante para la mujer que lo buscará hasta en prendas a las que nosotros no prestamos demasiada atención (el calzado o los accesorios) o aspectos como el trato que damos a una mesera. Un hombre que se ocupa de que su vestimenta sea acorde a las normas del lugar (tanto si se trata de una reunión social como de un día en el campo) manifiesta que cuida los detalles. Y, en particular, las dinámicas de comportamiento y *calibración* social que se necesitan en situaciones de supervivencia.

Ir mal vestidos a cierto *venue* podría cerrarnos la posibilidad de acceso y, en el peor de los casos, también a nuestros acompañantes. Eso constituiría una falta grave de inteligencia social: de ese modo, estaríamos arruinando la noche a todo el grupo, tanto si somos los líderes como si no.

Cabe señalar que no es necesario vestirse como los modelos de la televisión ni aceptar todas las normas. Al contrario: en muchos casos, realizar una transgresión consciente puede ser igualmente efectivo. Como siempre, todo dependerá del objetivo. Pero debemos tener en cuenta que el atuendo juega un rol muy importante en las relaciones sociales. Por eso, antes de salir a la calle es muy útil preguntarse "¿Adónde estoy yendo, qué estoy transmitiendo así vestido? ¿De qué clase de evento se trata?". Esto es *inteligencia social* aplicada.

## Avatar

En la cultura del ciberespacio, es muy habitual utilizar el término avatar para designar una pequeña imagen que nos representa en las redes sociales. Ella nos permite mostrar los rasgos de nuestra personalidad que consideramos más relevantes o deseamos resaltar. Si partimos del dato de que la personalidad es lo que más atrae a las mujeres, sin duda es uno de los principales factores a trabajar, con el fin de mejorar nuestra capacidad de seducción. Según lo que nuestro avatar proyecte, obtendremos mayor o menor congruencia en el comienzo de la interacción y de eso dependerá la atracción que podamos generar.

La congruencia aumenta cuando la aproximación inicial proporciona las pistas necesarias para despertar interés en las mujeres, en un lugar en donde los demás hombres están casi uniformados, siguiendo una moda que no los favorece, en tanto ellas buscan, desesperadas, algunas pistas que las ayuden a decidir correctamente.

Cada uno debe ocuparse entonces de elegir qué es lo que quiere mostrar de su personalidad y, en consecuencia, cuál será su avatar.

La indumentaria masculina no está tan afectada por el cambio de temporadas y tiende a estar más estandarizada, por eso es tan importante nuestra capacidad de añadirle personalidad.

Si tuviésemos un asesor de imagen y estilo, sin lugar a dudas entenderíamos mucho más sobre la capacidad generadora de impacto y proyección social de lo que llevamos sobre nuestra piel. Recomendamos contratar al menos una vez en la vida a un asesor de estilo y/o una *personal shopper*: es una inversión que vale la pena realizar.

Es recomendable, desde ya, que nos habituemos a adquirir algo nuevo todos los meses; una prenda distinguida, en lo posible; algo único que vaya bien con nuestro avatar. En un año, tendremos doce prendas diferentes, especialmente *calibradas* para jugar. La ropa de calidad, única, con un valor agregado en personalidad, es muy valorada por las mujeres. Ellas mismas resultarán valiosas ayudas a la hora de *calibrar* cuándo una prenda genera atracción o no.

Además, es preciso entender que el uso de la vestimenta debe complementarse con elementos que potencien la visualización de nuestro VSR: son pequeñas pistas que las mujeres detectan.

Recordemos siempre al jefe de la tribu, con sus plumas, pinturas, aros, tatuajes y accesorios, utilizados con la finalidad de marcar un rango. Él será nuestro modelo a seguir, ya que en el clan ningún integrante tenía tantos accesorios como el jefe, y allí no había nadie con su mismo VSR.

Usar accesorios está estrechamente relacionado con el hecho de ser líder en un grupo. ¿Por qué? Porque incluso en la sociedad actual, los rangos se muestran según el tipo, la calidad o la cantidad de accesorios que se lleven. Esa necesidad de establecer categorías es, simplemente, un hecho social que permite distinguir quién manda, quién lidera, quién protege: todos estos son circuitos de atracción para la mujer.

Dentro de los accesorios, recomendamos anillos, pulseras, collares, brazaletes, *piercings* y aros. ¡Pero no cualquier anillo, aro o *tattoo*! Los mismos deben ser elegidos con mucha dedicación, sea porque nos atraen o bien para que se adapten a la imagen que queremos proyectar.

Es un trabajo que requiere esfuerzo, pues cuesta elegir algo no catalogado. Pero es el camino que nos hará avanzar en la creación de nuestra imagen personal. Cada una de las prendas que vestimos debe poseer una función en particular, determinada por nosotros. Entonces, seleccionar qué ropa y qué accesorios usaremos es fundamental.

También es importante prestar atención al corte de cabello (en lo posible, dejar de ir a cualquier peluquería y buscar una con estilo); mejorar la confección de la barba y/o el bigote (qué *look* nos favorece, si adoptamos un estilo o la dejamos crecer: nada de todo eso puede quedar librado al azar); usar un sombrero o una gorra según el estilo y la ocasión. Todos estos elementos nos situarán en el imaginario femenino con la imagen arquetípica de jefe de tribu.

## Pavoneo

Esta es la definición de *pavoneo*: "Utilizar uno o dos objetos que llamen la atención para amplificar nuestra respuesta en el campo".[1] El término alude al movimiento que realizan los pavos reales con sus plumas en el cortejo de la hembra; consiste en sobresalir con algo que no afecte nuestra *inteligencia social* y que refuerce la imagen del avatar que construimos.

En primer lugar, debemos estar perfectamente vestidos y llevar los accesorios apropiados para expresar la personalidad que decidimos comunicar. Recién entonces habrá llegado el momento de agregar un elemento de *pavoneo*, como puede ser una brújula colgada del cuello, un sombrero llamativo, un abrigo de piel sintética, una camisa extravagante, una muñequera o un libro.

---

[1] Von Markovik, E. (2007). *The Mystery Method: How To Get Beautiful Womans Into Bed*. Connecticut: Tantor Media, Inc; Library edition.

Estos objetos nos servirán para ejecutar las técnicas incluidas en la *toolbox* que figura al final de este capítulo.

El elemento de *pavoneo* tendrá que ser capaz de captar la atención de una mujer sin restar puntos en nuestra proyección general de VSR. Esto le otorgará a ella una excusa perfecta para poder *abrirnos*, preguntándonos por el objeto de *pavoneo* sin que sus intenciones queden demasiado expuestas. No muy a menudo una mujer se atreve a preguntarnos por una camisa blanca o un jean típico. En cambio, si se acerca a preguntarnos por qué tenemos una brújula colgada o una camisa que realmente destaca, ella queda resguardada por el pretexto verosímil de que solo se ha aproximado a nosotros para averiguar por nuestro *pavoneo*. De este modo, se asegura una salida fácil en el caso de que todo salga mal.

Si ella se acerca, nos toca, nos mira, nos sonríe y nos pregunta acerca de nuestro *pavoneo*, tendremos un conjunto de cuatro IDIs que nos permitirán avanzar muchos casilleros sin necesidad de *abrir* o aproximarnos a ella. ¡Eso sí que es amplificar nuestra respuesta en el campo!

Incluso puede ocurrir que una mujer nos haya pasado inadvertida porque estaba a mucha distancia o, sencillamente, porque no la vimos. Si llevamos *pavoneo*, ella tiene una forma poco riesgosa de *abrirnos* a nosotros. De otra forma, todo quedaría reducido a nuestro accionar como Aven (que no es poca cosa) y a un juego de miradas que casi siempre intentaremos evitar, para no parecer predadores en busca de presas descuidadas y para que no se active anticipadamente la *ansiedad a la aproximación* (ver Capítulo 5). El premio, cuando utilizamos prendas u objetos de *pavoneo*, siempre somos nosotros.

Elegir un elemento de *pavoneo* que sea congruente con nuestra personalidad suele resultar aún más difícil que generar nuestro avatar, pero sus resultados en el campo nos darán un motivo excelente para jugar con éxito e incluso para crear, con estos objetos, nuestras propias rutinas, congruentes con el elemento de *pavoneo*.

Para recordar siempre: no hay una segunda oportunidad para una primera impresión.

### Pavoneo

Siete formas de utilizar técnicas de *pavoneo*:

**1.** Si no estamos *pavoneados*, ¡a *pavonearse*!
Utilizar algún elemento que nos permita sobresalir y emplearlo como objeto para abrir y que nos abran.

**2.** Anclaje.
Valerse de un objeto de *pavoneo* para *anclar* al objetivo, haciendo que ella lo sostenga, se lo lleve o juegue con él (sola o con nosotros).

**3.** Crear una rutina congruente.
Estar preparado para que nos pregunten acerca del objeto o prenda de *pavoneo*. Armar una historia creíble y entretenida, que incremente nuestro VSR y nos permita *neguear* a nuestro *objetivo* para avanzar en el juego.

**4.** No enojarse.
Si una mujer toma el objeto de *pavoneo* y se va corriendo o mira y se ríe, mantener la calma y aprovechar la oportunidad para comenzar a utilizar técnicas Aven.

**5.** **Mostrarse.**
Dejarse ver utilizando el objeto de *pavoneo* o al menos pasearse con él. Permitir que la gente interactúe; de lo contrario, se estaría realizando una utilización negativa de la presión social.

**6.** **No temer al ridículo.**
Tener paciencia y disciplina hasta encontrar las formas de *pavoneo* que más se identifiquen con cada uno. Disfrutar del juego, antes de pretender incluir a los demás en él.

**7.** **En la variedad está la elección.**
Cualquier cosa puede servir para jugar. Utilizar desde brújulas y gafas de buceo hasta binoculares, relojes, sombreros o pelucas.

> **Field Report**
> ⇢ Gonza.
>
> **Pavoneo.** En este FR, Gonza juega en un VIP hasta que un objeto básico de *pavoneo* le permite avanzar en una interacción.

## Terremoto de sexo en Colombia

«Salimos con amigos en plan Aven y entramos al *venue*: una discoteca con tres pisos y una terraza increíble. Ahí armamos nuestra base. Pedimos unas botellas de champagne y empezamos a jugar. A esa altura, la gente del lugar nos adoraba. Nuestro valor social era palpable, ¡pero faltaba acción!

De eso se encargaba Lucky, quien *set* tras *set* se ocupó de *abrir* a toda la terraza y de *abrirlos* bien: nada de preguntas sin sentido, directamente entraba e interactuaba en todos lados. Yo iba siguiendo las migas de pan que él tiraba y me incorporaba a los *sets*. La gente respondía bien, los NEGs iban y venían. ¡Hasta los hombres nos saludaban!

Una de las mujeres que trabajaban allí, una linda pelirroja que parecía polaca, nos trajo unos tequilas y brindamos los cuatro.

Nuestro valor social subía y subía, todos nos adoraban: *barman*, camareras y encargados de seguridad incluidos. ¡Hasta nos regalaron una pizza!

Seguimos jugando hasta que llegó el momento de concretar el *kissclose* (cierre con beso). Navegando por la terraza, me acerco a un *set* donde veo a Matt hablando con una rubia –con la que se besaría después– y a Lucky de costado. Entre los tres, aparece una morena hermosa que me dice:

—¿Cómo se siente usar anteojos de sol?

—Se siente como hacerte el amor sin preservativo.

La verdad es que jugué fuerte: podía salir mal. Pero se lo dije con una enorme sonrisa que espejaba a la suya. Su respuesta fue un simple: "¡Qué rico!". Esto fue completamente espontáneo, no lo recomiendo en cualquier circunstancia (ni tampoco tener sexo sin preservativos) pero, en esa situación, funcionó.

Intercambiamos un par de frases que probablemente a ninguno de los dos le importaron mucho, mientras nos acercábamos cada vez más.

En este momento, sin prestar mucha atención a la conversación, sumergí un dedo en la copa de champagne y le mojé un poquito el hombro donde tenía un tatuaje. Automáticamente, se lo lamí. Ella siguió hablando y yo le dije "shhh". Le mostré cómo mojaba de nuevo el dedo en el champagne, pero esta vez lo pasé por mi cuello. Ella accedió, me lamió y pasamos directo a los besos.

Ahí me relajé un poco y nos sentamos en los sillones. Entonces vi a Matt en otro sillón, con la rubia, mientras Lucky alborotaba el *set* de al lado con unos trucos de magia. A lo lejos me miraba la colorada que trabajaba en el lugar, riéndose. 》

Capítulo

# 13

## *Valor único*
*Avalancha Aven en la nieve*

> Hay magia en el amor, como bien lo saben los poetas y los enamorados. No pretendo violar ese santuario. Pero nuestros imperativos sexuales son tangibles, cognoscibles. Y creo firmemente que, cuanto mejor comprendamos nuestra herencia humana, más la dominaremos y más amplio será nuestro libre albedrío.
>
> Helen E. Fisher

La fase A3, que cierra la primera etapa, es fundamental para avanzar hacia la intimidad. Como ya vimos, en A2 nuestra finalidad es invertir la relación de valores con nuestro *objetivo* (ver Capítulo 9). Para conseguirlo, elevamos nuestro VSR por medio de las DAVs y utilizamos NEGs para demostrarle a ella que no estamos obnubilados por su belleza física. Cuando esa mujer sienta que estamos ganando el liderazgo de su grupo, intentará llamar la atención y seducirnos; entonces empezaremos a recibir sus IDIs. Para poder pasar de A2 a A3 es muy importante que estemos atentos al momento en el que la relación de valores ya se ha revertido. ¿Cómo saberlo?

Generalmente, interpretamos el tercer IDI como un indicio fuerte para cambiar de fase A2 a A3. Quedarnos demasiado tiempo en A2 juega en contra: nuestro valor no puede subir indefinidamente; si eso ocurriera, resultaríamos tan inalcanzables que casi ninguna mujer se atrevería a intentar nada con nosotros. Puede también que, si no cambiamos de fase, parezcamos arrogantes y demos la impresión de estar completamente desinteresados en ella; también podría pensar que ya estamos en pareja o que nos atraen los hombres.

Por lo tanto, una vez recibidos tres IDIs, es hora de avanzar a A3 y de comenzar a demostrar nuestro interés para apretar el gatillo en el momento exacto en el que los valores de ambos están invertidos. ¿Por qué es necesario A3 si nuestro valor ya es alto?

Analicemos un hecho real, narrado por su protagonista:

"En el *venue*, después de abrir tres *sets* de precalentamiento, pasé junto a tres mujeres que estaban sacando fotos. Una de ellas, una morena preciosa, me tocó el sombrero.

Yo: –Esto es inaceptable. ¡Voy a tener que llamar a mis abogados!

Ella: –Soy de Brasil y recién llego a aquí. ¡No me vas a sacar un centavo! Jajaja.

Me pidieron que les sacara una foto y les prestara mi sombrero. No accedí; hice que la morena me sacara una foto con sus amigas. Ella estaba particularmente inquieta, así que le tiré algunos NEGs para que se calmase.

Yo: –A esta mujer no la pueden sacar a pasear, ¿no? ¿Son todas así en Brasil? ¿Respira en algún momento?

Todas ellas rieron. Sentí que tenía suficientes IDIs de las tres para *aislar* a la que quisiera.

Les dije que la morena (la que más me gustaba) me ayudaría a hacer un pequeño juego. Quería avanzar al beso: ya había recibido todas las demostraciones de interés que uno pueda imaginar.

Entonces le mencioné a mi *objetivo* que, por haberme sacado la foto, se había ganado un premio. Automáticamente me preguntó qué era. Así que la llevé al otro lado de la pista y quedamos a solas.

Ella: –¿Adónde vamos? Sigo esperando mi premio

Le pregunté si le gustaban las sorpresas; como me respondió que sí, me acerqué despacio para besarla en la boca, pero ella se corrió sutilmente y todo terminó en un tímido beso en la mejilla. ¡¿Qué pasó??? ¡Leo sus comentarios para seguir aprendiendo!"

Busquemos qué podría haber hecho mejor el Aven que escribió el FR. ¿Por qué no hubo retribución en el beso?

En este caso, ella había enviado los tres IDIs, se *aislaron* y él quiso besarla. ¿Qué faltó? Faltó A3. El protagonista del relato dio un salto directo de A2 al beso (en C1) y no quedó claro para ella qué era lo que la hacía diferente de sus amigas. Desde su perspectiva femenina, la morena del relato juzgó que para él era lo mismo estar con ella que con cualquiera de sus amigas, solo que había sido elegida por ser la más linda. Y eso no es suficiente para un beso: ella probablemente sintió que si hubiese pasado por allí una mujer aún más linda a sacarle el sombrero, él la habría dejado por esa otra. Un hombre que vive en la abundancia, de alto valor, no actúa así, no intenta besar a cualquier mujer solo porque es hermosa.

Un hombre de alto VS está acostumbrado a la belleza femenina: debemos transmitir eso y hacer que ella lo sienta. Ya hemos sido *preseleccionados* por mujeres lindas (ver Capítulo 11). Por eso, en A3 debemos llevar la atracción más allá de lo físico y crear una conexión con el *objetivo*, para que sienta que hay un lazo que no podría darse con ninguna otra mujer, al menos en ese momento. A ese vínculo que construimos en A3, y que nos une emocionalmente con ella, lo llamaremos *valor único*, esa sensación de que, para ambos, el otro es especial y una potencial pareja. Ya no se trata de construir alto valor, sino de compartirlo generando una conexión, encontrando los puntos en común. Por eso decimos que en A3 ambos tenemos un alto valor.

En el caso que analizamos, él creyó que su valor era más alto que el de ella, pero en ningún momento demostró un interés genuino; no estaba justificada su atracción más allá de lo físico. Ella era "una más". No construyó *valor único*, ella nunca llegó a tenerlo en cuenta como una potencial pareja y él ya estaba intentando besarla. Por eso su intento falló: fue incongruente con el alto valor que demostró en un principio al intentar besar a una mujer sin haber generado ningún tipo de conexión emocional con ella. Así despertó el *factor fulana*, al que nos referiremos ahora.

## El *factor fulana*

La reputación social de las mujeres suele estar muy ligada a su comportamiento en el juego de la seducción y a las decisiones que adoptan en relación con su vida sexual y amorosa.

El *factor fulana* es un alerta emocional que suele dispararse en una mujer cuando cree que la *inversión* que está haciendo por un hombre en una interacción puede llegar a desprestigiarla a nivel social. Esta alarma se activa cuando ella siente que está avanzando demasiado rápido, que está siendo demasiado sexual o que se está dejando llevar muy rápidamente por sus deseos físicos, especialmente si se trata de un hombre que acaba de conocer y/o cuando comprueba que el valor relativo de quien está con ella es menor al suyo propio en VSR.

## Activando el circuito emocional de A3

En A2, no demostramos interés sexual por nuestro objetivo, simplemente, porque no la conocemos lo suficiente. Si lo manifestáramos, parecería haber surgido solo por su belleza: si intentáramos rápidamente construir una conexión emocional profunda, probablemente no resultaríamos creíbles.

Pero después de reconocer tres demostraciones de interés de parte de ella, debemos cambiar de comportamiento y "validar" a nuestro *objetivo*: pasar a A3 construyendo *valor único*.

Ese pasaje nos lleva a utilizar muchas frases y actitudes que un hombre típico también emplea, solo que nosotros lo haremos en el momento justo y en la situación correcta.

Si para iniciar una conversación le preguntáramos a una mujer cómo se llama, estaríamos evidenciando un interés excesivo por alguien que no dejó traslucir ningún signo de atracción por nosotros. Eso nos mostraría socialmente *descalibrados*. Pero si, por ejemplo, ella ya nos preguntó a qué nos dedicamos, nos tocó y quiso saber nuestra edad (tres IDIs), lo socialmente *descalibrado* sería no preguntarle su nombre. Las preguntas que en A1 equivaldrían a "Me excitás, ¿querés tener sexo conmigo?", en A3 se transforman en sinónimo de "Soy un hombre de alto valor y quiero conocerte, puede ser que nos llevemos muy bien".

Es importantísimo resaltar que esta etapa está marcada, en primer lugar, por un cambio en nuestra actitud corporal. Si en A2 estábamos ubicados de frente a sus amigas y hombro con hombro con nuestro *objetivo*, cuando pasemos a A3 esa postura se invertirá: en ese momento estaremos de frente al *objetivo* y daremos el hombro o la espalda al grupo. Es hora de conectar con ella, por eso al iniciar esta etapa giramos corporalmente. Le expresamos un lenguaje corporal positivo y comenzamos a conocerla.

A partir de este punto del proceso de seducción, ya no contamos IDIs. Apagamos el modo de personalidad *cocky & funny* y disminuimos considerablemente el uso de NEGs (ver Capítulo 10). Debemos darle la oportunidad de sentirse validada por nosotros.

Si en A2 ella interrumpe la conversación y dice: "¿Sabés a qué me dedico?", nos brinda una excelente oportunidad de *neguearla* y subir nuestro valor: "A juzgar por tu apariencia, ¡narcotraficante!". Pero en A3 realmente queremos conocerla, saber quién es. Ahora, ante la misma pregunta, intentaremos adivinar en verdad qué hace o, simplemente, se lo preguntaremos.

Debemos saber de qué manera y por medio de qué tópicos podemos conectar con las emociones de una mujer. Por ejemplo, preguntas como "¿De qué trabajás?" o "¿Con quién vivís?" pueden resultar muy aburridas y llevar a estados emocionales desagradables en un momento de recreación. Salimos a divertirnos, a conocer gente nueva, no a hablar del trabajo o la economía. A continuación, proporcionamos una lista de tópicos interesantes para A3.

Recordemos que es tan simple como girar nuestro cuerpo hacia ella y decir algo como "Me caíste bien, quiero conocerte" y agregar alguna de las siguientes preguntas:

- "Si pudieras pedir ahora un deseo, ¿qué estarías haciendo y en qué lugar del mundo?".
- "¿Qué querías ser cuando tenías diez años?".
- "Parecés creativa, ¿cuál es tu habilidad secreta?".
- "¿Qué es lo que realmente te apasiona en la vida?".
- "¿Qué es lo que más te atrae de vos?".
- "¿Quién sos?" (preguntar hasta obtener la respuesta que deseamos).
- "Contáme, detrás de esa imagen de mujer inocente, ¿qué es lo que te diferencia tanto de las demás?".
- "Si no corrieses el riesgo de fracasar, ¿qué querrías ser?".
- "¿Cómo te ves de aquí a cinco años?".

Estos, naturalmente, son solo algunos ejemplos. Lo importante será averiguar algo que realmente nos interese saber acerca de ella. ¿Qué buscamos en una mujer? Es un buen momento para que nos lo preguntemos. Y no nos referimos a lo físico, sino justamente a todo lo contrario: ¿qué características de una mujer nos interesan, más allá de un buen cuerpo?

Si procuramos estar con mujeres cariñosas, podemos decirle: "Me caíste bien, ¿sos cariñosa?".

Si buscamos mujeres creativas, podemos preguntarle si se considera así.

Si nos interesan las mujeres independientes, podemos averiguar si lo es preguntando, en tono de broma: "¿Tu familia es feliz o todavía vivís con ellos?".

Ella sentirá que nosotros, de alguna manera, estamos evaluándola y querrá incrementar su valor respondiendo esas preguntas. Y está bien que así sea; emocionalmente estamos preparados para dar más valor a aquello que nos costó conseguir. Si siente que trabajó para conquistarnos, ella nos apreciará más que si cree que estamos desesperados solo por tener sexo con ella.

Así como recompensamos sus IDIs de A2 pasando a A3 y dándole la oportunidad de darse a conocer, debemos recompensarla cuando ella se esfuerza por nosotros, por ejemplo, contándonos sus pasiones. La forma de hacerlo es validarla.

## La *validación* en A3

Recibimos los tres IDIs, giramos el cuerpo y pasamos a A3; le hicimos una pregunta para conocerla y ella contestó. Y ahora, ¿cómo seguimos?

Dijimos que, en esta etapa, vamos dejando de lado los NEGs. Si le preguntamos qué le apasiona en la vida, ella contesta: "El teatro y las artes escénicas" y nosotros la *negueamos*, diciéndole, por ejemplo, "¿Y pensaste en trabajar de verdad alguna vez?", probablemente sienta que nunca podrá tener una charla seria con nosotros. En esta etapa no es aconsejable continuar con los NEGs.

En A3, si ella nos interesa, tenemos que validarla. Quizás, tomando el ejemplo previo, no nos gusten las mujeres artistas, en cuyo caso tampoco conviene *neguearla*. Mejor es pedirle que nos presente a sus amigas o presentarle un amigo nosotros. Siempre es bueno tener aliadas en el lugar.

Ahora, si en A3 ella continúa siendo interesante para nosotros, será el momento de validarla para cimentar el *valor único*. ¿De qué manera? Analicemos la diferencia entre estos dos tipos de validación:

A) "Qué creativa sos".

B) "Me parecés una mujer muy creativa".

En A) hacemos una afirmación acerca de su forma de ser. En cambio, con la frase B) le decimos algo de ella que a nosotros nos atrae. Por otro lado, A) sugiere que ella es creativa más allá de lo que nosotros pensemos. En B), por el contrario, somos nosotros los que reconocemos en ella la creatividad. Es la diferencia entre ser obsecuente y hacer una apreciación.

Si dijésemos muchas cosas del tipo A), parecería que la valoramos a ella más que a nosotros mismos. En B), somos nosotros quienes le damos valor a ella; sin nuestra opinión, ella no sería creativa.

En A), ella está por encima de nosotros. En B), nosotros determinamos su grado de creatividad y, por lo tanto, estamos por encima de ella.

Una buena validación debe ser hecha en el momento justo y a propósito de la cualidad indicada. Volvamos al ejemplo de la actriz. Supongamos que vamos a verla actuar en una obra y, apenas finalizado el espectáculo, nos acercamos y le decimos, con intención de validarla: "Me encantó; sobre todo, me gustó mucho que en ningún momento olvidaste tu diálogo". Es una validación inadecuada, en un pésimo momento. En primer lugar, la validación es mala, pues ninguna actriz está esperando que la reconozcan por tener buena memoria. Una validación efectiva debe centrarse en algún aspecto sobre el que la misma persona desee ser aprobada. Probablemente, una actriz desee que la elogien por la caracterización de un personaje o la interpretación de las emociones o el lenguaje corporal del mismo. En segundo lugar, el momento es inapropiado: en cuanto una actriz baja del escenario, todo el mundo la felicita y la saluda; es lo normal, lo socialmente correcto. Una validación nuestra, en ese momento, es solo una más entre todas las felicitaciones. En este caso, lo mejor sería esperar a que pasara el furor de la función y validar correctamente en otro momento, más tarde o al día siguiente, con un comentario por el estilo: "Me encantó tu caracterización del personaje, me dio escalofríos".

En definitiva, la validación tiene que ser un comentario especial y apuntar a aspectos de su personalidad que a ella la enorgullezcan y a nosotros nos gusten: su independencia, su seguridad, su bondad, su habilidad para algo, etcétera.

## No podemos pensar en negativo

Apelar al juego y la fantasía es útil y divertido para validar, pero debemos cuidar algunos detalles fundamentales.

Un principio de la psicología afirma que los seres humanos no podemos pensar en negativo. Si, por ejemplo, le pedimos a alguien que no piense en una manzana, eso bastará para que, instantáneamente, lo haga. El cerebro no entiende la orden "no", pues la imagen mental ya se creó.

Imaginemos ahora que le preguntamos a una mujer: "¿Qué es lo que realmente te apasiona en la vida?" y ella responde: "¡Me encanta disfrutar de todos y cada uno de los momentos! Sea en el mar o mirando una película en la cama, un día de lluvia...". Si resulta que nos gusta su respuesta, quizá consideremos que podríamos llegar a hacer una buena pareja. La cuestión es cómo validarla y crear la idea de que somos compatibles, sin que parezca que estamos buscando una afinidad forzada.

Apelemos al principio de que el cerebro, aunque lo escuche, no siempre procesa el "no". Entonces, podemos decirle:

"La verdad es que me encanta tu capacidad para apreciar cada mínimo momento. Te das cuenta de que no podríamos estar juntos Nos la pasaríamos de playa en playa bajo el sol y, cuando llueve, mirando películas en la cama ¡Viviríamos de vacaciones! No, lo nuestro no es posible".

¡Perfecto! Le explicamos por qué supuestamente no podríamos estar en pareja, pero en realidad la hicimos imaginar mentalmente una serie de situaciones agradables con los dos, juntos. Qué diferente hubiese sido decirlo sin la negación de por medio:

"La verdad es que me encanta tu capacidad para apreciar cada mínimo momento. Podríamos estar juntos... Nos la pasaríamos de playa en playa bajo el sol y, cuando llueve, mirando películas en la cama... ¡Seríamos una linda pareja!".

Con esta respuesta, estaríamos buscando desesperadamente afinidad con ella y esperando su aprobación. Por el contrario, con la técnica de la negación, sin necesidad de graficárselo, ella ya se imaginó junto a nosotros en situaciones placenteras aunque hayamos dicho, justamente, que eso era imposible. En el ejemplo anterior, utilizamos una frase algo extensa, pero quizás baste con un simple: "Me encantás, pero es obvio que nunca podremos estar juntos...". Es una frase muy sencilla a través de la que, nuevamente, logramos crear en la mujer una imagen mental de nosotros junto a ella. Si ante esta frase nuestra ella preguntara "¿Por qué no podemos estar juntos?", estaría intentando conseguir algo; en ese caso, deberíamos pasar de A3 a C1 para cerrar la interacción.

En esta técnica, es importante que el motivo por el que supuestamente no podemos estar juntos sea agradable. Si le decimos que no será posible porque nos gustan cosas diferentes, la imagen mental que crearemos no será placentera. Será como haberle dicho que no podemos estar juntos porque no tenemos los mismos hábitos de fin de semana o porque ninguno de los dos tiene trabajo y no tendríamos dinero para salir. Debemos buscar algo positivo, exagerarlo y exponerlo luego como la razón que impide que estemos juntos.

## Los elementos principales de A3

En resumen: en esta etapa, nuestro lenguaje corporal se vuelve frontal hacia el *objetivo*. Solo comenzamos A3 una vez recibidos tres IDIs. Podemos pasar de nivel con cualquiera de las preguntas de A3.

Apagamos el modo *cocky & funny* para indagar en ella y validarla desde una posición de premio. Puede ser muy útil aplicar el principio según el cual el cerebro no registra los "no" para crear una imagen mental positiva de los dos, juntos.

Esta es una etapa de transición. Si la conocimos en una situación social, aún estaremos junto a su grupo de pertenencia y, como vimos en un principio, no es lo más conveniente intentar el beso en esa situación. En A3 estamos sembrando todo lo necesario para llegar a eso. Si aún estamos junto a sus amigas, será sólo cuestión de *aislarnos* con ella para hacerlo. Los besos están muy cerca, solo será preciso dar los pasos correctos para que se concreten.

**Construir la conexión con nuestro *objetivo***

1. Una vez recibidos los tres primeros IDIs, **girar el cuerpo hacia el *objetivo*** y comenzar con A3.

2. **Tener en claro qué características busca uno en una mujer**, más allá de lo físico, e indagar si las poseen aquellas que muestran interés en nosotros. En esta etapa, si ante alguna pregunta nuestra ella quiere saber por qué nos interesa eso, le responderemos simplemente "Porque hasta ahora me caíste bien y quiero conocerte más".

3. Ser gracioso, pero evitar los NEGs en este momento, ya que procuramos **crear una conexión emocional** con ella.

4. No plantear una pregunta detrás de otra; escuchar, **dejarla hablar y buscar puntos en común**.

5. Tener en cuenta que cerebro no registra los "no"; a partir de eso, **crear la idea de que es posible que ambos puedan estar muy bien juntos**. Con una buena sonrisa, afirmar: "No vamos a ser pareja nunca...". Si pregunta la razón, es un IDI. Incluso se puede jugar con su curiosidad: "Vos sabés por qué no...".

6. Si una mujer no nos resulta atractiva pero nos parece interesante, una buena posibilidad es tenerla como aliada y **pedirle que nos presente a sus amigas**. Del mismo modo, podemos nosotros presentarle a un amigo que sí se sienta atraído por ella. Así desarrollaremos nuestras habilidades sociales y ampliaremos las posibilidades de encontrar a la mujer indicada.

> **Field Report**
> ···▸ Toro.
>
> **El juego.** En este FR, Toro desarrolla una estrategia para avanzar hacia una orgía. Falla en la creación de *valor único* y despierta el *factor fulana* en tres de las chicas.

## *Bodyshots* **para una orgía de domingo**

«Domingo a la noche, no tenía ganas de salir. Nano me invitó a la casa de él, donde estaba con Laura, su novia. Otros amigos también irían a cenar.

Cuando llegué, la situación parecía muy depresiva. Un par de muchachos poco conversadores y cuatro mujeres demasiado tímidas, sobrias y aburridas. Pensé en emprender la retirada pero me acordé de una frase de Luis, uno de los grandes Avens de LevantArte: "La noche depende de nosotros". Inmediatamente vino a mi mente una idea: "fiesta". Éramos cinco hombres y cinco mujeres. Si sacábamos a los novios, quedábamos cuatro de cada lado. Restando a dos amigos que no tenían intención alguna de participar, quedábamos dos hombres y cuatro mujeres, mejor aún. Ese fue el inicio de toda esta gran secuencia de pequeños planes:

1- El primer paso fue realizar un pacto de Alas con el primo de Laura; establecimos un par de reglas para jugar en equipo.

2- Lo siguiente fue inducir a las chicas a entrar en un estado más divertido. Lideré varias interacciones, proponiendo juegos, *negueándolas* y ofreciéndome como presa mediante el *push & pull*. Así conseguí atención de las cuatro. No abandoné a ninguna pero tampoco me dediqué a una en particular.

3- Después empezamos a subir el tono sexual: hicimos algunos juegos alcohólicos con cartas y de ahí pasamos a los *bodyshots* de tequila (era lo único que quedaba). Empezamos nosotros tomando de ellas: sal en el hombro y limón en la mano. Enseguida cambiamos y tomaron ellas.

4- Después del segundo *shot*, la cosa empezó a fluir muy bien. El tono sexual había subido y la confianza también: ¡la sal pasó al abdomen y el limón al cuello! Una gran locura etílica con mucho contacto físico.

5- Nos propuse como bandeja. Las cuatro chicas chupando la sal y después pasando a buscar el limón por nuestras bocas. Este fue el máximo avance, donde estuvimos los dos con cada una de las chicas en lo que se refiere a besos. Claramente, ese no era mi objetivo final.

6- Sexualización. Esta fue la fase que falló. Creo que mi *performance* se vio afectada por el alcohol y el frenesí. El primo de Laura se fue con una de las chicas a la terraza, mientras yo bailaba con las demás. Entonces me di cuenta de que faltaba algo de *valor único*, grupal o individual. Que mi Ala se fuera al patio no ayudó. Me parece que al salir una de ellas de la situación, dejó a las demás en evidencia, las hizo pensar demasiado en "el día después" y la temperatura ambiente bajó mucho. Entonces traté de concentrarme en una, pero era difícil avanzar. El *factor fulana* ya era demasiado fuerte.

Una experiencia intensa que espero completar pronto. Definitivamente, la fiesta depende de uno y no existen excusas para pasarla mal. 》

Capítulo

# 14

## Teoría de la gata
*Haciendo autostop en el paraíso*

> *La curiosidad mató al gato.*
> **Dicho popular**

Este es un punto intermedio de la formación por etapas, que dedicaremos a desarrollar *push & pull*, un recurso útil para rectificar cualquier error que podamos cometer y manejarnos con solidez en el futuro.

Lo utilizaremos como un nexo *calibrador* de nuestro *delivery* de rutinas, ya sea en la más básica *teoría de grupos* y generación de atracción inicial, como en lo más avanzado del *social proof*.

Para no entrar aún en conceptos más complejos como este último, que abordaremos más adelante, nos limitaremos por ahora a señalar que todas las situaciones sociales, sean interacciones con desconocidos o conversaciones íntimas, nos proporcionan una sensación que alterna *confort* y *disconfort*.

A nivel psicológico, los sentimientos de pérdida, abandono y vacío están naturalmente identificados con la sensación de *disconfort*. Por su parte, el *confort* se relaciona con emociones proactivas como amar, sentirse bien, la alegría, el buen vivir, la empatía, la conexión, etcétera.

En una interacción se debe manejar estratégicamente esa alternancia entre el *confort* y el *disconfort*. En los primeros momentos de una interacción con las mujeres, utilizamos demostraciones de desinterés (NEGs, lenguaje corporal, etc.), pero permanecemos activos en la situación. Claramente, esto es una indicación de interés hacia ellas. Y está bien que así sea, ya que la meta es *abrir* para avanzar. Pero si nuestro camino se basara solo en generar *confort* y validáramos todos los actos de esa persona, podríamos caer fácilmente en la zona de amigos. Esto ocurriría porque, aun habiendo creado atracción, ella no encontraría grandes diferencias entre avanzar en la interacción y permanecer en el *statu quo* de la amistad.

Por eso, es importante recordar que tanto el liderazgo como el control de la generación de *confort/disconfort* deben permanecer siempre en nuestro ámbito. Si no actuamos de forma *calibrada* emocionalmente, la mujer deberá liderar la interacción, algo que para la mayor parte de ellas no es atractivo y significa exponerse demasiado y tomar grandes riesgos. En lugar de avanzar en esta dirección, casi todas preferirán ser cautas y arriesgar lo menos posible, aunque esto se traduzca en una ausencia total de liderazgo en la interacción. Esta dinámica es la que determina que muchas relaciones caigan en la oscura y evitable "zona de amigos".

## Push & pull

Esquivaremos la "zona de amigos" utilizando la *kinoescalada* (también conocida simplemente como *kino),* una forma de lograr que el juego avance progresivamente del plano verbal al físico. Combinaremos esta técnica con nuestra habilidad para *levantar temperatura,* más un correcto cambio de fases en el momento crucial del pasaje entre A3/C1. Sin embargo, todas los técnicas que utilizamos (explicadas en los próximos capítulos) deben articularse con un *push & pull* correcto. A esta técnica también se la conoce por su traducción al castellano: tira y afloja.

El *push & pull* es muy simple de entender si pensamos en lo que llama la atención a los gatos: debemos permanecer dentro del radio de alcance de la mujer, pero lo suficientemente alejados de ella como para que atraparnos resulte un desafío interesante. Ya hemos utilizado un concepto similar con los NEGs, cuando mostramos desinterés, pero sin abandonar la conversación.

Los gatos, animales muy inteligentes, raramente responden a órdenes o llamados. Para captar su atención es necesario proporcionarles un incentivo real, tanto si se trata de comida como de algún juego que estimule su deseo de cazar o de divertirse. Sin embargo, no cualquier juego será aceptado por ellos. Quien tenga gatos sabrá que se sienten atraídos por objetos colgantes, pero especialmente por aquellos que no están fácilmente a su alcance. Si ese mismo elemento está quieto, junto a él, en el suelo, a lo sumo le dedicará una mínima olfateada.

¿Qué nos recuerda esto? Si entramos al *set* sin una buena FLT y demostramos demasiado interés y una disposición exagerada para permanecer en la interacción, posiblemente nos escuchen durante menos de un minuto y luego nos expulsen. Para el grupo, seremos el equivalente del objeto quieto para el gato.

Sin embargo, el extremo opuesto tampoco resultará efectivo. Si el objeto se encuentra excesivamente alejado, es posible que el felino intente alcanzarlo una, dos y hasta tres veces, pero luego abandonará la situación, ya que habrá comprendido que se halla fuera de su alcance. No está en sus planes invertir tiempo y esfuerzo en procurar obtener este elemento de otra forma. En el caso de los hombres, la utilización *descalibrada* de demostraciones de desinterés (IDEs) y el empleo descontrolado de NEGs depara los mismos resultados: por no prestar atención al ping-pong de IDIs de nuestro *objetivo*, ella nos imagina fuera de su alcance y decide abandonar el juego.

Lograr un punto intermedio será crucial para seducir a una mujer. En ese caso, el objeto que llame su atención en un *set* de mujeres seremos nosotros mismos. Para lograr resultados positivos, deberemos mantenernos a una distancia prudente: ni demasiado cerca, ni demasiado lejos.

## Las emociones de ella trabajan a nuestro favor

Otro punto importante de la teoría de los gatos radica en la utilización de *tests de complicidad*. Si queremos atraer a un felino, será inútil llamarlo por su nombre. Responderá solo si algo concita su atención o despierta su curiosidad. Tampoco lograremos nada si intentamos obligarlo a que actúe en contra de su voluntad.

¿Qué pasa cuando pretendemos que un gato descanse sobre nuestras piernas? Podemos insistir decenas de veces, tomándolo con cuidado y colocándolo allí, pero si eso no fue una iniciativa suya, intentará huir una y otra vez. Si, a la inversa, el gato se acuesta en nuestro regazo por su propia decisión, aunque lo echemos volverá a subir las veces que sean necesarias hasta que logre quedarse en esa situación de *confort*. Eventualmente, puede que se canse y se vaya.

Cuando se intenta seducir a una mujer ocurre algo bastante similar. No podemos obligarla a responder a nuestras demandas (menos aún si se trata de la reina del *venue*) pero, en cambio, está dentro de nuestras posibilidades crear la situación para que sea ella quien actúe. Aparentemente, lo hará por propia voluntad, pero también sucederá porque nosotros pusimos a trabajar sus emociones a nuestro favor. En todo caso, es necesario cuidar que nuestros *test* o pedidos de avance en la interacción sigan una escalada en intensidad medida y no muestren saltos bruscos. De esta manera, le será mucho más fácil aceptar nuestras solicitudes.

*Push & pull* consiste en acercar y alejar a nuestro *objetivo* al utilizar cada una de las rutinas o técnicas de nuestro juego.

Lo importante es que, inicialmente, nunca cedamos ante el deseo de ella y, luego, la validemos sin estancarnos en el placer que generarán sus IDIs. Es necesario mantener en equilibrio nuestra validación de ella mediante continuas olas de IDIs e IDEs.

## Algunos casos para ilustrar

El *pavoneo* (ver Capítulo 13), utilizado como técnica de amplificación de nuestra respuesta en el campo, responde claramente a los designios del *push & pull*. Las mujeres nos percibirán como alguien apetecible, ya que seremos un objeto en movimiento que llamará su atención. En realidad, no lo haremos nosotros mismos, sino que en nuestro *look* ellas encontrarán algo que las atraiga. La respuesta emocional a la curiosidad hará que intenten aproximarse e incluso que traten de quitarnos nuestro *objeto de pavoneo* para jugar con él. En esta instancia, será oportuno no apresurarse y poner en acción nuestro *tira y afloja*. En primer lugar, impediremos que ellas utilicen nuestro objeto: un NEG como "¡Momento!, este sombrero solo puede ser tocado por personas especiales" siempre es útil en esta situación. Más tarde aprovecharemos la circunstancia creada para permitirles usarlo o tocarlo brevemente; así encauzaremos esa interacción hacia la siguiente fase.

Los IDIs iniciales también son buenos ejemplos en la utilización de *push & pull*. Uno de los IDIs más habituales consiste en que la mujer nos toque el brazo. Siempre debemos interpretar ese gesto como un IDI de su parte y, por lo tanto, procederemos a quitar su mano con cualquier NEG ("No toques lo que no puedas pagar, bonita"). Si no lo hiciéramos y ella dejara su mano apoyada sobre nosotros, se generaría una situación de *confort* prematuro, ya que todavía no tendríamos su atención por completo y menos aún habríamos generado la suficiente atracción. Si lo permitiéramos, ella sentiría que somos demasiado accesibles a sus intenciones: perderíamos todo el poder de atracción. Este es un error que se comete muy frecuentemente cuando se comienza a jugar; con la práctica, uno aprende a controlar la ansiedad y a concentrarse en el fin propuesto.

La mayor parte de las rutinas de *kino* incluyen algún tipo de acercamiento físico seguido de un alejamiento posterior. Ni más ni menos, esto es *aflojar* (*pull*) en la rutina misma, para generar esa dualidad *confort/disconfort* que tan bien funciona si queremos que la mujer venga en busca de más *confort*. Una rutina típica sería: "Sos como mi hermanita pequeña (la abrazamos de costado, ella apoya su cabeza en nuestro hombro y la soltamos). No, mentira...". Este *push & pull* es evidente e incluso se muestra de manera física, por lo que es percibido por los demás de la misma forma.

La repetición de este tipo de rutinas de *push & pull* generará el doble de resultados. Si nosotros utilizamos la rutina de "la hermanita pequeña" dos veces consecutivas con un nexo (por ejemplo: "No, vamos, sí que sos como mi hermanita pequeña...", y nuevamente la rutina), el resultado final será el doble de IDIs y ella tendrá una percepción clara de cuándo está en *confort* (en nuestros brazos) y cuándo en *disconfort* (el momento en que la alejamos).

A medida que la interacción avance, su búsqueda de *confort* será mayor, ya que querrá asegurar la *inversión* que ha realizado en la interacción. Por ende, intentará conseguir una mayor *complicidad* de nuestra parte. Tendremos que ser firmes al actuar, pero tener la sensibilidad suficiente como para escuchar y entender proactivamente, procesar adecuadamente sus emociones y accionar en consecuencia. Si ella nos permite avanzar en la búsqueda de *confort*, será una autopista sin semáforos por la que podremos conducir a gran velocidad. Pero si ella se resiste a nuestro *push & pull*, es que algo en nuestro juego está quedando incompleto. Habrá que ver: tal vez la causa sea que no tengamos un alto VSR relativo frente a ella, que no hayamos generado atracción o, simplemente, que no hayamos instrumentado correctamente el *push & pull*.

A medida que avancemos hacia un juego más sólido, con etapas más claras y definidas y un uso de la improvisación que se convierta en una de nuestras más importantes cartas de triunfo, internalizaremos el *tira y afloja* y podremos extrapolarlo a otras situaciones sociales. Sin duda, esto nos permitirá acceder a una posición de liderazgo; además, exhibiremos una personalidad atractiva en cualquier grupo de personas.

Por lo pronto, disfrutemos ya de esta herramienta para sentar en nuestras piernas a las mujeres que más deseamos.

***Descualificadores***

Siete maneras diferentes de mantener el control de la situación:

**1.** Hacer que nuestro *objetivo* compita por nosotros.
"Sos hermosa, pero me parece que no tenés elegancia como para que nos vean juntos".

**2.** Revertir roles.
"¡Estás intentando seducirme!".

**3.** Usar la ironía para mostrarse inferior a ella.
"No puedo creerlo. Sos increíble. Por favor, firmáme un autógrafo".

**4.** Ser el premio.
"Sos increíble, pero debo advertirte que soy un hombre muy caro de mantener"

**5.** Darle empleo.
"Me encantás. A partir de ahora, serás mi asistente".

**6.** Salvarla.
"Soy el prototipo de hombre del que tu madre te advirtió que tuvieras cuidado".

**7.** Ponerla en zona de amigos.
"Me caés bien. Creo que podríamos ser muy buenos amigos".

> **Field Report**
> ⤳ Matías.
>
> **Push&pull.** En este FR Matías logra controlar la dinámica de una interacción con dos chicas yankis, aplicando técnicas de *push&pull*.

## *Fullclose* con yanki en el baño de un bar

«Estaba en un bar en el que se mezclan dos grupos muy particulares: las universitarias y las extranjeras. Todas las semanas pasan por ahí contingentes de rubias nórdicas. Mi *objetivo* se llamaba Katy, una típica rubia yanqui. Sin embargo, estaba hablando y recibiendo mucha *inversión* de su amiga Liz, también linda pero que no me gustaba tanto como la otra. Además había tres amigas más; desperté interés en ellas sin problemas hablando de viajes y montañismo.

Sé que no hay que *neguear* a dos en un *set*, pero ya empezaba a gustarme Liz y la estaba jugando normalmente con un *push & pull* leve (NEGs muy suaves y de índole sexual para *levantar temperatura,* seguidos de abrazos, empujoncitos y juegos de rol en los que yo la contrataba como mi traductora). Como contaba con mucha *preselección* y *sus amigas* ya jugaban para mí, me arriesgué y traté de ganarme a las dos. ¿Por qué no? En un momento le saqué su *hat* (gorro de lana) a Katy; ella, casi automáticamente, exhibió su cabellera como una modelo de publicidad, en cámara lenta. Como no podía robarme el marco y la atracción del grupo, la imité burlándome: NEG. Me puse el *hat* y, a esta altura, las amigas ya estaban todas pendientes de lo que yo hacía. Al sacarle el gorro, conseguí que viniera hacia mí.

No quiero extenderme mucho más sobre cada interacción y movimiento de la noche, ya que lo más lindo sucedió al final. En un momento, Liz me preguntó si me gustaba Katy, por lo que vi peligrar el *valor único,* la conexión en *confort.* Logré superar el momento cambiando de tema "Me están queriendo seducir, no voy a caer en la trampa de ustedes tan fácilmente...".

La segunda vez que quiso saber lo mismo, le pregunté si estaba celosa (aunque mi juego fue muy indirecto, la situación quedaba evidente por los IDIs de su amiga). Entonces fui a la terraza y le dije:

—Sé que tenés muchas ganas de besarme, que lo nuestro es cuestión de una chispa para que explote y... se nota en nuestra respiración (mientras hacía *kino*, con la palma de mi mano en su pecho), en tus pupilas dilatadas...

Me acerqué a su boca y cuando ella ya esperaba el beso, le dije:

—No puedo besarte aquí, no estoy con mujeres que realmente me interesan en bares. Hagamos una cosa: volvamos con nuestros amigos, nos quedamos un rato más y después nos vamos a otro lugar nosotros dos solos, así podemos estar más tranquilos.

Asintió con la cabeza, le di un beso como para cerrar el momento y corté tanta dulzura con una suave nalgadita.

Me distraje un rato con otros amigos y tuve ganas de ir al baño; ¡oh casualidad!, me la encontré a ella sola. Se esperaba el reproche de lo inoportuno de la situación pero yo, lejos de dejar que ocurriera, planteé un nuevo marco de "en realidad me encanta lo prohibido, los demás no nos pueden ver acá". La besé con mucha temperatura e intenté decir algo pero no podía concentrarme, quería hablar en inglés pero no me salía. Ella me tapó la boca con su mano y me encerró dentro de uno de los pequeños compartimientos del baño. Lo que pasó durante los siguientes veinte minutos allí adentro lo dejo para mis memorias. Solo puedo agradecer que aún sigan existiendo esas maquinitas que venden profilácticos para situaciones de emergencia. »

Capítulo

# 15

## Cambio de fases A3/C1
*La fantasía, ese equipo de hockey en topless*

> *Todos necesitamos alguna vez un cómplice, alguien que nos ayude a usar el corazón.*
> **Antonio Benedetti**

El objetivo principal de la fase A3 es construir una transición efectiva hacia C1. Esta primera fase de la etapa de *confort* es indispensable en nuestro juego, para poder cerrar siempre las interacciones de modo placentero, generando una conexión trascendente. Una etapa C1 fluida que finalice en cualquier tipo de *close* (beso, teléfono, Instagram, etc.), nos dejará navegando en los pensamientos de nuestro *objetivo* los días siguientes.

Habiendo *closeado* una interacción en C1, deberemos tomar una importante decisión: continuar nuestro juego con ella *in situ* –sea creando *social proof* o intentando tener un *full close* esa misma noche– o bien dedicarnos a disfrutar con nuestros amigos dentro del *venue*, pero lejos del *set*. Incluso podríamos cambiar de *venue* y seguir mejorando nuestras habilidades en otro lado. En ningún caso intentaremos seducir a otra mujer en el mismo sitio donde llegamos a C1, eso arruinaría todo el juego realizado con el *objetivo* anterior.

## Inversión

Imaginemos que estamos pagando una hipoteca o las cuotas de un automóvil y que, al recibir el pago mensual, en lugar de abonar la cuota correspondiente, decidimos gastar todo nuestro dinero en un viaje. Si el mes siguiente hiciéramos lo mismo, el banco nos quitaría la casa o el automóvil y habríamos perdido toda la inversión.

Es evidente que, a medida que avanzamos en el pago de las cuotas, crece nuestro temor a perder lo que ya hemos invertido. Por eso, la gente suele pagar sus hipotecas, más aún cuando le falta poco tiempo para cancelarlas.

Si nos circunscribimos a la dinámica de las relaciones, vemos que se observa este mismo comportamiento. Es una cuestión de VSR. Ellas buscan al hombre de alto VSR. Una vez que lo encuentran y lo consideran su pareja potencial, su deseo de *invertir* –que pasemos a ser en una relación basada en compromisos– se convierte en una cuestión vital.

Garantizar la inversión, en una relación, significa que seguiremos juntos. Esta es una *inversión* que todos hacemos continuamente en los lazos de pareja.

La *inversión* en una relación es algo que podemos aprender a medir; incluso se convertirá en nuestro mayor indicador de niveles de interés en todos los aspectos de la vida. Las mujeres son grandes inversoras en sus relaciones afectivas: escriben notas amorosas, hacen estriptís, dan regalos, preparan sorpresas de aniversario, van al gimnasio, invierten en su look, etcétera. Es la forma que emplean con el fin de mantener una relación unida y subir su VSR. Como hombres, parte de nuestra inversión reside también hacer que nuestro VSR suba o, al menos, que no baje. Si desciende, ella sentirá que su *inversión* pierde valor y en ese momento aumentará el riesgo de que decida terminar la relación y busque a otro hombre con un VSR igual o mayor al nuestro, que justifique comenzar una nueva *inversión*.

¿Qué le impide a una mujer salir cualquier noche de fiesta e irse con un hombre de mayor VSR que el de su pareja de ese momento? El hecho de que debería recomenzar su *inversión* desde cero, lo que representaría un riesgo mayor (además de la posibilidad de fracasar).

¿Cómo podemos usar los principios de la inversión en favor nuestro? Cuando una mujer invierte en nosotros prematuramente, se crea una especie de distorsión temporal. Consciente o inconscientemente, ella comenzará a sentir por nosotros una serie de emociones habitualmente reservadas a una pareja. Su *inversión* permitirá que nuestros pasos sean firmes en el sentido de concretar la posibilidad de avanzar en algún *close* con ella o incluso de tener esa misma noche una aventura sexual.

Entender este aspecto del comportamiento de una mujer nos será de gran ayuda a la hora de poner a trabajar sus emociones, tal que podamos aplicar nuestras técnicas y alcanzar nuestros objetivos sexuales y románticos. Lo que haremos, entonces, será aprender a medir esa *inversión* y también a generarla. Porque si ella no siente que está *invirtiendo* en la interacción, simplemente creerá que no valemos la pena.

La *inversión* representa una suma de IDIs. Cuando comenzamos a jugar, nos basamos en contar uno, dos, tres IDIs, pero cuando estamos en A3 o etapas posteriores, dejamos de cuantificarlos. No contabilizaremos cuarenta y nueve o sesenta y tres IDIs; lo que haremos será catalogar esta importante suma de IDIs en distintos tipos de *inversión*. A continuación, detallaremos distintas categorías de inversión y veremos cómo generarlas.

*Inversión* en tiempo. Se refiere a la cantidad de tiempo que ella pasa con nosotros. Cuanto mayor sea este, más *inversión* habrá realizado. Entendamos que si ella no quiere hablar con nosotros, se irá; no existe la amabilidad en este proceso inicial. Tiempo dedicado a nosotros es igual a tiempo *invertido* en nosotros. Pero, ¡cuidado!: estar dos horas con ella en una etapa previa a un *close* generará que la interacción decaiga, no una mayor *inversión*. Luego, en la etapa de *confort*, podremos aumentar a varias horas o días la *inversión* en tiempo. ¿Cómo generarla? Haciendo alguna rutina o usando DAVs; cualquier técnica que empleemos para que el tiempo pase significará *inversión*. Por eso, la interacción en un diálogo es muy buena en sí misma, porque de ese modo el tiempo pasa más rápidamente.

*Inversión* en tacto o *kino*. En castellano, *kine* es un prefijo que denota movimiento. También se trata de un tipo de *inversión*. Veamos: ella nos está tocando o dejando que la toquemos y, a medida que avancemos en nuestro juego, querrá tener más contacto con nosotros (caricias, abrazos, un beso o sexo). ¿Cómo generar este tipo de *inversión*? Mediante el uso de rutinas de *kino* (una explicación más detallada se puede leer en el Capítulo 19, dedicado a la *kinoescalada*).

*Inversión* en dinero. Aunque esta resulte de uso infrecuente, será útil aprender la manera correcta de gestionarla. *Inversión* en dinero, en este caso, significa que ella pague por algo; por ejemplo, que nos invite una bebida. Es un nivel de *inversión* muy grande, por lo que ella intentará asegurarla. Si nos trae algo para beber, en realidad, ¿qué está comprando? Claramente, nuestro tiempo. Hasta que no acabemos nuestra bebida, estaremos junto a ella. Lo mismo ocurre con un cigarrillo o con cualquier otra cosa. Por este motivo, siempre aceptaremos su *inversión*, por mínima que sea, ¡mientras no implique comenzar a tomar alcohol o fumar, si es que antes no teníamos el hábito! ¿Cómo hacer para generarla? Debemos aceptar toda propuesta que implique *inversión*, sea porque nació de ella o porque logramos hacerla *invertir* en pequeños pasos. Por ejemplo, podemos pedirle una goma de mascar, una pastilla de menta o un cigarrillo. Otra posibilidad es que aceptemos cuando ofrezca pagar una parte de cualquier gasto que hagamos en conjunto, así se trate de un viaje en taxi, de la cena o de una bebida. Si objetamos su aporte, rechazaremos su *inversión*. ¡Y es todo lo contrario de lo que deseamos!

*Inversión* emocional. Se refiere a cualquier cosa que nos una a ambos en forma emocional, que le genere a ella *confort* y establezca complicidad con nosotros. La *inversión* emocional crea un lazo invisible. Ella comienza a vernos como a alguien especial. Crea *valor único* entre ambos. ¿Cómo generarla? Vale utilizar cualquier rutina que cree *valor único*: contar un secreto, utilizar preguntas de A3 o hablar en profundidad de algún tema relevante. Si ella conecta emocionalmente con nosotros y de repente le decimos que nos vamos, nos despedimos y abandonamos el *set*, arriesga perder toda la *inversión* realizada hasta ese momento. Y no querrá que eso suceda, por ejemplo, porque nos contó un secreto que generó una conexión que no desea romper.

*Inversión* en esfuerzo. Está representada por cualquier cosa que ella haga por nosotros, no ya que nos escuche o nos siga el juego. Se trata de que realice una acción para impedir que la interacción se acabe. Se podría decir que, incluso desde el comienzo mismo de la interacción y hasta ese momento, ella ha estado haciendo pequeños esfuerzos. Pero en cada fase estos serán mayores, llegando hasta el sexo y más allá también. ¿Cómo generar este tipo de inversión? Mediante el uso de *test de complicidad*.

## Test de complicidad (TC)

Todos hemos sido criados en base a ellos. En la infancia, si nuestros padres nos pedían que ayudásemos en la limpieza o que ordenásemos nuestra habitación y no lo hacíamos, recibíamos un castigo. Lo mismo sucedía cuando los adultos deseaban modificar o crear ciertas pautas en nuestro comportamiento. Si, espontáneamente, nosotros decidíamos realizar alguna de las tareas solicitadas, el resultado era equivalente: recibíamos un premio por eso. En realidad, y aunque suene crudo, esta es la misma estrategia que se emplea para educar a un perro: si lo hace bien, galletita; si lo hace mal, castigo. Mujeres y hombres compartimos idéntico esquema mental y respondemos a la dinámica de premio/castigo. Podemos aplicarlo incluso con nosotros mismos, recompensándonos por un logro. En todo caso, se trata de poder modificar tanto nuestra conducta como la de la mujer para acceder a un beneficio común; en este momento, el máximo beneficio consistirá en lograr que la interacción progrese.

Mediante esta técnica, comenzaremos a mostrarle a ella que, cuando responde positivamente a nuestro avance, recibe un premio de nosotros; en caso contrario, se hará acreedora a una demostración de desinterés de nuestra parte. Es la ley de la vida: recibimos lo que damos. Así, ella preferirá moverse en una zona de *confort* mutuo donde ambos sintamos que, al consentir al otro, se obtiene la *complicidad* necesaria para continuar subiendo los niveles de *inversión* y *confort* de la relación. Esto es algo que ya hemos puesto en práctica a lo largo de nuestra interacción: tiramos un NEG; si ella responde bien a él (con un IDI) la premiamos con una DAV. Y lo mismo haremos prácticamente con todas las técnicas utilizadas y que usaremos.

Cualquier persona, en primera instancia, aceptará *test* accesibles. Gradualmente, aumentaremos los niveles de exigencia. De esta forma, el *test de complicidad (TC)* se convertirá en una herramienta básica de A3/C1 que nos permitirá medir si podemos avanzar en nuestro juego o no. Si aplicamos un TC y ella no lo acepta, no podremos avanzar. ¡Será imposible besarla si anteriormente nos ha dicho que no a un *test* más pequeño!

A un "no" le sucede otro "no", y otro y otro. Por lo tanto, deberemos cambiar la dinámica para que a sus "sí" los continúen otros "sí". Nuestros TC constituirán el medidor más importante dentro del conjunto de toda la *inversión* que ella realice o que nosotros logremos que genere. Estos serán los que articulen y nos permitan pasar a la acción. Somos nosotros los que hablamos, la *aislamos*, la besamos. Si ella no acepta nuestras acciones, poco podremos hacer.

¿Cómo generar *inversión* en esfuerzo? Un ejemplo claro sería pedirle algo. Un cigarrillo, si fumamos, o que nos sostenga el abrigo o la bebida, en caso contrario. De modo afirmativo, casi imperativamente, le solicitaremos a ella que nos consiga un cigarrillo o que nos sostenga un minuto el abrigo. Si se niega, insistiremos hasta tres veces. Si ella cumple positivamente este *test*, la premiaremos dando el paso siguiente en nuestro juego: *aislarnos*, contarle una DAV, dar valor, hacer una rutina o besarla. Será bueno cualquier IDI de nuestra parte hacia ella. Si ella rechaza realizar este TC, responderemos con una demostración de desinterés y luego daremos valor nuevamente a la interacción, nunca actuaremos con resentimiento. Dar valor es nuestra manera de retomar el juego en cualquier momento. Pero primero mostraremos un desinterés pasivo; por ejemplo, haciendo algún movimiento, mirando hacia otro lado, interrumpiendo brevemente la conversación, etcétera. Como no queremos castigarla por algo cuya dinámica ella quizás no entendió, después del pequeño desinterés daremos valor nuevamente e intentaremos un segundo TC. Es posible que ella prefiera responder de modo positivo esta vez, para no obtener de nosotros una nueva muestra de desinterés. Consciente o inconscientemente, se acoplará a la dinámica del juego. Ella necesita sentir que está *invirtiendo* en esta interacción. No queremos que sea nuestra sirvienta o esclava, solo necesitamos medir el nivel de *inversión para saber si seguir o no jugando*. Si todos nuestros TC naufragan, entonces analizaremos qué hemos hecho mal y evaluaremos la posibilidad de retroceder en nuestro juego para recomponer algún fragmento que hayamos pasado por alto. También podríamos dar por terminada nuestra interacción con esa mujer.

Al igual que con los IDIs, el secreto en la *inversión* y en cómo generarla se basa en practicar y aprender a medir los resultados de nuestra habilidad. El mayor indicador de que podemos o no seguir avanzando será el reflejo que obtengamos a partir de su empleo. Esto también nos evitará rechazos innecesarios. El objetivo final de la *inversión* es satisfacer los deseos de ambos y tener una relación tan mágica como queramos.

En síntesis, cuando ella *invierte*, en realidad se ata profundamente a la necesidad de no perder la *inversión*. Este hecho opera a nuestro favor para avanzar con paso firme hacia cualquier *close*, tanto esa misma noche como en una cita posterior. Toda señal de nuestra parte que indique que estamos por dejar la interacción –sobre todo, luego de haber generado ese conjunto de *inversión* emocional, física, de tiempo, esfuerzo, etcétera– la impulsará a impedir que eso ocurra. En ese caso, demostrará claramente su interés por avanzar en la dirección que nosotros propongamos. *Aislar*, aquí, será dar el siguiente paso. Si no generamos *inversión*, nuestra avanzada hará que se sienta en riesgo, pues no estará emocionalmente preparada para eso. Entonces preferirá exponerse menos o arriesgar en una medida ínfima. La otra cara de la moneda nos muestra a una mujer que acompaña nuestros deseos, que confía en que todo lo que está ocurriendo sucede porque hay algo mágico entre ambos, que siente que, según lo indica su *calibración*, está al borde de descubrir que somos su potencial pareja amorosa. Dependerá de nosotros, entonces, que se produzca una u otra situación.

## Aislamiento

El *aislamiento* es la acción de movernos con nuestro *objetivo* desde su grupo de amigos (A3) hacia un lugar más discreto, propicio para comenzar a generar *confort* (C1), donde podamos estar *aislados* de cualquier otra interacción o distracción y alejados del *set*. La técnica de *aislamiento* es, a la vez, un *TC* y una *inversión*. Dentro del *aislamiento* se encuentra casi todo el abanico de formas de *inversión*.

- De tiempo: ella sabe que estará con nosotros por un lapso más grande que un segundo (generalmente, será un mínimo de cinco minutos).
- Emocional: estaremos a solas con ella, que ya no poseerá su *escudo de protección*. Alejada de su grupo de pertenencia, solo podrá confiar en la conexión emocional que ambos hayamos construido. También existe un sentimiento de misterio, complicidad y aventura que está intrínsecamente relacionado con el hecho mismo de *aislarse*.
- De dinero: no, ¡salvo que nos paguen por *aislar*!

- De tacto: la tomamos de la mano para cambiar de sitio; eso da la idea de que probablemente tengamos algún contacto físico posterior como, por ejemplo, besarnos.
- De esfuerzo: en sí mismo, el TC de alejarse del *set* caminando con nosotros hacia donde vamos a aislarnos constituye una *inversión*. Al menos, es el esfuerzo más grande que ha hecho por nosotros desde que comenzamos la interacción.

Hay tres momentos fundamentales en el juego de un Aven que requieren de una decisión propia para generar una acción que nos permita avanzar. El primero es *abrir*. Si no lo hacemos, no hay juego. Incluso portando objetos de *pavoneo* es difícil que una mujer nos *abra* si no nos vio haciéndolo a nosotros antes. Si no *abrimos*, no estamos jugando, no hay *state*, no hay interacciones. El segundo momento es *aislar*. Es realmente muy poco probable que la mujer nos ruegue que la *aislemos* para besarla. Por lo tanto, casi siempre tendremos que proponerlo nosotros. El tercero es el beso, por lo que también aprenderemos técnicas y estrategias para hacerlo bien. Besar, al igual que *aislar*, depende en gran medida del liderazgo del hombre.

Si hemos generado una buena dosis de *inversión*, el *aislamiento* será simplemente un hecho natural que sobrevendrá a las etapas anteriores. Si no lo llevamos a cabo, romperemos la estructura del juego y, por ende, la interacción misma y el proceso de cortejo.

Existen tres formas diferentes de *aislar*. La primera de ellas es la más fácil de realizar, pero no la más efectiva. Por el contrario, la última es la más difícil (o al menos, la que más *calibración* requiere), pero también resulta la más eficaz.

### *Aislamiento* circunstancial

Consiste en utilizar alguna excusa para *aislarla*. Las más habituales en un *venue* son: "Tengo sed, vamos a comprar algo" o "Veamos qué hay en la otra pista". Recordemos que, como el *aislamiento* es un *test de complicidad*, debemos seguir siendo asertivos e imperativos. Preguntar, al *aislar*, sería cargarla a ella con la responsabilidad de lo que pudiera suceder después; esa perspectiva haría que aumentaran nuestras posibilidades de recibir una negativa. Es importante que nuestro lenguaje corporal acompañe al verbal y, por eso, comenzaremos de inmediato a caminar en dirección al lugar elegido. El bajo grado de efectividad de esta forma de *aislamiento* radica en que, cuando lo empleamos, la mujer no arriesga su *inversión*. A nuestro "Tengo sed", ella podría responder con un "Ok, te espero acá". Ella no perdería su *set* de protección y tampoco dudaría demasiado de nuestra intención de regresar. Solo estamos yendo a comprar algo y volveremos a ella: no hay nada que temer. Para nosotros, esta es una forma de *aislamiento* fácil de usar pero no tan útil: aun si ella aceptara ir con nosotros hasta la barra, ese no sería el mejor sitio para C1. La cantidad de distracciones y gente que hay en ese lugar complicarían nuestra escalada en *kino* para poder besarnos y, más aún, para generar intimidad. Con todo, esta forma de aislamiento puede servirnos como escala para pasar a otras, de una manera gradual.

### *Aislamiento* con *negación plausible*

Consiste en dar valor a cambio de *aislar*. Cualquier rutina (por ejemplo, el test del cubo, el de los anillos o el del camino) serán ideales para hacerlo, aplicando valor cuando ella se aísla con nosotros. Hay que poner atención en no regalar las rutinas si no hay *inversión* de su parte: no causarían el efecto deseado y sería una gran demostración de interés nuestro, totalmente a destiempo. Esta técnica sirve si se lleva a cabo una vez que estemos sentados junto a ella, en un sofá, en una locación de *confort*. La *negación plausible* (NP) otorga al hombre la responsabilidad en el liderazgo de la interacción y la despoja a ella de la necesidad de tomar decisiones. En este caso, la NP nos permite continuar juntos y hablar acerca de la rutina presentada. Por ejemplo: "¿Sabés qué? Yo podría desnudarte en tres segundos. Podría decirte cosas sobre vos que vos misma ignorás...". Si ella acepta la propuesta o responde de manera desafiante, aprovecharemos la ocasión para *aislarnos*. El lenguaje corporal también será importante. En este caso, entra en juego el *body rocking* o vaivén corporal para demostrar desinterés/interés. Así podremos *calibrar inversión* sin quedar en *offside*.

En cambio, si ella rechaza nuestro TC, actuaremos de la misma forma que en los otros *test*: retrocederemos con un IDE, volveremos con una DAV y probaremos nuevamente a *aislarla* con una rutina no utilizada aún. En medio de esto, *calibraremos* qué parte de todo nuestro juego aún falla para poder generar más *complicidad* de su parte. Este es el modo más usual de comenzar a *aislar*, sobre todo porque también nos allana el camino al siguiente paso y podemos contar con un test para efectuar sentados en C1 y que seguramente nos dejará a las puertas del beso.

## *Aislamiento* por liderazgo

Consistirá simplemente en decir "Vamos" o "Acompañame". Esto puede parecer difícil en un principio, ya que requiere tener bien *calibrados* nuestros niveles de *inversión anteriores*, haber realizado previamente diversos TC y, además, poseer un *control de marco* y un lenguaje corporal buenos. Esto nos permitirá arriesgar, con una baja probabilidad de que el *aislamiento* se pierda o sea rechazado. Tener esto en claro nos dará la seguridad para poder *aislar* sin mayor *negación plausible* que la de ser nosotros mismos el premio, pues sabemos que si ella no quiere perder toda la *inversión* que ha hecho en nosotros, querrá seguirnos adonde vayamos. Con el tiempo, se convertirá en la forma de *aislamiento* por defecto, pues un juego sólido en las anteriores etapas haría innecesario tener que contar largas rutinas de C1 cuando el contexto ya está para besarnos (apenas nos sentamos en el sofá o cuando sabemos cómo generar esta situación). Es altamente efectivo, dependiendo de la solidez de nuestro propio juego.

Entender el *aislamiento* es aprender a no temer la derrota, animarse a correr ese riesgo. Nuestro juego mejorará en buena medida cuando entendamos que se basa en quemar etapas. Al superarlas y lograr solucionar los inconvenientes que se presenten, solidificaremos nuestro modo de obrar en base a un proceso natural de *calibración*. Cada error será un paso más hacia la perfección.

Al iniciar este aprendizaje, recomendamos utilizar la primera y segunda forma de *aislamiento*. Lograremos emplear la tercera cuando nuestra habilidad nos dé confianza en nuestra propia *calibración*.

***Tests de complicidad***

Cinco *tests de complicidad* para generar *inversión* y medir su nivel de *complicidad*.

**1. Compartir la bebida.**
Con naturalidad, extendemos la mano hacia su bebida y preguntamos "¿Qué es?" o simplemente afirmamos "¿Es cerveza?" (o lo que parezca ser). Seguramente ella nos la ofrezca: debemos tomar un pequeño sorbo, como lo haríamos con la bebida de un amigo.

**2. Demasiada ropa.**
Quitarse alguna prenda –un objeto de *pavoneo* o un objeto de *bloqueo* (como una muñequera o un colgante)– y pedirle a ella que nos la sostenga.

**3. La mujer que nos consigue pastillas de menta o cigarrillos.**
Utilizar cualquier TC que la haga esforzarse por conseguir algo. Puede ser conseguirnos una pastilla de menta, un cigarrillo, cuidar nuestras cosas, etcétera.

**4. Tomarle la mano.**
Cualquier rutina de *kino* servirá para medir sus niveles de *complicidad* y proporcionarnos una idea clara de si es posible avanzar o no. Es muy efectivo armar pequeños juegos de rol en los que ella sea nuestra asistente, guardiana o traductora.

**5. Movimiento mutuo.**
Sin dar importancia al hecho de que nos estemos moviendo, demos pasos de manera aleatoria, hacia uno y otro lado, para que ella nos vaya siguiendo. Es difícil de *calibrar*, pero de gran ayuda para comprender la dinámica del *aislamiento*.

### Field Report
⇢ Dandy.

**El juego.** En este FR, Dandy logra revertir un *factor fulana* liderando al grupo y *aislando* por medio de una *negación plausible*.

## Juego con Alas en un *venue* a la luz de la luna

«Sábado a la noche, luego de haber organizado una cena en la terraza de casa, voy a una discoteca en el centro de la ciudad, donde sabía que estarían unos amigos. La noche estaba divina.

Al entrar, vi a Martín, Mike y Alemán sentados en una mesa con cuatro o cinco mujeres. Antes de meterme en el grupo, miré desde lejos para intentar adivinar quién se mostraba interesada por quién. No fue muy difícil, porque enseguida Mike y Martín se separaron de la mesa, cada uno con una de las mujeres. En ese momento, Alemán quedó solo con tres de ellas. Entonces me decidí a saludarlo y a comenzar la noche. Alemán me hizo la presentación honorífica ante ellas y nos pusimos a hablar animadamente en un tres contra dos. Sutilmente, me ocupé de incluir en la charla a una de las mujeres que había quedado sola y que sería mi *objetivo*. Creo que el resto lo notó y generé un buen *valor social* con sus amigas. Destaco que todo se dio en un marco de naturalidad; no fue una charla forzada en ningún aspecto y solo usé rutinas cada tanto, si la charla se vinculaba con alguna.

Transmití *valor*, con un lenguaje corporal relajado en todo momento. Recuerdo haber hecho, con mi *objetivo*, el juego de descubrir la mentira entre las cinco afirmaciones que cada uno hacía. Cuatro debían ser verdaderas y una falsa, y cada uno debía adivinar cuándo mentía el otro. Como la gente al mentir suele tocarse la nariz o la boca, o cerrar los ojos, se trata de estar atento a eso. Además, aprovechaba las afirmaciones para incluir varias DAVs mías. Salió perfecto. A partir de ahí, mi *objetivo* empezó a verme como un hombre perceptivo y comprensivo (lo corroboré mucho más tarde, con los hechos consumados, cuando le pregunté en qué momento había querido besarme por primera vez y me confesó que había sido justamente después de ese juego).

Para no caer en errores pasados, esta vez salí del *set* a tiempo, generando desinterés y mostrando más *valor social* al ir a hablar con otras personas sin quedarme pegado como un necesitado, como solía hacer antes. Al cruzar de nuevo a mi *objetivo* más tarde, la desafié a hacerle un test (ella estudia psicología), tratando de *aislarnos* de sus amigas. La verdad es que no recuerdo exactamente cómo se lo dije pero estuvo muy mal, en cuanto lo hice noté que había despertado el *factor fulana*, así que lo tomé con calma. Ante el rechazo al *TC*, mostré desinterés hablando con otra gente por ahí. Cuando más tarde vi que se habían levantado de donde estaban sentadas, lo tomé como un IDI, una invitación para que me aproximara una vez más. En la cena en casa me habían enseñado un paso de baile medio tonto pero divertido y se los mostré a todas:

liderazgo total con el grupo. Con *social proof* y liderazgo encima, era hora de intentar nuevamente el *aislamiento*. Entonces insistí en hacerle el test, pero de modo más sutil, reforzando su *negación plausible*. Aceptó; le dije a las amigas que volveríamos enseguida y nos aislamos. Los IDIs llovían, entre ellos uno de mis favoritos: se mordía el labio inferior a la vez que me miraba a los ojos.

Le hice el test del cubo resumido, que me sale muy bien.

Me divierte mucho inventar e imaginar cuando se pone difícil la interpretación:

—Imaginate un cubo en un desierto, decime cómo es, de qué material, color...

—Es un cubo del tamaño de una habitación, de vidrio sólido transparente, ¿qué significa?

—El cubo es la representación que tenés de vos misma. Por el tamaño que le diste, se nota que sin duda tu autoestima es buena, porque es grande como una habitación. Pensé que podría haber tenido el tamaño de un cubo *Rubik* (el cubo "mágico"). Además, es transparente, evidentemente no te es fácil ocultar tus sentimientos, pero además es de un material sólido, o sea que por más que generalmente dejes entrever lo que sentís, no sos alguien que se deja influenciar fácilmente, el cubo no es tan fácil de atravesar...

¡Es genial este test! Para el beso, utilicé la rutina que vengo *calibrando* desde hace unos meses: el secreto.

—Me caíste muy bien pero, ¿te puedo decir un secreto?

—¡Ay!, ¿qué?

—¿No te vas a ofender?

—Jaja. Decime, ¡dale!

Le hice con la mano el ademán para que se acercara a mí. Aceptó el TC, puso su oreja en mi boca. Con mi brazo derecho la abracé y con la mano izquierda le acaricié el rostro a la vez que le decía "Me encanta cuando te mordés el labio". Se rió. Volvió a morderse y ahí nos besamos.

Nos besamos varios segundos de lo lindo. Hablamos un rato más y volvimos con las amigas, que estaban con Mike, Martín y el Alemán. Hice más *social proof*, hablé con ellas y se hizo un poco tarde. Mi amigo Eneas me había prestado su departamento (estaba de viaje); ahí tiene un lindo telescopio y era una hermosa noche de luna llena. No fue difícil sacar el tema de la luna en nuestra conversación. A los diez minutos, cuando le pedí que me acompañara a comprar un agua, hice la propuesta final: "Vamos a mi departamento a mirar la luna por el telescopio...".

De ahí en más todo fue muy fluido. Aceptó sin dudarlo mucho y, ya en el departamento, luego de una miniconversación astrológica, terminamos revolcándonos y viendo nuestras propias estrellas. ▶▶

# Capítulo 16

## Jugar como Alas
*Un camino de ida hacia la locura*

> *En la guerra, tanto las ventajas como el peligro son inherentes a las maniobras.*
> **Sun Tzu**

Somos seres sociales; por eso, la gente que nos rodea refleja muy bien nuestra esencia. En los capítulos anteriores, hemos estudiado diferentes aspectos acerca de la personalidad femenina y la dinámica de sus grupos. Ha llegado el momento de dedicar algunos párrafos al comportamiento grupal masculino en situaciones de seducción.

Es muy común ver que, al interactuar en grupo con mujeres, los hombres compitan por ellas e intenten dejar mal posicionados a sus pares. Incluso, frente a una mujer que recién conocen, pueden llegar a decir algo negativo de un amigo de toda la vida. Es frecuente que se burlen de él, que cuenten alguna intimidad que lo deje en mala posición (que tiene unos kilos de más, que su trabajo es aburrido, que lo engañó su exnovia, que parece virgen u otros comentarios por el estilo). Aunque hablen en tono cómico, el objetivo real –aunque tal vez no consciente– sea anular a su compañero como competidor frente a la mujer que los atrae.

Lo que realmente no nota quien actúa así es que este tipo de comportamiento va en perjuicio de quien lo pone en práctica. ¿Qué clase de hombre habla mal de sus seres queridos? Si nos rodea gente que consideramos de poco valor, entonces nosotros mismos valemos muy poco. Si no creemos que nuestro grupo social sea interesante, difícilmente una mujer pueda imaginarse en nuestra compañía. En cambio, si el grupo social al que pertenecemos es atrayente y nuestros amigos son divertidos, quien sea que quiera pasar un buen momento deseará estar con nosotros.

Las reglas del Ala están diseñadas para que, cuando juguemos con otros hombres, especialmente nuestros amigos, no nos peleemos inútilmente por una misma mujer. Así, todos evitaremos pasar un mal momento y aumentaremos nuestras posibilidades de éxito. Si respetamos estas reglas en las que los compañeros de juego (Alas, a partir de ahora) debemos estar de acuerdo, nos potenciaremos mutuamente. Todo aquel que conozca y respete estas reglas será considerado un Ala.

Pero ¡atención! No recomendamos abrir el *set* con nuestro Ala, ya que eso es muy invasivo y, generalmente, demuestra un interés excesivo. En cambio, cumpliremos la regla de los tres segundos (ver Capítulo 5) y abriremos el grupo solos, sin el apoyo de nuestro compañero. Su ayuda luego puede ser muy necesaria para distraer a las amigas a la hora de *aislar* al *objetivo*. Es posible que se trate de dos mujeres atractivas sin acompañantes, en cuyo caso cada uno podrá optar por un *objetivo* diferente. Pero, aun así, resulta mucho más eficaz que uno de los dos inicie la interacción por su cuenta y luego el otro se sume, cuando el primero ya haya sido aceptado en el grupo. De este modo, será más sutil el enganche y se demostrará un interés inicial menor, que ayudará a superar más fácilmente el *escudo de protección*.

## Códigos del Ala

Las reglas que utilizamos como Alas para potenciarnos mutuamente son las siguientes:

1. Quien abrió el *set* tiene derecho a elegir en primer lugar a su *objetivo*.

    Es una regla obvia, pero resulta muy fácil de olvidar cuando se está jugando. Quien ya superó el *escudo de protección* ha realizado el trabajo difícil y merece su recompensa. Cuando entramos como Alas, no hay *escudo de protección*, porque llegamos como conocidos y ya contamos con cierto *valor social*. Probablemente, quien se encuentra en el *set* haya *negueado* a su *objetivo* y haya aumentado su *valor*. Por eso, esta regla no es solo un reconocimiento al mérito, sino también un entendimiento más profundo de la dinámica social: cuando el Ala entra al *set*, el *objetivo* suele tener un *valor relativo* más bajo que el recién llegado. Es muy probable que ella intente utilizar a quien entra al grupo para subir su *valor* y, si lo logra, ambos amigos estarán perdiendo chances de avanzar en la seducción. Es decir que, si el que ingresa intenta seducir a la misma mujer que su Ala, echará por tierra todo lo hecho por su amigo.

    Este es el error más común que cometen los hombres cuando salen en grupo: ambos intentan seducir a la misma mujer, bajan el *valor* de sus amigos y, por transitividad, el propio. La verdad es que hay muchas mujeres, no vale la pena competir por la misma.

2. La misión principal de quien entra al *set* es entretener a las amigas.

    Esto se desprende naturalmente de la primera regla. Como explicamos previamente, si el Ala se dedica a hablarle al *objetivo* de quien ya está en el *set*, es muy probable que ella lo utilice para subir su valor.

Generalmente, lo hará dándole IDIs al Ala apenas llegue o buscando que los hombres se bajen su *valor*, compitiendo entre ellos. Por eso, quien se incorpora al *set* debe eludir esta situación y hablar solamente con las amigas. En definitiva, está allí con la misión de permitir que su Ala pase a A3 y se *aísle* con su *objetivo*. Luego, si se siente atraído por alguna de las amigas podrá comenzar una interaccción, pero su meta principal no es jugar, sino colaborar con quien ya está en el *set*. Sin duda, pronto habrá una oportunidad para que el favor le sea devuelto.

Al entrar como Alas a un *set*, tenemos que hacerlo con una energía menor que la del amigo que ya está en él; si no, acapararemos la atención del grupo. El Ala ingresa al *set*, es presentado y, en un nivel de energía medio, comienza a interactuar con las amigas para permitir que su compañero avance en el juego.

3. En el *set*, los Alas siempre estarán de acuerdo.

Cuando entremos a un *set* como Ala, es muy probable que el *objetivo* busque *validación* en nosotros, sobre todo si nuestro Ala estaba en medio de una rutina de A2, subiendo su propio *valor* o bajando el de ella. Es probable que nos digan cosas como: "Tu amigo es un mentiroso, ¿no?". Ya vimos que no es conveniente bajarnos el *valor* entre nosotros, así que siempre estaremos del lado de nuestro Ala. Podemos, sencillamente, ignorar la pregunta o apoyar a nuestro compañero con alguna frase por el estilo: "¿Él? Es el hombre más sincero que conozco...".

4. Nuestro Ala es siempre más importante que las mujeres que acabamos de conocer.

Si nuestro Ala se acerca a saludarnos o preguntarnos algo mientras estamos en el *set*, debemos dirigir toda nuestra atención hacia él, incluso a expensas de perder la de las mujeres con quienes estamos hablando. Es exactamente lo que hacen ellas si una amiga se acerca mientras hablan con nosotros. Claro que esta regla aplica a la etapa de *atracción*, que es cuando necesitamos un Ala. Estando en *confort*, no vamos a levantarnos del sofá ni abandonaremos a la mujer que nos acompañó hasta allí para hablar con un amigo. Pero, si en los primeros minutos de interacción no le prestáramos atención o le hablásemos con la cabeza girada por encima del hombro mientras mantenemos nuestro lenguaje corporal positivo hacia el *objetivo*, estaríamos, una vez más, mostrándonos demasiado ávidos de atención femenina y poco afectuosos con nuestros seres queridos. Cuando el Ala entra al *set*, debemos girar el cuerpo hacia él y saludarlo con un lenguaje frontal que muestre atención y afecto. Luego volveremos al *set* y lo haremos con más VSR que antes, pues habremos demostrado que realmente respetamos a nuestros amigos.

## La entrada del Ala al set

Analicemos cuál es la mejor manera de incorporarse como Ala, teniendo en cuenta, ante todo, que quien está en el *set* debe poder decidir si desea o no que un compañero se sume al grupo. Existen varios factores importantes a considerar.

Si aún no se ha alcanzado el *punto de enganche social*, la entrada de un Ala solo diluirá la interacción. Con certeza, ese no es un momento adecuado para su ingreso; hay que esperar a que esa situación se haya producido.

También puede ocurrir que quien abrió el *set* ya se encuentre cerca de pasar a A3; en ese caso, la entrada de un amigo distraería su atención del *objetivo*.

Otra situación que suele darse con frecuencia es que haya dos mujeres y una de ellas esté esperando a su novio; en ese caso, no conviene la entrada de un Ala que podría agregar tensión a la interacción.

Entonces, ¿cómo ingresa un Ala en un *set*? Él no se presenta ante todo el *set*, pues estaría demostrando mucho interés desde el comienzo. Lo más correcto para entrar en un *set* ya abierto, es que salude solo a su amigo y le haga una pregunta amplia, como por ejemplo:

–Eh, ¿qué tal? ¿La viste a Laura?

–Voy a comprar una bebida, ¿te compro algo?

–Por favor, si lo ves a Iván, ¿le decís que tengo las llaves de su automóvil?

Son preguntas simples y que comunican algo de valor. De todas formas, lo importante no es eso; en este caso, esas frases son solo un código para que se entienda que está ofreciendo sus servicios como Ala. Es posible que el *set* ni siquiera escuche lo que dice: esto dependerá en gran medida del sonido ambiente.

Como ya se explicó, quien está en el *set* debe girar y contestar la pregunta de su Ala con un lenguaje corporal positivo. Quien ingresa no debe irrumpir en el *set*; la conversación inicial se dará en la periferia del mismo.

Cuando reciba una respuesta, el Ala seguirá su camino y dará lugar a que quien ya estaba en el *set* decida si quiere hacerlo entrar o no. Si no lo desea, simplemente contestará la pregunta ("No, no vi a Lau" o "No, gracias. No quiero nada para beber") y regresará al *set*.

En cambio, si quiere que su Ala ingrese, contestará la pregunta de la misma manera, comenzará a volver al *set* mientras el Ala pretende estar retirándose, pero finalmente se dará vuelta y lo introducirá, presentándolo. La secuencia sería así:

Ala1: –¡Eh! ¿Cómo va?

Ala2: –¡Muy bien!

Ala1: –Voy comprar una bebida, ¿querés algo?

Ala2: –No, gracias, estoy muy bien…

Ala1: –Bueno, nos vemos en un rato.

Ala2: –Dale, nos vemos.

Aquí, ambos, por un segundo, siguen su camino: Ala1 hacia la barra, Ala2 retorna al *set*, pero antes de perder de vista al Ala1, gira hacia él, lo llama y lo presenta.

Ala2: –¡Eh! Vení, te presento a unas amigas, él es Juan, uno de los mejores DJ's que conozco

Ala1: –Hola Sí, claro, si no fuera por él nunca me hubiera animado a trabajar de esto, es una persona muy motivadora...

Estas son dos líneas de diálogo hipotético; su contenido no es lo principal. Lo que realmente importa es que no mostremos a nuestro Ala como si recién lo conociéramos o como si no nos importase. Debemos tener en claro de antemano cómo quiere ser presentado. Eso, además, facilitará su trabajo como entretenedor de las amigas. No es lo mismo presentar a alguien diciendo: "Él es Hernán", que señalando: "Él es Hernán, el mejor cocinero que conozco". Aun siendo la segunda una presentación simple, le brindará al Ala oportunidades de diálogo con todo el grupo.

Para aprovechar la ocasión, es conveniente que el Ala también cuente algo bueno de quien ya se encontraba en el *set*. Veamos una presentación que solíamos implementar:

Mike: –Eh, Martín, ¿la viste a Laura?

Martín:– No, ni idea, si la veo, te digo.

Mike: –Dale, nos vemos...

Martín: –Dale, nos vemos (gira hacia el *set*).Les decía que Esperen. ¡Mike!

(Mike vuelve a aproximarse al *set*)

Martín: –Mike, te presento a unas amigas que acabo de conocer. Ella es Mariela, una gran persona, y ella es Julia, una una persona (Martín aprovecha y presenta a su objetivo, Julia, *negueándola*. Mike saluda a ambas manteniendo aún cierta distancia).

Martín: –Mike, uno de los mejores artistas que conozco, es músico e hizo toda la sonorización de mi última película.

Mike: –Gracias, pero el artista es él, un gran director ¿Vieron algo suyo? Es excelente, ya obtuvo varios premios

Observemos que Martín es quien decide si Mike entra o no al *set*. Luego, al hacerlo ingresar, rápidamente le marca cuál es su objetivo con un NEG. Mike no es invasivo en el *set*, apenas saluda y espera a ser presentado con alto *valor*. Por último, Mike también sube el valor de Martín y espera su próxima movida para entretener al grupo.

Si nos manejamos con estas reglas, veremos cómo los amigos ya no serán nunca más una competencia frente a las mujeres, sino nuestros mejores aliados.

### Reglas del Ala

Resumen de las reglas para interactuar en un *set* con nuestro Ala:

**1. Quien abre el *set* tiene prioridad frente al ala.**
El que abrió el *set* tiene derecho a elegir su *objetivo*.

**2. La misión del Ala es entretener al resto del grupo.**
El Ala que entra en el *set* tiene como tarea principal ocuparse de las amigas o amigos en el grupo, a la espera de que su compañero se *aísle* con su *objetivo*.

**3.** **Los Alas siempre están de acuerdo entre ellos.**
Aun cuando no se coincida totalmente con lo que el otro Ala dice, siempre hay que *validarlo*. De esta forma, se garantizan los objetivos de juego conjuntos.

**4.** **El Ala es la persona más importante del *venue*.**
Es importante considerar siempre al Ala con un VSR mayor que el de cualquier mujer que recién se conoce, y actuar en consecuencia. Una mujer desconocida nunca puede valer más que el compañero de juego.

**5.** **Quien está dentro del *set* puede rechazar la entrada de un Ala.**
Se debe utilizar una pregunta abierta o alguna expresión casual que permita que quien ya está en el *set* decida si quiere o no que un Ala se incorpore en ese momento. Esto facilitará el desarrollo óptimo del juego, acorde a las circunstancias del *set*.

**6.** **La presentación de nuestro Ala tiene que ser acorde a su VSR.**
Se desprende que, si quien ingresa tiene alto VSR, es muy probable que quien está dentro del *set* lo posea también. Proyectar un alto VSR de nuestro Ala significa proyectar un alto VSR de las personas que forman parte de nuestros seres queridos, a los que lideramos, protegemos y brindamos nuestros recursos.

**7.** **Hay para todos.**
Competir por un mismo *objetivo* no solo es innecesario, sino que además es una estrategia errónea que hace descender el valor de ambos Alas. Ser Alas nos permite potenciar nuestro juego para obtener mejores resultados.

## Field Report

⋯▷ Mauri.

**El juego.** En este reporte, Mauri interactúa con Mike como Ala para que entretenga al *obstáculo* de la chica con la que terminará yéndose del *venue*.

## *Ravegirl* de Pacha en el preoperatorio de siliconas

❝El sábado estaba hecho un demonio. Un demonio de los buenos, un demonio en la terraza de Pacha. No es mi lugar favorito, pero me encanta la terraza que tiene. Recuerdo que antes de salir pensé: "Hoy no voy a preocuparme más por conseguir nada. Mejor salgo, hablo con todas y todos. Si me divierto, las cosas van a suceder bien".

Sentado con Mike y tres mujeres en el patio, me di cuenta de que ya había abierto todos los *sets* alrededor. La verdad, estaba muy bien de energía. ¡Pero siempre hay más mujeres por conocer! Aparecieron dos que salían de la pista, así que sin perder tiempo me acerqué, cumpliendo la *regla de los tres segundos*. No recuerdo qué les dije pero a los pocos minutos le hice un truco de magia rápido y muy efectivo a mi *objetivo*, una morocha en minifalda, top, anteojos *cool* y un cinturón de tachas que llevaba todas las miradas a su cintura y a su ombligo desnudo. Típica *ravegirl* bien vestida, sensual, provocativa. Me encantó desde un primer momento, pero su amiga rubia estaba medio perdida en la interacción y no se me ocurría qué hacer. Por suerte, enseguida llegó Mike, el Ala más rápido del Oeste. Lo presenté, hizo trabajo a reglamento y me bloqueó a la perfección a la rubia, que miraba muy poco amistosamente. Mike se puso a hablar con ella y yo quedé solo, frente a frente con la *ravegirl*. Hubo un minisilencio que ella se encargó de llenar.

–(Refiriéndose al truco) Me gustó la magia, qué linda
–Gracias.

—De nada, pero ¡qué desperdicio!
—¿Qué cosa?
—¡Que seas gay!
—Jaja. Sí, soy gay, pero si no fuera gay serías mía.
—¿Ah, sí?
—Sí, vení que te hago otra magia

Le estiré la mano, dudó. Miró a la amiga y la vio charlando con Mike (¡gracias, amigo Ala!). Ahí se relajó un poco, me tomó la mano y la llevó a un costado de la terraza. Mike se quedó con su amiga.

Apenas estuvimos a solas, la tomé de las manos; ella no ofreció ningún tipo de resistencia. Le dije:

—¿Confiás en mí?
—Mmmm... acabo de conocerte...
—Si no confiás, no puedo hacer la magia.
—Eh Bueno, dale, confío.
—Cerrá los ojos y vas a sentir algo.
—¿A ver?

Cerró los ojos y se acercó a mí. Era evidente que quería que la besara. Entré en cortocircuito emocional.

—Me tentaste ¿Te comprometo si te beso acá?

Tenía miedo que estuviera con el novio o alguien así pero su lenguaje corporal me indicó que quería que la besara, porque abrió los ojos y rió ante mi pregunta, así que no lo dudé. Fue un pico.

—Jaja. Que hacés, ¿no eras gay?
—¡Sí! ¡Soy regay!

Y otro beso, esta vez un poco más largo, apartándole el cabello de la cara, acariciándola.

Ahí estuvimos besándonos unos cinco minutos. A ninguno de los dos se nos borraba la sonrisa; me dijo que quería recuperar a su amiga y no sé qué más, así que intercambiamos teléfonos. A los pocos minutos, le escribí un mensaje; estaba con mis amigos en el estacionamiento, hablando con la gente que salía de Pachá.

Mensajes:
—¡Desperdiciadora!
—¿Dónde estás? Volví a la terraza, no te veo.
—Estoy en el estacionamiento, ¿vamos?
—Ahí voy

¡Excelente! Ella vivía cerca, así que fuimos hasta su casa. Tenía claro que la conocía desde hacía muy pocas horas y necesitaba un poco más de tiempo y relax para avanzar hacia algo sexual. Toqué en el teclado de ella los dos únicos temas que sé: son bien relajantes, uno de Air y otro de Coldplay. Al terminar el segundo tema, se sentó sobre mis rodillas, comenzamos a besarnos, pero ella se separó suavemente y, aún sentada sobre mis piernas, me dijo:

–¿Te gustan mis tetas?

–Eh sí, creo que sí, no las vi todavía.

Sin que mediara palabra, se desabrochó la camisa y me mostró sus pequeñas y hermosas tetas, de esas que entran justito en la palma de la mano. Hermosas ellas, hermosa ella, hermosa su actitud, me excitó muchísimo; ya no podía hablar, solo podía apreciar la belleza de la *ravegirl* de minifalda y camisa abierta sentada en mis rodillas...

–¿Y? ¿Te gustan?

–Ehhh sí, son hermosas

–Gracias, el martes me opero, me voy a poner más ¿qué te parece?

–Me parece que sos hermosa.

¡Que linda escena! Ella sabía que después de la operación no podría tener sexo cómodamente por varios días, así que creo que me aprovechó bastante: ¡estuve con ella hasta la noche del día siguiente!

¡La vida es bella! 》

## Capítulo 17

## Para cerrar una interacción
*El círculo virtuoso de las féminas de la cama redonda*

> *En un beso sabrás todo lo que he callado.*
> **Pablo Neruda**

Tan importante como *abrir* una interacción es *cerrarla*, ya sea en una situación que haya comenzado con un *opener* o en cualquier otra circunstancia social en la que hayamos, casualmente, conocido a alguien. Cuando decimos *cerrarla*, nos referimos a darle un sentido menos eventual y a crear un vínculo que favorezca la posibilidad de otro encuentro, tal vez sexual y/o amoroso. No *cerrarla* haría que nuestro trabajo previo de generar *atracción* y *conexión* se perdiera. Los *closes* o *cierres* son necesarios y también constituyen nuestro objetivo primordial como Avens, pues dan valor a lo que nosotros mismos hemos comenzado. De algún modo, no *cerrar* una interacción denota cierta falta de interés en los demás y en un tiempo relativamente corto puede traducirse en una pérdida de VSR en determinado lugar o circuito social.

Por otro lado, todos sabemos que la etapa de *atracción* no es suficiente para llegar al sexo. En realidad, si fuera por nosotros, muchas veces ni siquiera pasaríamos por las etapas previas, sino que iríamos directamente al acto sexual con una mujer que se ajuste a nuestros estándares. Pero, justamente, no es en la simplicidad del hombre en lo que está basado el método de este libro, sino en las necesidades de la mujer.

En el complejo entramado de culturas y pautas morales que coexisten en nuestra sociedad, no es tan extraordinario toparse con una mujer acostumbrada a tener sexo la primera noche que conoce a alguien. Con todo, en gran parte de los casos, un beso será lo más lejos que lleguemos juntos y para seguir la interacción más allá de ese momento y lugar, deberemos intercambiar información.

Utilizamos la expresión "intercambiar información" y no "pedir información" porque no vamos solicitando teléfonos por ahí con el fin de engrosar nuestra lista de contactos. Se trata de conectar con alguien de una manera natural, que ambos queramos conocernos más el uno al otro. No es un pedido, es un intercambio.

¿Facebook, Instagram, WhatsApp? Creemos que en este momento Facebook e Instagram son mucho más interesantes como herramientas para generar *atracción* y *demostrar alto valor*. Un contacto en el teléfono es apenas un número. Cuando acabamos de conocer a alguien y lo sumamos al Facebook o Instagram, podremos profundizar acerca de la persona con la que tratamos. Son plataformas excelentes para darnos a conocer y conocer a otros que también la usen. ¿Tiene amigos? ¿Parece divertirse seguido? ¿Es verdad que es actor, empresario o que saca buenas fotos? ¿La mujer era realmente linda o yo estaba borracho?

## El momento y la forma exactos

Debemos decir que no existe la ocasión ideal de *cierre*; esta dependerá mucho de la interacción. Si ya hemos besado a una mujer, probablemente estemos en C1 y después de un rato decidamos volver a juntarnos con el grupo de amigos (de ella o nuestros), o bien que cada uno se vaya por su lado. En ese caso, es muy natural que intercambiemos información para no perder el contacto.

Pero, en muchas circunstancias, la oportunidad de intercambiar información puede darse antes y, en caso, de que luego nos besemos, ya tenemos su contacto. Puede que le hayamos contado, a poco de conocerla (en la etapa A2) acerca de un evento al que iremos o que estamos organizando, y que ella haya mostrado interés en asistir. Lo más simple sería decir algo así como: "Intercambiemos información y te aviso".

Más probable aún es que, en A3, ella nos cuente algo de ella que nos interese, como que es abogada o artista plástica, por ejemplo. Según nuestros gustos o intereses, esta será otra oportunidad de intercambiar información: "¿Abogada? ¿Artista plástica? Me encantaría consultarte algo, intercambiemos información". Esto es lo que llamamos un *close* en A3.

Por último, habrá casos en los que directamente nos vayamos con ella del lugar donde la conocimos a nuestra casa –o a la suya– y quizás aún no hayamos intercambiado información. En este caso, lo haremos a la mañana siguiente o antes de despedirnos.

Lo importante es que nos acostumbremos a ello y encontremos la forma de hacerlo que resulte más apropiada para nuestra personalidad y juego. Hay quienes salen sin teléfono móvil y adoran lo *vintage* de juntar papelitos con números de teléfono escritos por las mujeres. Algunos suelen pedirles que hagan una llamada en ese momento, para que quede registrado su número; otros prefieren entregarles a ellas su móvil, para que graben en él su nombre y número de mano propia.

Recomendamos, como siempre, aprender y *calibrar* paso a paso.

## El intercambio de datos de redes sociales o teléfono

Algunos *tips* a la hora de intercambiar redes sociales o teléfonos:

1. No deberíamos pasarnos los datos e irnos inmediatamente, pues daríamos la impresión de que lo único que queríamos era obtener su contacto. Así suelen proceder los coleccionistas de contactos en re-

des sociales. Si intercambiamos información con alguien es porque realmente nos interesa conocer a esa persona, así que quedémonos un tiempo más hablando con ella. De seguro, hay algún tema interesante sobre el cual conversar. Si no es así, si no encontramos nada de qué hablar, ¿para qué la queremos como contacto?

2. Intentemos no invertir demasiado tiempo en el intercambio en sí mismo. Sacar el teléfono, comenzar a anotar nombre, teléfono, email, etc., puede convertirse en un trámite muy aburrido, que sin duda hará decaer el ritmo de la interacción. Lo mejor siempre es pasarle tu teléfono a ella y que anote su número.

3. No mostremos nuestras cartas antes de tiempo. Muchos hombres, antes de intercambiar información, ya tienen el dispositivo en la mano o fueron a buscar papel y lapicera. Esto destruye toda espontaneidad. Es otro de los síntomas del coleccionador de contactos. Mejor actuar con calma y que sea natural.

## C1 y la burbuja de la intimidad

Ya hemos atravesado A1, A2 y A3: somos ese hombre de alto VSR por el que ella se siente atraída. Hemos logrado medir sus niveles de *complicidad* utilizando *test de complicidad (TC)* y nos disponemos a conseguir uno de nuestros primeros *closes*.

La fase C1 comienza con el *aislamiento* que, justamente, consiste en alejarnos de su grupo de amigas o del punto en donde transcurrió la interacción en la etapa de *atracción*.

C1, entonces, tiene lugar en el mismo ámbito en el que comenzó la etapa A (un recital, el gimnasio, un bar, la facultad, etcétera). Seguramente estén allí sus amigos o los nuestros, pero lo suficientemente alejados en ese momento como para que exista cierta intimidad.

Aun si en un arrebato de pasión besáramos a una mujer frente a sus amigas o dentro del mismo grupo al que ambos pertenecemos, igual es conveniente tener un momento de intimidad con ella en ese lugar. Besarla frente a sus conocidos y después irse a cualquier otro lado sin antes tener un momento de intimidad no es lo más indicado si queremos volver a verla. ¿Por qué? Porque cuando nos hayamos ido y ella analice la situación en frío, ya no sentirá lo mismo que experimentó durante el arrebato de pasión, cuando tuvieron lugar los besos. Es probable que a posteriori ella experimente una mezcla de culpa y remordimiento por haber actuado impulsivamente con un hombre con quien aún no sabe si hay una conexión genuina, pues nunca compartieron un momento a solas. Esto puede generar una emoción negativa que dificultará cualquier accionar futuro de nuestra parte.

## Remordimiento del comprador

Esta emoción de arrepentimiento ha sido comparada con la que siente alguien que ha adquirido un producto porque se dejó convencer por las promesas del vendedor. Supongamos que nos probamos una camisa, quien nos atiende nos dice que es perfecta para nuestro cuerpo atlético y nosotros la compramos impulsivamente, bajo la influencia de la "emoción" que nos genera el cumplido. Más tarde, a solas en nuestra casa, tal vez nos probemos la camisa y realmente no la encontremos tan atractiva. Quizá ni siquiera queramos usarla. Esto, que se ha dado en llamar "remordimiento del comprador", es comparable a lo que puede sentir una persona en interacciones que no logran alcanzar un cierto grado de intimidad.

En un rapto de pasión, ella nos besó delante de sus amigas; pasamos un buen momento, pero al día siguiente, a solas en su casa, no continuará en el mismo estado emocional. Posiblemente sienta que actuó irracionalmente bajo el influjo de nuestras palabras; entonces caerá en un estado anímico similar al remordimiento del comprador. Muchísimos hombres tienen agendas repletas de números de teléfono de los que, al llamar, solo obtuvieron respuestas secas. Y eso sucedió porque no supieron llevar la interacción de forma que la mujer se sintiera orgullosa de su propia actitud, incluso al día siguiente.

Por lo tanto, el objetivo en C1 no es solamente el *close* (en el caso mencionado, un beso) sino también liderar la interacción y conducirla hacia un punto de intimidad. Este le dará a ella la pauta de que somos alguien valioso y no solo un hombre que tuvo la osadía de besarla delante de sus amigas. De la conexión que nazca en la intimidad, ella obtendrá los elementos para construir su propia fantasía y pensar ese instante un posible inicio de relación.

### Los *closes* en la etapa de *confort*

Podemos *aislarnos* en un sofá, en una habitación a solas, en algún lugar del *venue* o en cualquier sitio en el que la atención pueda centrarse en nosotros. Es necesario que nos sintamos cómodos y que eso se perciba en nuestro lenguaje corporal. También es importante establecer una distancia con la que ella se sienta a gusto, pero que nos permita proseguir con una *escalada de kino*.

Dependiendo del lugar en el que sucede la interacción, una vez que llegamos a la etapa de *confort*, debemos analizar qué tipo de *close* haremos. Puede ser un beso, irnos con ella o intercambiar información. Muchas veces, eso no depende de nuestras ganas sino de factores externos; por ejemplo, si su jefe está en el mismo lugar quizá no sea el momento de besarla (¡ocurre en la seducción de una mesera, una *barwoman* o en otro ambiente laboral!). O quizá ella es famosa y no besa en público... Hay muchas razones por las que estando en *confort* puede no darse una situación propicia para un beso. Pero si una mujer nos interesa y no intercambiamos información, no volveremos a verla jamás.

Veamos una rutina posible que nos permitirá actuar en los casos en que ir por el beso no parece posible. Estamos en *confort* y en un buen punto de la interacción; entonces nos mostramos inquietos y decimos, mientras comenzamos a saludarla:

–Qué pena, ahora sí, me tengo que ir... Realmente, ha sido un gusto haberte conocido, lástima que no podamos volver a vernos...

Si hemos jugado bien hasta el momento, lo más probable es que ella nos diga: "¿Por qué no? Anotá mi teléfono/Instagram". Y allí, aplicando los *tips* que vimos en un principio, procederemos al intercambio de información.

En muchos casos, puede suceder que ella no diga nada. No siempre significa que no le interesamos; también es posible que sea tímida y no se anime a dar el primer paso, que haya quedado tan desconcertada con nuestro saludo que no sepa qué decir, o incluso que piense que no estamos interesados en ella. En ese caso, luego de saludarla, podemos volver sobre nuestros pasos:

–En realidad, podríamos volver a vernos... Intercambiemos información.

Lo interesante de hacerlo de este modo es que, en la mayor parte de los casos, será ella la que nos pida que nos pasemos datos. Su recuerdo no será que le rogamos que nos diera su contacto (como hace la mayoría de los hombres) sino que fue ella quien nos pidió que lo anotáramos. Y en caso de que no diga nada, de todos modos nuestra forma de intercambiar información habrá sido menos obvia e interesada que los modos a los que ella está acostumbrada.

## El primer beso

Mientras el intercambio de información puede tener lugar en diferentes circunstancias, el beso –la enorme mayoría de las veces– se dará cuando nosotros y nuestro *objetivo* estemos en alguna de las fases de *confort*. Esto puede suceder en el mismo lugar en donde la conocimos, pero *aislados* de los grupos de pertenencia (C1), en una cita (C2), en nuestra casa o en la de ella (C3). Aquí analizaremos diferentes formas de evitar situaciones incómodas e innecesarias.

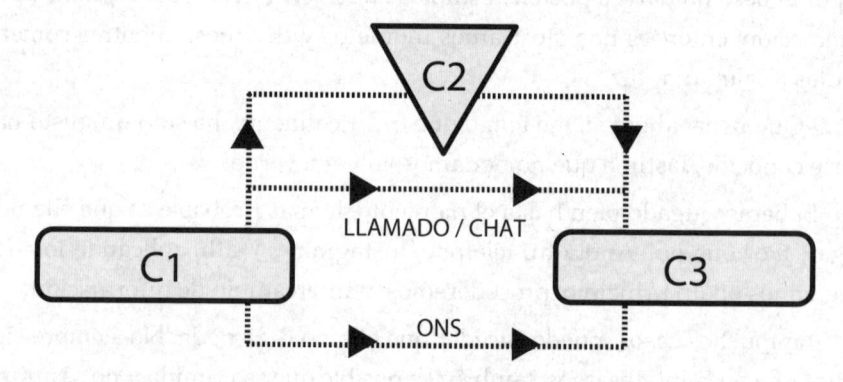

```
                    ┌──────┐
                    │  C2  │
                    └──────┘
        ┌─────────────────────────────┐
        │     LLAMADO / CHAT          │
   ┌────┴───┐                    ┌────┴───┐
   │   C1   │                    │   C3   │
   └────┬───┘                    └────┬───┘
        │         ONS                 │
        └─────────────────────────────┘
```

Hay hombres y mujeres que tienen "reglas" establecidas a propósito de cuándo besar a alguien. Más de una vez, hemos escuchado decir a una mujer "Yo no beso a un hombre la primera noche". Cierto. ¡Pero qué lindo es que la mujer que acabamos de besar diga: "Es la primera vez que beso a alguien en la primera noche"!

Y es que todos tenemos reglas, pero también podemos romperlas si queremos. No debemos dejarnos llevar por los preconceptos: el momento del beso no puede ser acordado previamente; simplemente, aparece y nosotros debemos estar atentos a su aparición. En general, como norma, podemos decir que si estamos incómodos o sentimos que ya deberíamos haberla besado, es porque podríamos estar haciéndolo en ese momento. Pero, como dijimos, veremos formas de verificar si la ocasión se presta al beso.

Es importantísimo tener en cuenta que esta es una etapa más de la *escalada de kino*, es decir, de la escalada de contacto físico. El beso también es un contacto, solo que un poco más especial: de labio con labio, lengua con lengua. Si una mujer no está cómoda al darnos la mano, se sentirá aún más incómoda al besarnos. Tomar la mano de una mujer y observar su respuesta es un gran medidor para comprobar cómo reaccionaría ante un beso.

Veamos diferentes maneras de testear si el momento es propicio para un beso. Imaginemos que estamos con ella, sentados, charlando a solas, y le decimos:

–¿Sabés qué? Hace como cinco minutos que muero de ganas de besarte...

Tengamos en claro que eso es muy diferente de decir algo como: "Quiero besarte, pero no sé si vos querés también... ¿puedo?". En la primera frase, no le estamos preguntando nada, simplemente le transmitimos un deseo nuestro; la segunda, en cambio, es una pregunta que manifiesta inseguridad.

–¿Sabés qué? Hace como cinco minutos que muero de ganas de besarte...

Si ella nos pregunta con una sonrisa qué nos detiene, seguramente está esperando que lo hagamos. Pero, en general, ella no nos dirá eso. Probablemente se arme un silencio y debamos rellenarlo. La idea no es dar vueltas al asunto del beso, sino tan solo ver su reacción. Si no dice nada, retomaremos el tema del que hablábamos o comenzaremos uno nuevo que nada tenga que ver con el beso. Lo importante es observar su reacción. ¿Cómo creemos que se comportaría una mujer si no quiere besarnos? Seguramente se levantaría y se iría lo antes posible. O al menos nos diría muy seriamente que no lo desea. Eso mismo haríamos nosotros si una mujer que no nos atrae nos dijera, estando a solas, que quiere besarnos.

Todas las opciones restantes constituyen escenarios favorables a nuestro beso: que sonría, que se ponga nerviosa y cambie de tema, o incluso que nos diga que no sabe si quiere besarnos, pero lo haga sonriendo. O sea, en tanto no se vaya o nos plantee una negativa (NO, ES NO), estaremos en el buen camino y probablemente nos besemos a los pocos segundos, sin más.

A continuación, veremos algunas formas más para dar el primer beso midiendo siempre si la intención es mutua.

1. **El perfume**

   Esta técnica nos permite medir muy bien la predisposición de ella al beso. Recordemos que solo podemos utilizarla en el momento de *confort*. Comienza con la siguiente línea de diálogo de parte nuestra:

   –Me gusta tu perfume, dejáme olerlo…

   Y lo aspiramos muy cerca de su cuello. Esa es la idea: que realmente nos aproximemos, la tomemos de la nuca con una de nuestras manos –si queremos, aunque no sea necesario, incluso podemos apartarle el cabello– y la olamos. De este modo, empezaremos a medir su predisposición al toque. Una vez que lo hayamos hecho, nos alejaremos. Con tranquilidad. Y una vez a distancia, diremos:

   –Me gusta… Fijate qué te parece el mío, ahora.

   Cuando ella lo haya hecho, daremos el siguiente paso:

   –Quiero sentir el tuyo nuevamente.

   Y comenzaremos a olerle el cuello otra vez, subiendo a sus mejillas y, si todo marcha bien, a su boca. Si ella no quiere besarnos en ese momento, nos daremos cuenta al comenzar a recorrer sus mejillas y, simplemente, también apartaremos nuestra cara, como ella. Pero si fue complaciente frente a nuestro avance, ¡a besarse, que se acaba el mundo! Y si eso no sucede, tampoco nos desanimemos; al final de este capítulo veremos qué hacer en esos casos.

   Esta técnica de beso es una de las más recomendables, pues brinda la posibilidad de *calibrar* y posee una fuerte raíz biológica: el cuello es una de las zonas del cuerpo donde más se concentran las hormonas (tanto las masculinas como las femeninas). La sexóloga Alessandra Rampolla, basándose en el mismo principio, recomienda a las mujeres una polémica idea: que se pongan flujo vaginal en el cuello para concentrar allí aún más hormonas femeninas y generar mayor atracción en el sexo masculino. Atención, entonces, al utilizar la rutina de los perfumes: ¡puede que nos toque una chica que siga los consejos de Rampolla!

2. **La mirada triangular**

Muchas veces, notamos que existe conexión con una mujer por la forma en que nos mira. La escritora Leil Lowndes sostiene que la gente enamorada tiende a mirarse a los ojos entre sí durante más tiempo que con el resto de la gente.[1] Los enamorados también suelen quedarse mirando a los ojos de su persona amada aun cuando no estén teniendo una charla, algo poco común entre la gente en el plano cotidiano. Lowndes sugiere que esta también es una buena forma de demostrar interés romántico en otra persona. La llama la técnica de la "mirada demorada", que implica mantener contacto visual con nuestro *objetivo* durante unos segundos después de haberle dicho algo.

Puede ser un poco incómodo mantener la vista fija en los ojos de alguien, por eso la estrategia de la mirada triangular se basa en recorrer el triángulo formado por los ojos y la boca de ella. En sentido horario, debemos llevar nuestra mirada de un ojo al otro, luego a la boca y al primer ojo nuevamente. Esto, mientras ella o nosotros estemos hablando. Puede que tarde unos segundos en notar nuestra mirada. Nos daremos cuenta si desea besarnos de acuerdo a cómo responda. Si al reparar en nuestra mirada hace el mismo recorrido pero con nosotros, será un indicio de que desea que la besemos. Hagámoslo. Puede que, en lugar de efectuar ese recorrido, simplemente nos mire a los ojos o a la boca. Es lo mismo: ¡a besarse! Si no, puede que haga el gesto universal que denota atracción, descripto por Timothy Perper en *Sex signals and the biology of love*: mirada a los ojos, sonrisa e inclinación lateral de cabeza (que se debe a que son pocas

---

1 Lowndes, L. (1996), *How to make anyone fall in love with you*. Chicago: Contemporary Books.

las personas capaces de mantener la mirada fija en los ojos de otro). Si ella no quiere ser besada, apartará la vista inmediatamente cuando note nuestra mirada, con seriedad, tal como lo haríamos nosotros en una situación análoga. Todos los demás casos indicarán generalmente que desea que la besemos. ¡Hagámoslo, entonces! Quien pretenda efectividad total, puede combinar esta técnica con la del perfume. ¡Satisfacción garantizada!

### Errar es humano, besar también

Si después de un beso que no logra concretarse ella continúa charlando con nosotros, es muy probable que hayamos despertado su interés, ya que, en caso contrario, hubiera abandonado la interacción.

En estas circunstancias, es contraproducente indagar racionalmente con preguntas como "¿Por qué no querés besarme?" o "¿No te gusto?". Esto solo logrará que busque la forma de negarse con claridad y llegue a la conclusión racional de que no quiere nada con nosotros. No se trata de convencerla: lo que buscamos es que sus emociones jueguen a nuestro favor.

Un comentario sencillo como "Ye entiendo" o "Cierto, este no es el momento ni el lugar" pueden aliviar la tensión del ambiente. También podemos no decir nada, seguir con la interacción y detectar cuál fue nuestro error en el juego para así enmendarlo. Quizás fuimos demasiado rápido y no demostramos un interés real en conectar con ella, en conocerla. Será cuestión de reforzar nuestra conexión y generar *valor único*. Tal vez sus amigas estén mirando y quiera algo más de privacidad. Quizá nos desea pero quiere asegurarse que de verdad ella nos gusta a nosotros. En todo caso, si la interacción siguió y realmente nos interesa, recomendamos volver a intentarlo sutilmente un poco más tarde. Muchas veces lo que ella está queriendo es sentirse realmente deseada. En ningún caso, jamás, nos volveremos insistentes. "No" es "no". Pero "sí" es "sí". Y si hacemos las cosas bien y nos preocupamos por comprender sus emociones, nuestra vida estará llena de "síes".

### Numberclose & Facebookclose & Instagramclose

Distintos modos de *closear* una interacción sin *kissclose* previo:

– *Numberclose:*

**1.** Olvidos.
"Intercambiemos información, creo que dejé el teléfono en el auto, **haceme una llamada perdida**".

**2.** Máquina sexual.
"Dejáme que te anote mi nombre, porque el apellido es raro..." (agendar un apodo como **"sex machine"** o alguno similar que resulte divertido, para que ella vea ese nombre en pantalla cuando reciba nuestro llamado).

**3.** Memoria selectiva.
**"Soy muy bueno memorizando números.** ¡Vas a ver! Decime tu número de celular y lo recordaré" (apenas se aleje, anotarlo en el teléfono).

– *Instagram/Facebookclose*:

**1.** Cocktail.
"Intercambiemos información así te llegan las **invitaciones para los próximos eventos que haga**, anotá en mi teléfono tu número de móvil."

**2.** Foto etiqueta.
"Agregáme ahora y **te etiqueto**" (en un dispositivo con Internet para que nos agregue en el momento).

**3.** Carta navideña.
"Es una pena que ya nadie usa su e-mail para escribir cartas. Pasáme el tuyo y **prometo enviarte una tarjeta para Navidad**".

> **Field Report**
> ⋯⋅> Mariano.
>
> **El juego.** En este FR, vemos cómo Mariano debe aplicar varias rutinas de *kissclose* para lograr niveles de *complicidad* óptimos en su objetivo y llegar una ONS (del inglés *one night stand*, ver glosario).

## *Kisscloses* en festival de jazz con actriz de teatro

❝La conocí hace un par de años en un curso de teatro. Es actriz, ha participado en varias obras e incluso en alguna película. El miércoles me la crucé en el centro al salir del trabajo y, charla va charla viene, comenté que acababa de mudarme, que desde mi balcón se ve el Teatro Nacional y que el fin de semana siguiente habría ahí un festival de jazz. "Yo voy a ir, seguro", le dije.

El sábado, yo estaba en el festival y llegó ella con su hermano. Al ver eso, me relajé un poco y durante la primera hora no les di demasiada importancia; había muchos conocidos míos por allí. Después de un rato largo de estar con mi gente, decidí intentarlo. Nos *aislamos* fácilmente, quedamos sentados juntos en un banco, mucha química, pero cada vez que intentaba mirarla a los ojos para observar su reacción, ella desviaba la vista. Aun así, se quedaba conmigo, a pesar de que mi carga lasciva era notoria. Entonces decidí probar el método del perfume para el beso.

–Qué rico tu perfume, quiero olerlo...

Ella me ofreció su cuello. Comencé a aspirar su perfume desde la base, hasta que quedamos cachete con cachete y le di un beso corto. Sonrió y me dijo:

–No, no hagas eso, no podemos, está mi hermano por ahí.

Hice uso de la frase mágica "Te entiendo" y seguimos hablando, pero paré con el contacto físico. A los pocos minutos, le dije:

–¿Y tu hermano?
–No lo sé.

–Ah... Mirá, no oliste vos mi perfume, es buenísimo...

Le ofrecí mi cuello, ella se acercó a olerlo y nos dimos un beso.

–Mariano, igual cuidado que está mi hermano, no quiero que nos vea.

–Entiendo... ¿vamos a comprar algo para tomar?

En el camino a un bar, el hermano vino a despedirse de nosotros, así que antes de que se fuera, le dije:

–Eh, tu hermana me está acosando, ¿qué hago? (¡Jaja!).

–Y, bueno... ¡aprovechá!

¡Qué genio el hermano! Con su aprobación ya era otra cosa. Al menos para ella...

Nos quedamos tomando algo y en seguida estábamos a los besos.

Yo estaba pensando en irnos a mi casa, pero ella me decía constantemente:

–Esto va a quedar acá, solo unos besos, si queres, andá a seducir a otra.

A lo que yo respondía:

–Ok, que quede donde quede, pero yo hoy quiero a seducirte a vos...

Un rato después le dije:

–¿Vamos a ver cómo se escucha el festival desde mi balcón?

–Dale.

El resto de la noche quedará solo en nuestros recuerdos. Actriz, Aven... ¡Acción! 》

# Capítulo 18

## Lectura en frío
*El circo de las mujeres siempre depiladas*

> *Somos, en el fondo, un manojo de emociones primarias que intentamos domar infructuosamente.*
>
> **Diego Golombek**

Dale Carnegie, en su famoso libro *Cómo ganar amigos e influir sobre las personas*[1], demuestra con datos estadísticos que, para cualquiera, el tema de conversación más apasionante es, sin duda, uno mismo. Un análisis de las comunicaciones de la época en que escribió su libro (1936) arrojó como resultado que la palabra más pronunciada por la mayoría de las personas es "yo". Sostiene Dale: "Si usted se interesa en los demás, puede ganar más amigos en dos meses que los que ganaría en dos años si intentara que los demás se interesaran en usted". En una analogía con el juego de la seducción, obtendremos más resultados en dos meses enfocándonos en conectar con las mujeres con las que interactuamos que los que obtendríamos en dos años si solo nos enfocáramos en intentar agradarles. No se trata de demostrar lo geniales que somos, sino de que sus emociones las impulsen a estar con nosotros.

Todos valoramos cuando alguien nos hace notar un aspecto de nuestra personalidad o una característica que poseemos que nos agrada. Para intentar recrear esa experiencia emocional que se genera cuando una persona describe con precisión un elemento de nuestra forma de ser que nos enorgullece,

---

[1] Carnegie, D. (1996). *Cómo ganar amigos e influir sobre las personas*. Rosario: ELEVEN. Biblioteca del Nuevo Tiempo, versión digital de la 104ª edición.

tras un intenso análisis hemos delineado el perfil psicológico arquetípico del lector promedio de este libro y decidimos llamarlo "aventurero". A ver cuántos nos sentimos identificados con este perfil de hombre que sale en busca de desafíos y soluciones:

*Como aventurero, tienes una gran necesidad de sentirte apreciado e incluso admirado por otras personas, aunque eso no impide que puedas llegar a ser muy crítico y exigente contigo mismo. Con frecuencia sientes que tienes muchas capacidades no utilizadas aún en tu provecho y, aunque reconozcas algunas debilidades en tu personalidad, generalmente eres capaz de compensarlas con tu habilidad para mantener las apariencias. Seguramente buscas cierta cuota de cambio y variedad en tu vida, aunque muchas veces te sientes incómodo cuando se te encierra con limitaciones o demasiadas reglas. Más de una vez te has encontrado en problemas por ser demasiado franco y mostrarte ante otros tal como eres. Aunque en ocasiones puedas volverte introvertido o reservado, lo cierto es que cuando te sientes cómodo en tu ambiente social, eres extrovertido y sociable. La seguridad es una de tus principales metas en la vida.*

El texto que antecede se denomina *lectura en frío* (*cold reading*) y nada tiene que ver en realidad con el perfil psicológico del lector de este libro. O sí, mejor dicho, porque guarda relación con el de cualquier persona sobre la faz de la Tierra. Se le han dado a leer estas líneas a cientos de personas que debían evaluar, en una escala del cero al cinco, cuánto se acercan a su visión personal de sí mismos. El número promedio obtenido fue 4,26.

Los resultados de esta técnica reciben el nombre de "efecto Forer", pues fue Bertram R. Forer, un psicólogo estadounidense, quien en 1948 escribió las líneas sobre los "aventureros" que transcribimos más arriba. El "efecto Forer" ha demostrado que la gente tiene tendencia a aceptar descripciones generales de su personalidad sin darse cuenta de que las mismas podrían aplicarse a casi cualquier persona.

Se conoce con el nombre de *lectura en frío* a las diversas técnicas empleadas para que un sujeto persuada a otros de que sabe mucho más acerca de ellos de lo que realmente sabe.

## La *lectura en frío* en el juego de la seducción

Podemos utilizar técnicas de *lectura en frío* generalmente de A3 en adelante, con el fin de generar conexión. Es un recurso ideal para potenciar test de personalidad, como el del cubo o el de los anillos.

Para realizar una buena *lectura en frío* y lograr que resulte lo más personalizada posible, lo primero que debemos hacer es observar a nuestro *objetivo* y recoger las pistas más sutiles que ella pueda transmitir acerca de sí misma: su forma de vestir, sus accesorios, sus movimientos, su lenguaje corporal en las interacciones, su forma de relacionarse con los grupos y con nosotros. ¿Es extrovertida o parece más bien una mujer reservada? ¿Propone constantemente algo que hacer o se suma a los planes que formulan otros? ¿Parece gustarle más el tango que la música electrónica? ¿Baila? ¿Usa ropa sensual o se viste con estilo casual? Sin duda, esos elementos nos brindarán muchos datos e información acerca de su personalidad.

## Cómo estructurar una *lectura en frío*

Lo primero que tendremos en cuenta en una *lectura en frío* es que debemos ser positivos y decir siempre lo que la otra persona desea escuchar. Repetimos: decir siempre decir lo que la otra persona desea escuchar.

Todos tenemos cierta tendencia a aceptar descripciones positivas acerca de nosotros: existe una relación directa entre ellas y nuestro deseo de que sean verdaderas. Es más, todos tendemos a rechazar las declaraciones negativas acerca de nosotros, aunque sean acertadas, y a aceptar las positivas, aunque no sean del todo correctas.

Si, por ejemplo, percibimos que se trata de una mujer tímida, de nada serviría decirle: "Algo me dice que sos tímida", pues seguramente no es un rasgo que la enorgullezca en particular. Sin embargo, basándonos en el "efecto Forer", podríamos, decirle: "¿Sabes qué? Algo me dice que, aunque en ocasiones puedas parecer introvertida o incluso tímida o muy seria, lo cierto es que cuando estás cómoda y en confianza sos súperagradable, sociable y muy divertida. ¿Cierto?". Se trata de una afirmación válida para la mayoría de las personas, así que seguramente resultará verdadero.

Veamos algunas claves importantes para realizar una *lectura en frío* de alto impacto:

1. **Soporte**

    Debemos emplear un soporte que otorgue credibilidad a nuestro *cold reading*. La idea no es predecir el futuro o adivinar el pasado de nadie; no queremos aparentar tener superpoderes sino conocimiento de psicología y, sobre todo, de la persona que tenemos enfrente. Por eso, si vamos a decirle a alguien algo acerca de su personalidad, será mejor que tengamos algún fundamento para hacerlo. Nuestro soporte o base podría ser, por ejemplo, la forma en que habla con nosotros y se relaciona con los demás, los colores en su ropa, su estilo. También podemos recurrir a su mirada o al modo en que resolvió una situación imprevista. Todo puede servir, dependiendo de nuestra interlocutora. Puede que una mujer más esotérica prefiera escuchar que dedujimos algo de ella por las líneas de su mano o por su "energía", en tanto una chica de ciencias valorará más que nos apoyemos en su cultura, su forma de vestir o en la psicología.

2. **El *yin* y el *yang***

    Todos poseemos características duales en nuestra personalidad. Veamos dos ejemplos típicos de *lectura en frío* que citamos anteriormente:

*–Un aventurero, cuando se siente cómodo en su ambiente social, es extrovertido y sociable, aunque en ocasiones puede volverse introvertido o reservado.*

*–Los aventureros suelen tener una gran necesidad de sentirse apreciados e incluso admirados por otras personas, aunque eso no impide que puedan llegar a ser muy críticos y exigentes consigo mismos.*

Reconocer esos polos de la personalidad permite siempre hacer una buena *lectura en frío*. Los opuestos constituyen aquello que nos hace interesantes; sin ellos seríamos aburridos, previsibles, siempre iguales. Si una mujer comenta que le gusta el campo y nosotros le decimos: "Algo me dice que sos de esas personas que disfrutan un buen día de sol, el rocío de la mañana y el olor del pasto recién cortado", no estaríamos descubriendo nada que ella no nos haya dicho, que es lo que se busca para sorprender y conectar con una *lectura en frío*. Busquemos lo opuesto al sol, el campo y la naturaleza, y ahí sí diremos algo de ella que ella no ha comunicado; así estableceremos las bases de una conexión. Por ejemplo:

*–Es obvio que sos una persona que disfruta de estar al aire libre y en contacto con la naturaleza, pero algo me dice que también te encantan las noches de lluvia en la ciudad si estás bien acompañada, mirando una película con el ruido de la tormenta que llega desde la calle.*

¿Quién no disfruta de un momento de ese tipo?

3. **Enunciación**

Por más verdadero o positivo que sea nuestro comentario, si le decimos "Sos realmente muy sensible", dejamos abierta la posibilidad de que ella responda "Eso no es cierto".

Por eso, no debemos ser excesivamente asertivos en nuestras afirmaciones dentro de una *lectura en frío*, para evitar una respuesta categóricamente negativa a nuestra descripción. Según el grado de seguridad que tengamos, podremos enunciar nuestras conclusiones de maneras diferentes, precedidas de atenuantes como "casi nunca, casi siempre, en oportunidades, frecuentemente, por momentos, usualmente, la mayor parte de las veces, un aspecto de tu personalidad", etcétera.

Por ejemplo, en la siguiente oración utilizaremos la palabra "podés":

*–Apenas te conocí, con sinceridad, creí que eras algo cínica, aunque ahora que te escucho hablar de tu hija me doy cuenta de que podés ser muy dulce. Creo que detrás de ese corazón negro hay un diamante en bruto que espera ser pulido.*

### 4. Falsa especificidad

Consiste en hacer que una característica que asignamos a una persona parezca específica para ella, aunque en realidad se traten de rasgos generales de personalidad, comunes a muchísima gente. Simplemente, a lo que vamos a decir le anteponemos lo contrario y se lo adjudicamos a la mayor parte de las personas. Supongamos que hablamos de las amistades:

*–Me parece que la mayor parte de la gente no tiene en cuenta la importancia de hacer buenos amigos, pero vos te mostraste como alguien que entiende ese valor y cuida a quienes quiere. ¡Brindo por eso!*

Aquí, queríamos hablarle de cómo ella valora la amistad, algo de lo que todos estamos orgullosos. Pero primero le señalamos que la mayor parte de la gente no sabe hacerlo; así, damos la idea de que ella (y nosotros, que le propusimos brindar por eso) poseemos algo que escasea en general. Se trata de buscar lo que queremos decirle y oponerlo a una mayoría imaginaria.

5. **Falsa especificidad II**

   Recién vimos la importancia de diferenciar a nuestro *objetivo* del resto de las personas. Ahora, aplicaremos el principio de la *lectura en frío* para marcar una distancia entre lo que nosotros percibimos en ella y lo que ven todos los demás. Supongamos que esta mujer se muestre súperexpresiva, locuaz, atrevida.

   *–¿Sabés qué? Aunque la mayor parte de la gente vea en vos la elocuencia y frivolidad divertida que mostrás, percibo algo en tu forma de comunicarte que me dice que sos también muy sensible respecto de los demás. Y aunque ahora te estás riendo y la pasás muy bien con todos, apuesto a que cuando volvés sola a tu casa generalmente vas repasando detalles de la noche, como que una amiga tuya parecía no estar del todo bien...*

   Se trata de encontrar lo positivo de ella que queremos remarcar y contraponerlo a lo que la mayor parte de la gente podría pensar de ella: *"Mientras la mayor parte de la gente que te ve piensa que sos X, a mí me parece que sos Y".*

   En este caso, procuramos remarcar su sensibilidad y afirmamos que la mayor parte de la gente seguramente solo nota en ella su frivolidad. Así, nos mostramos como capaces de apreciar cualidades suyas que permanecen ocultas para otros.

6. **Enunciar con seguridad buscando la aprobación**

   Buscar la aprobación significa no monologar. Si algo que decimos es recibido con una sonrisa, nos proporciona una excelente oportunidad de preguntarle: "No me equivoco, ¿cierto?". Si ella responde positivamente a una pregunta retórica, se fortalece la idea de que existe una conexión entre los dos, porque la comprendemos. Además, si ya ha respondido afirmativamente a todas nuestras últimas preguntas, es muy probable que la siguiente obtenga idéntico resultado, más allá de su contenido y del momento del juego en que la formulemos.

Preguntar no significa mostrarnos dubitativos acerca de nuestras observaciones. Indagamos o buscamos la afirmación cuando sabemos que dirá que sí. Pero si nos mostramos inseguros en esa instancia, ella lo notará y lo más probable es que nos conteste con un tibio "Puede ser...". Es preciso que confiemos siempre en lo que vamos a decir y lo aseguremos con certeza.

7. **Atención extrema**

Para aprender, tenemos que experimentar. Y para experimentar, debemos estar atentos.

No es lo mismo, por ejemplo, hablar con una mujer de cuarenta años que con una de veinte. Probablemente, a una de cuarenta le siente mucho mejor una frase del estilo:

- *Estoy casi seguro de que, de vez en cuando, te surgen dudas con respecto a las decisiones que tomaste a lo largo de tu vida, pero también te siento orgullosa de tu forma independiente de pensar.*

En cambio, a una mujer de veinte años es posible que le cale más hondo una frase del estilo:

- *Pareces muy segura; creo que has debido asumir responsabilidades importantes en los últimos tiempos, incluso algunas que no son tan comunes en una mujer de tu edad.*

Todos, a los cuarenta años, sentimos que quizás nos hemos equivocado en algo, pero igual estamos orgullosos de nosotros mismos. Y casi todos, a los veinte, creemos que hemos madurado repentinamente y nos sentimos muy bien con eso. Pero sentir algo no es lo mismo que expresarlo ni que tener conciencia de ello. Y si somos nosotros quienes le hacemos ver a esa persona las cosas que la enorgullecen de su vida, probablemente nos recuerde positivamente y seamos una compañía de su agrado.

Siempre estamos atentos. En primer lugar, para ver cómo reacciona ella a lo que decimos. ¿Está entrecerrando los ojos o los tiene completamente abiertos, con las cejas levantadas? ¿Está de brazos cruzados o tomó nuestra mano? Su lenguaje corporal nos revelará si estamos bien encaminados y lo mismo sucederá en todas las etapas del juego.

Por otro lado, estar atentos es la única forma que tenemos de descubrir algo nuevo en una persona, un rasgo más allá de lo superficial. ¿Dijo ella que había nacido en otro país? ¿Es la hermana mayor, la menor o es hija única? Si preguntamos acerca de esto será bueno que recordemos sus respuestas, pero es mucho más efectivo utilizar datos que podamos extraer naturalmente de la charla (sin hacer preguntas) y luego usarlos en el juego.

8. **La mujer "No, no es así para nada"**

Habrá casos en que ella siempre niegue lo que decimos, sea positivo o negativo. ¿Qué hacer?

Una mujer así, sin dudas, no está disfrutando de nuestra *lectura en frío*. Lo único que puede escuchar que le siente bien es algo como:

–*Me equivoqué con vos... Evidentemente, sos una mujer que odia que la clasifiquen o encasillen, y me parece perfecto.*

### Lectura en frío

Aplicar técnicas de *cold reading* puede hacer que nuestro juego resulte extremadamente potente en la conexión emocional, clave para un proceso de seducción exitoso. He aquí siete elementos para estructurar un *cold reading* adaptado a nuestro juego:

**1. Ser positivos.**

Todos tendemos a rechazar las declaraciones negativas acerca de nosotros —aunque sean acertadas— y a aceptar declaraciones positivas, incluso si no son del todo correctas. Entonces, digámosle a ella siempre lo que desea escuchar.

**2. Utilizar un soporte.**

Sea cual fuere el caso, es necesario encontrar una razón plausible para poder decirle algo acerca de su personalidad.

**3. Buscar los opuestos.**

Los contrarios nos constituyen, son aquello que nos hace interesantes; sin ellos seríamos aburridos, siempre iguales.

**4. No ser categóricos.**

Es útil enunciar nuestras *lecturas en frío* precediéndolas con expresiones atenuantes, como "casi nunca, casi siempre, en ciertas ocasiones, frecuentemente, por momentos, usualmente, una parte tuya", etcétera.

**5.** Falsa especificidad.
Cuando afirmamos algo sobre su personalidad, deberemos anteponerle lo contrario y adjudicárselo a la mayor parte de la gente.

**6.** Falsa especificidad II.
Marcar una diferencia entre lo que nosotros vemos en ella y lo que ven los demás.

**7.** Buscar la aprobación y expresarse con seguridad.
No monologar. Buscar la interacción y afirmación de su parte sin dudar.

> **Field Report**
>
> ⇢ Matt.
>
> **El juego.** En este FR, Matt utiliza técnicas de *valor único* y *lectura en frío* para generar una conexión emocional profunda con su o*bjetivo*.

## Playa & *hostel* en Río con sexo a escondidas

❝Todo esto sucedió en Rio de Janeiro, adonde viajamos con Martín luego de nuestra gira de talleres por Latinoamérica. La noche que corresponde a este reporte compramos unas cervezas para hacer la previa en los espacios comunes del *hostel* en el que teníamos habitaciones individuales. Invitamos a los demás huéspedes a unirse a nosotros y algunos aceptaron; entre ellos, una chilena muy muy linda para mi gusto, una de esas bellezas exóticas difíciles de encontrar: morocha de larga cabellera y unos ojos verdes hipnóticos, me hacía recordar al personaje de Pocahontas, así que la llamaré de ese modo. En medio de la ronda, alguien reconoció a Martín porque lo había visto en televisión y no lo podía creer. Inmediatamente surgió una charla de varios minutos acerca de si es posible aprender a seducir. A todo esto, Pocahontas no nos creía y lo único que hacía era criticarnos. Empezamos a explicar todo de la mejor manera y le contamos cómo, aplicando una buena técnica, los hombres pueden mostrar lo maravillosos que son y lograr así estar bien con quien deseen. Ella entonces empezó a moderar un poco su postura radical.

En un momento, se sentó a mi lado y empezamos a hablar, ya en etapa de conexión. Por algún motivo, la mayor parte de la gente había salido al jardín y quedamos casi solos. Me di cuenta de que estaba en una situación inmejorable para besarla y decidí intentarlo. El hecho de que ella supiera que yo era Coach TTC en una academia de seducción hizo que se le activara el *factor fulana*: no quería ser una chica predecible. Me lo dijo claramente.

– No me gusta lo que hacen.
– ¿Qué cosa?
– Y..., si ustedes son profesores de seducción, eso significa que pueden usar a las mujeres, engañarlas y acostarse con las que quieran. Tengo miedo que estés usando tus técnicas ahora...

Yo quería besarla, la deseaba, así que tenía que empezar a generar *valor único*, conexión urgentemente:

–Estás muy equivocada. ¿Vos querés saber si puedo generar atracción en casi cualquier mujer con la que lo intente? Sí, la verdad es que puedo hacerlo y eso me permite elegir. Y si estoy sentado acá con vos, ahora, es porque me pareciste una gran persona y quiero conocerte un poco más. Para que te quedes tranquila, te cuento que hace tres años tuve al amor de mi vida a diez centímetros de mi cara y no pude siquiera pronunciar una palabra, así que con eso te digo todo...

Al nombrar un antiguo amor, lo que quería era poder preguntarle por la última vez que había estado enamorada, para comenzar a conectar con ella íntimamente.

–Y vos... ¿cuándo fue la última vez que estuviste enamorada?

–Hace cuatro meses.
–¿Y, qué sentías? ¿Cosquillas en la panza y todo eso?

Se puso en estado emocional y empezó a describirme sensaciones.

–Sentía una energía en las manos, calor en el cuerpo y me palpitaba muy fuerte el corazón.

–¿Ves? Hasta hace unos minutos te mostrabas como una mujer escéptica, fría... pero alguien así no podría sentir todo esto que me estás contando. ¡Jamás! Sé que, aunque muchos solo ven tu máscara distante, vos en realidad sos una chica muy sensible y capaz de confiar en otros cuando estás cómoda. Me gustaría que ahora realmente sientas eso y me aprietes fuerte la mano y me lo transmitas, porque esa sensibilidad y capacidad de conectar con otros es algo increíble, que no todos poseen.

La *validé* y creé una conexión fuerte con ella; sin duda había algo entre nosotros. De fondo se escuchaban gritos y la excitación que la presencia de Martín había producido en la gente del *hostel*. Para colmo, él comenzó a realizar sus imponderables magias y se escuchaban chillidos de sorpresa, júbilo e incredulidad. Mientras tanto, como en una realidad paralela, nosotros dos estábamos de la mano, hablando del amor.

La miré a los ojos y comenzamos a besarnos. Después salimos a caminar un rato por la playa y le anuncié que dormiríamos juntos y abrazados. No me contestó nada, asumí que era un sí.

Ya en el *hostel*, la tomé de la mano y fuimos directo a mi habitación. ¡Alegría *nao tem fim*! 》》

Capítulo

# 19

## *Kinoescalada* y tacto voluntario
*Todas las miradas conducen a su escote*

> No hay amor sin instinto sexual. El amor usa de este instinto como de una fuerza brutal, como el velero utiliza el viento.
>
> **José Ortega y Gasset**

Al llegar a este punto del libro, confiamos en que el lector ya haya podido experimentar las primeras fases del juego. Si es así, probablemente también haya utilizado alguna de las técnicas que desarrollaremos en este capítulo, que se agrupan en lo que llamamos *kinoescalada* o *kino*: el contacto físico con ella.

Una de las claves para utilizar *kino* en nuestro juego radica en que su uso será la fundamental para no caer en "zona de amigos".

Antes de pasar a ver algunas rutinas que utilizaremos muy frecuentemente y serán parte activa de nuestra *toolbox* (o *caja de herramientas*), delinearemos brevemente el modo de practicarlas.

*Kino* proviene del término *kinestesia*, que se forma de dos voces griegas: *kinesis*, "movimiento" y *aisthesis*, "sensación". Podemos decir que se relaciona con percepciones en el cuerpo, que se transmiten como información al sistema nervioso central.

En el ámbito de la seducción, utilizamos *kino* para denominar todo lo que es contacto físico y también su proyección emocional. Lo consideramos un tipo de *inversión* y también una forma de *levantar temperatura*. Además, funciona como un medidor importante de los niveles de *confort*. Por eso, los hombres con más dominio de la seducción habitualmente tocan a la gente con la que poseen confianza, buscan el contacto físico, sea cual fuere el motivo. Van desde un saludo con fuertes palmadas en la espalda hasta un cálido apretón de manos. Lo que ellos hacen es acostumbrar su tacto a la situación de *kino* para que, en caso de surgir la posibilidad de iniciar una *kinoescalada* con una mujer, esta no resulte torpe o improvisada.

Por otro lado, es raro (por no decir inoportuno) besarse con una mujer sin haberse tocado mínimamente con anterioridad; es antinatural, forzado y resulta en movimientos bruscos. El famoso y torpe "choque de cabezas" proviene del intento de besar a alguien sin la *complicidad* adecuada en *kino*. Tanto es así que, hasta adquirir confianza, seguridad y precisión en el tacto, preferimos comenzar *levantando temperatura*, que es una técnica menos invasiva.

## A subir el termostato

Llamamos *levantar temperatura* a hablar sobre sexo de forma impersonal y relajada. Un hombre de alto VSR se refiere a este tema con naturalidad, pues para él es habitual y cotidiano. No parece desesperado por tener relaciones ni falto de información. Tampoco pretende influir directamente en su interlocutor mediante una conversación de índole sexual, salvo que se encuentre en algún punto entre C3/S3, donde es absolutamente normal hablar de sexo intencionalmente. A algunas mujeres podría incluso resultarle extraño no hacerlo.

Entre ellas, hablar de sexo generalmente no es tabú, sino más bien la norma. Basta con leer cualquier revista o mirar los programas de televisión en los que se conversa abiertamente sobre masturbación femenina, orgasmos, juguetes eróticos y otros temas similares. ¿Por qué, entonces, la mayor parte de las mujeres habla tan poco de sexo con los hombres? Sencillamente, es parte de su *escudo de protección*: temen que ellos puedan interpretar eso como una propuesta.

Sin embargo, al incluir sutilmente el tema en nuestras conversaciones, percibiremos cuán habitual puede ser para una mujer hablar de sexo; eso nos hará sentir más distendidos al incursionar en este tipo de diálogo. Obviamente, debemos ser capaces de diferenciar el efecto que puede tener la pregunta: "¿Podrías explicarme qué es un clítoris, por favor?", de una afirmación como "¡No hay mujer en el mundo que no tenga orgasmos clitorianos!". Mientras la pregunta nos haría parecer adolescentes inexpertos, la afirmación –sin ser un poema de Shakespeare– implica un conocimiento y una postura que es manifestada estratégicamente con una enunciación impersonal. Nosotros no podemos decirle a ella: "Creo que no tenés orgasmos clitorianos" o "No los tenés porque nunca estuviste conmigo, nena". En primer lugar, eso bajaría nuestro *valor relativo* (revelaría desubicación, soberbia y vulgaridad) y además generaría el *factor fulana* (ver Capítulo 13), dos razones de peso para que ella finalice la interacción. Por eso, al hablar de sexo utilizaremos términos genéricos, como "las mujeres" y "los hombres", para que resulte impersonal.

Plantear los temas de modo impersonal nos brinda la oportunidad de avanzar con preguntas más arriesgadas, que pueden *levantar temperatura*, sin dejar a ninguna de las partes en una posición socialmente incómoda y sin que manifestemos un interés excesivo por ella. Podemos hablar de posiciones en la cama, tamaños o disfraces. Cuando un hombre y mujer a solas comienzan a hablar de sexo libremente, allí subirá la temperatura.

Ahora bien, desde el comienzo del libro hemos resaltado la importancia de no demostrar interés sexual y eso es algo que debemos tener muy presente en las primeras etapas del juego. Pero llegado el momento adecuado, cuando ya se ha generado la *atracción* suficiente como para seguir avanzando, debemos llevar la interacción hacia ese plano con inteligencia. No hacerlo constituiría una falla en nuestro juego y no estaríamos respondiendo en forma correcta a la *inversión* realizada por la mujer al estar empleando su tiempo en nosotros.

## Tensión sexual

La tensión sexual es como una banda elástica: si la estiramos demasiado, se rompe; cuando esto ocurre, generamos el *factor fulana*. La mujer se siente mal; nosotros, ansiosos; hay algo en la *calibración* de la interacción que no resultó bien y ella decide irse a probar a otro lugar, con otro hombre. ¿Qué ocurrió? Habíamos generado *atracción* suficiente, habíamos *levantado temperatura*, nuestro *valor* estaba alto, ella respondía a nuestros *test de complicidad*, hicimos la correspondiente escalada en *kino*, medimos sus niveles de *inversión*, la *aislamos* y, cuando teníamos que besarla... no lo hicimos, no nos animamos. La respuesta es simple: demasiada tensión sexual, rompimos la bandita elástica por no avanzar cuando era necesario hacerlo. Ella se levanta del sofá y se va. Se siente incómoda, ha pasado de sentirse emocionalmente segura a tener una sensación de riesgo. Ya no está excitada sino confusa. Cualquier intento de besarla en ese momento representará un grave error y llevará inevitablemente a un rechazo, ya que hemos cruzado el umbral de *confort* y alcanzado el punto en donde la interacción comienza una abrupta caída libre hacia su contrario.

Lo mismo sucede si no generamos tensión sexual. En realidad, nada sucede. Si ella no *invierte* en la interacción y nosotros no nos dedicamos a generar esa *inversión*, sentirá que el riesgo que corre por abandonar la interacción es igual a cero. Una vez que perdemos de vista el camino hacia el *objetivo* es casi imposible recuperarlo: ella sentirá que simplemente no hay atracción, pues no hay tensión sexual.

Sin tensión sexual, la banda elástica nunca experimenta la presión del *push & pull*. Para la mujer, entonces, *aislarse* con nosotros será un mero acto de comodidad: no experimentará ninguna sensación de vértigo físico ni emocional. Y, si intentamos besarla, se negará (¡y con mucha razón!) por lo antinatural que le resultará esa situación. De ese modo, aceptará como *marco* general de la interacción que ambos estamos conociéndonos mejor y que podríamos llegar a ser "buenos amigos". La falta de tensión sexual es la excavadora con la que se perfora el profundo pozo de la "zona de amigos".

Para un Aven, la posibilidad de ser arrastrado a la relación amistosa no existe, a no ser que se la busque intencionalmente. La escalada en *kino* y el hecho de *levantar temperatura*, unidos a la previa generación de *atracción* y conexión, permiten que ella sienta que seguiremos avanzando. En este momento de la interacción, es importante que ella conozca nuestras intenciones. Con esa perspectiva, si hemos jugado con inteligencia y una mujer rechaza el *aislamiento*, sabremos rápidamente por qué lo hace. Lo que de seguro no ocurrirá es que ella acepte *aislarse* para meternos en zona de amigos, porque le hemos dejado en claro qué es lo queremos.

## Rutinas de *kino*

Para aplicar las rutinas de *kino* que describiremos a continuación es necesario tener en cuenta algunas consideraciones generales.

En primer lugar, el contacto físico social debe ser para nosotros tan natural como la comunicación verbal. Si nos sentimos raros tocando a una mujer, ella lo percibirá. Por eso, sin perder la elegancia, es importante mantener el contacto físico social cotidianamente, en todas las situaciones de la vida diaria, con el fin de lograr cada vez más seguridad. El primer toque siempre debería ser muy sutil, quizá el dorso de la mano con su antebrazo o un "choque los cinco" ante algún comentario que lo merezca. Si ella se muestra cómoda, podremos pasar a hacer contacto con la palma de la mano sobre la suya o sobre su cintura por pocos segundos. Luego vendrán los semiabrazos, abrazos, roces y, por supuesto, el beso, que es parte de la *escalada*.

En segundo lugar, tenemos que asumir cualquier toque que hagamos como un acto intencional porque, como acabamos de decir, lo consideramos natural.

Tampoco esperaremos a que sea ella siempre quien comience a tocarnos. Crearemos una suave *escalada* que nos acerque paso a paso a responder a su *inversión*, acostumbrándonos poco a poco al contacto físico entre ambos.

Por último, debemos usar todo el tiempo *push & pull*: soltar y alejar. Esto es "tocar e irse". El *kino* continuo (como puede ser apoyar la mano sobre el hombro de alguien durante varios segundos) genera *disconfort*, salvo que sea correspondido con un gesto similar. No perseguimos el fin de ganar espacio sobre el físico de otra persona; nuestra *escalada* se basa en avanzar y retroceder para generar confianza y comodidad. Dos pasos adelante, un paso atrás.

Recordemos que cualquier rutina de *kino* constituye un *test de complicidad*. Por lo tanto, puede usarse como medidor y su *complicidad* implica *inversión*.

Sin perder de vista estos conceptos generales, veamos algunas rutinas muy efectivas de *kino*, clasificadas según la fase del juego en la que pueden aplicarse.

### A1/A2: Saludos

Es útil comenzar nuestras interacciones con un choque de palmas o puños. Será interesante ver cómo esto en sí mismo implica un IDI (cuando las manos se tocan) y un IDE (cuando se alejan). Este es el *push & pull* que necesitaremos aplicar en toda rutina de *kino*, solo que en esta etapa inicial se dará de una manera sutil, ya que todavía no contamos con suficiente *complicidad*.

Imaginemos qué diferente sería nuestro juego si, apenas conocida una mujer, nos pusiéramos a jugar con ella a diseñar la mejor manera de saludarse, por medio de un juego de manos. De ese modo, además, crearíamos la oportunidad para dar valor a la interacción, *neguearla*, generar complicidad y dejar el *set* abierto. Sin duda, nos aportaría muchas ventajas. El saludo puño/puño tiene las mismas propiedades y es internacionalmente aceptado. ¡A probarlo!

Según la cultura del lugar, saludar con un beso en la mejilla puede ser más invasivo y debería utilizarse en momentos posteriores del juego (cuando ella se presenta con su nombre o cuando estamos en *confort*) para crear conexión.

## A2/A3: Abrazos, baile, manos

Todo lo que tenga que ver con el uso de las manos servirá para avanzar en nuestra *escalada*: rutina del test de los anillos, test de confianza, lectura de manos, etcétera. Bailar con ella en esta fase de la *escalada* también puede contribuir a generar atracción; por algo el baile (salvo que sea una balada "mejilla con mejilla") no se considera *confort*, sino más bien una forma de avanzar en A2 y A3. Lo que más se utiliza en él son las manos. El resto del cuerpo, dependiendo el ritmo, el espacio y la situación, cederá en tanto la pareja de baile se conozca o no.

Dar un abrazo es una buena rutina, teniendo siempre en cuenta que en esta etapa del juego no debe durar más que breves segundos. Es un recurso perfecto para A3. Genera *valor único*. También es un *role play* y nos permite *neguearla* o premiarla, según cómo ella abrace. Pero, sobre todo, sustenta la creación previa de comodidad que luego puede solidificarse en *confort*.

Otra rutina que incluye un abrazo es la de "sos como mi hermanita menor"; en la que, con una sonrisa y tras pronunciar esa frase, acercamos a la mujer lateralmente a nuestro pecho u hombro y la abrazamos. Inmediatamente, la alejamos de nosotros con alguna expresión como: "¡mentira!", y repetimos la rutina una segunda vez. Es importante aquí emplear el concepto de *push & pull*. Esta rutina es prácticamente un comodín, ya que puede utilizarse en casi cualquier momento, ¡sobre todo cuando la mente nos queda en blanco!

Zamarrearla con suavidad también está incluido dentro de esta etapa. Nos permitirá *neguearla* por algo que ella haya dicho recientemente y mostrarle que nosotros tenemos el control de la interacción, el *control del marco* en el que esta se desarrolla. El zamarreo no requiere de mucha fuerza ni de habilidad motriz; consiste en dejar que ella mueva su cuerpo al compás de nuestras manos sobre sus hombros o brazos, que prácticamente no la sujetan sino que marcan un eje (es un movimiento suave, ¡sin violencia!). Requiere cierta *calibración*; utilizada correctamente, es una herramienta fácil de emplear y muy efectiva para entrar en contacto físico.

### C1/C2: Rostro, cabello, cuello

Correrle a ella unos mechones del rostro o sacarle una pestaña, tocándole suavemente toda la mejilla, son actitudes muy protectoras y generan *confort*, a la vez que van preparando partes sensibles de su cuerpo para nuestra *escalada* hacia el beso.

Precisamente, el beso está incluido en esta etapa y es parte de *kino*. Desde la perspectiva femenina, inicialmente constituye una oportunidad de conocerlas mejor (que también nos permite conocernos mejor a nosotros mismos), pero de ningún modo debemos interpretarlo como un pasaporte seguro al sexo. Simple matemática: si "beso" fuese igual a "sexo", ¡contabilizaríamos la misma cantidad de mujeres en ambos rubros de nuestro historial!

Es necesario aplicar todos los conceptos ya explicados para no parecer desesperados y evitar que se dispare en ellas el *factor fulana*. En esta etapa del juego, no es conveniente (ni necesario) tocarle la cola ni otra parte de su cuerpo que pueda suscitar demasiada excitación sexual (aun cuando ella esté haciendo eso con nosotros). Todo lo que deba ser resuelto en una cama, será tratado allí. De otra forma, correremos el riesgo innecesario de generar demasiada tensión sexual y perder la oportunidad de irnos con ella del *venue* o, incluso, de verla nuevamente. El momento para el sexo es C3/S1.

### C3/S1 Juegos preliminares/sexo

Esta es la situación para la *escalada* final hacía el sexo. No habríamos llegado hasta aquí si nuestra *escalada* anterior no hubiese seguido los pasos y rutinas explicados. El accionar específico de esta fase de nuestro juego se detallará en los próximos capítulos.

## Escalada en *kino*

Nuestra escalada en *kino* trazará una línea ascendente en forma de electrocardiograma. Mostrará subidas y bajadas, generalmente adyacentes a alguna rutina, que marcarán nuestro *push & pull*. Si nuestro juego no lo incluyese, resultaría previsible y le daría a ella demasiadas pistas relativas a nuestras intenciones. Nos dejaría en evidencia, permitiría que ella se replanteara su estrategia de juego y quizá también que apareciera el temor a perder su estatus social. Nosotros, a la vez, no tendríamos control sobre el marco de la interacción. Al aplicarle un *push & pull microcalibrado* (IDI+IDE), estaremos poniendo en nuestras manos la dirección de la interacción y podremos liderarla hacia nuestro objetivo de juego.

| A1 | A2 | A3 | C1 | C2 | C3 | S1 | S2 | S3 |

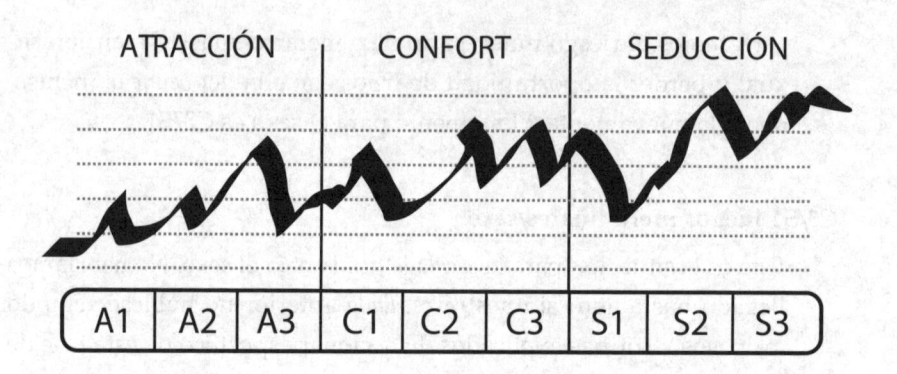

***Kino***

Seis técnicas para una *kinoescalada* efectiva:

**1. Tocar.**
Sin incomodar a nadie, practicar el contacto físico en la cotidianidad, con familiares, amigos o colegas. Calibrar el tacto en relación con la situación y la persona con la que se interactúa: las intimidaciones no caben.

**2. Avanzar siempre que podamos.**
Medir las respuestas al *kino* e incrementar paulatinamente la apuesta, sin olvidar el *push & pull*. Ser espejos físicos de nuestra propia interacción y liderar para ello. Incitar el *kino* con *role plays* o NEGs, como el clásico comodín "Ay, sos como mi hermanita pequeña" + abrazo.

## 3. Atención: manos sobre la mercadería.

Prestar atención a los toques de las mujeres. Si se producen, actuar proactivamente remarcando el contacto verbalmente o bien respondiendo con otro toque. Ignorar el toque femenino o prestarle demasiada atención son caminos directos que llevan al fracaso de la interacción.

## 4. Cero nervios, mucho tacto.

Las personas se relajan frente al tacto realizado sin torpeza. Calibrar la fuerza, la intensidad y la caricia en *kino*. Aprender a tocar es importante.

## 5. Siempre compensar con un IDE.

Es muy molesta la *kino* continua o ilimitada (salvo que ya estemos en la cama... Y aun allí el exceso puede resultar molesto). Utilicemos *push & pull* (ver Capítulo 14) en nuestras rutinas y lograremos avanzar más.

## 6. Abrazos gratis.

Esta noche o este fin de semana, ¡a regalar abrazos! A disfrutarlos y además *calibrar* cómo esto *levanta temperatura*, a la vez que genera *confort*.

> **Field Report**
> ⋯▶ Adrián.
>
> **El juego.** En este FR, Adrián comparte algunas claves para salir de la zona de amigos y también una experiencia personal.

## Masajes de inducción para salir de la zona de amigos

❮❮ "Somos buenos amigos". Una de las combinaciones que contiene la palabra que tanto nos atemoriza como seductores contemporáneos...

En mi revelador paso por la Academia LevantArte, escuché muchas veces que las mujeres me definían como "muy buen amigo" de ellas, lo que frustraba mi objetivo de avanzar en la seducción. ¿Por qué me convertí en lo que no quería ser? ¿Qué es lo que me enterró en esta categoría insufrible que me permitía tocar sus caras, pero nunca comerles la boca? ¿Cómo llegué a la posición de tener que decirle a esa mujer que apruebo al pibe que sale con ella, cuando él posee todo lo que quiero y deseo en mis sueños más calientes? ¿Qué es lo que debemos hacer para evitar caer en zona de amigos? ¿Cómo cambiar las cosas cuando nos sentimos atraídos por una mujer que pretende encasillarnos en ese rubro? Aquí ofrezco mis humildes aportes a este tema:

1- Nada de hablar de otras relaciones, a menos que sea subcomunicando.

2- Dejar de regalarle IDIs. Nada de "Qué linda que estás".

3- No dejar que ella controle la *kino*. No permitir que nos toque los pectorales o el brazo sin motivo. ¡Ni hablar de abrazos! No somos peluches inanimados, sin deseos sexuales.

4- Limitar el tiempo con ella. No pasar toda la tarde charlando pavadas: no nos importa la última anécdota de su gato. Además, dejar algo librado a la imaginación: nadie relee un manual archiconocido para divertirse. ¡Ni hablemos de extenderse en las llamadas telefónicas!

5- Salir con varias mujeres. Ninguna de ellas es más importante que otra en términos de juego; al menos, no hasta que haya un noviazgo. Los hombres que tienen varias mujeres alrededor resultan más atractivos. Transmiten su *alto valor* mediante esa subcomunicación de abundancia.

6-Mostrarnos siempre como seres sexuales. *Subir la temperatura* sin quedar como necesitados. Usar todos los recursos disponibles para no quedar en *offside*. Que ella sepa, sin que sea necesario explicitarlo, que tenemos sexo regularmente.

Cuento ahora mi experiencia con Julieta, una hermosa amiga con quien nos conocíamos desde hacía muchos años. Ella siempre formó parte del círculo de mis mejores amigos y amigas. Esto implicaba una relación estancada, prácticamente imposible de remontar.

El tema es que yo siempre había tenido ganas de estar con ella pero ya no sabía cómo encarar la situación. Después de hacer el seminario AtraXion Online, decidí incursionar en ese terreno desconocido: salir de la "zona de amigos".

Una tarde resolví intentarlo y la invité a merendar a casa. Cuando llegó, nos tiramos en mi cama y empezamos a charlar de la vida... Aproximadamente media hora después, le pedí que me hiciera unos masajes y se copó. Ahí se desvió la conversación al tema de con quién estaba saliendo cada uno. Yo pensaba cómo hacer para besarla y huir de esa charla. Intenté entonces con una rutina de *kissclose + descualificación* (que consiste en decirle que te mire y te siga la mirada de un ojo al otro y luego a tu boca; mantener esta mirada con recorrido triangular, y decir luego: "Uy... no pasa nada"). Cuando ella preguntó qué tenía que pasar, le respondí que en el curso que había hecho me enseñaron que cuando hacés mirada triangular con alguien, te dan ganas de besar a esa persona, pero que yo ya sabía que no iba a funcionar. Ella tuvo un cortocircuito, el primero del proceso. Charlamos un rato más sobre cosas personales y nuestra "relación de amigos"; entonces se me ocurrió *descualificarme* de nuevo y decir:

–¿Sabés qué es lo mejor de nuestra relación? Que hay tanta confianza que podemos darnos picos sin que pase nada.

Antes de que ella pudiera decir algo, la agarré por los brazos y la besé. Luego volví a tirarme en la cama, boca abajo y le dije:
–Dale, seguí.
–No, no... ¡Ahora hablemos!
Repetí la operación, la besé rápidamente y volví a darme vuelta:
–¿Ves? Seguí... Dale, no pasa nada.
–No, no... Si nos damos besos, significa que también podríamos hacer otras cosas y tampoco pasaría nada...

Esa fue la señal para que me diera vuelta y nos besáramos apasionadamente. Ahí descubrí que ella también había estado "juntando ganas", porque un minuto más tarde ya estaba totalmente desnuda, arriba mío, con la mirada prendida fuego.

Debo confesar que probé la misma técnica con otras amigas... ¡y funcionó siempre! 》

# Capítulo 20

## Prueba social
*Virtudes del uso de la silicona en ambientes domésticos*

> *Si vives cada día de tu vida como si fuera el último, algún día realmente lo será.*
>
> **Steve Jobs**

Al tiempo de jugar, nuestra percepción de los grupos y los sets se modificará paulatinamente. Veremos que ningún grupo está aislado, sino que forma parte de un complejo entramado que incluye al resto de nuestras circunstancias sociales, tanto en un *venue* como en nuestro trabajo o en una reunión familiar. Hasta tal punto es así que el estudio de *social proof* se adentra inevitablemente en el terreno del estilo de vida, que va mucho más allá que cualquier técnica aislada.

Más aún: todas esas técnicas se potenciarán entre sí cuando empiecen a formar parte de la red que construyamos con nuestros amigos y compañeros de juego. Resultaremos más eficaces; nuestra inteligencia social nos hará más creativos al jugar y eso se reflejará en mejores resultados, tanto en cantidad como en calidad. Este cambio de perspectiva será imprescindible cuando nos enfrentemos a la necesidad de generar *social proof* o *prueba social*, lo que inicialmente podemos interpretar como un conjunto de referencias que cualquier mujer querrá tener sobre alguien que recién conoce y que resulta atractivo, destaca. En definitiva, ellas seguramente querrán saber de alguna manera quiénes somos, y querrán saberlo en ese lugar y momento.

Desde el punto de vista de la inteligencia social, nuestra *prueba in situ* será la conexión con la gente del *venue*; nuestra identidad, la pista a seguir en caso de que las cosas salgan mal. Porque, para una mujer, continuamente existe el riesgo de ser sometida a malos tratos. Ella se protege a sí misma en el momento de conocer al hombre, no *a posteriori*.

Lo que las mujeres hacen, como parte de la *calibración* propia adquirida con los años, es buscar referencias acerca de nosotros en el sitio en donde nos conocen: con quién estamos, quiénes son nuestros amigos, si es cierto que lo son, cómo los conocimos, si es real lo que ellos dicen de nosotros, si es verdad lo que les contamos hasta ese momento, etcétera. *Congruencia*. Las redes sociales e Internet las ayudan a obtener esta información y el auge de las mismas proporciona a las mujeres un instrumento más para no equivocarse en una primera elección. Tener un buen perfil con interacciones reales en redes sociales puede funcionar sin lugar a dudas como un seguro de prueba social para las mujeres.

## El tejido de redes sociales

A nivel social, la herramienta que incorporaremos a continuación nos permitirá avanzar muchos casilleros en el juego. Nos proporcionará la pieza del rompecabezas que estábamos necesitando para completar con solidez el tendido de redes de dinámica social. Es *teoría de grupos* aplicada a niveles macro; brinda una perspectiva global acerca del potencial de nuestro juego y su efectividad. Se trata, sobre todo, de entender cuál debe ser nuestro rol dentro de esa dinámica. En lugar de tener la actitud de cazadores que van tras de un objetivo y disparan, seremos pescadores: tiraremos las redes, jugaremos a nivel social y luego las recogeremos para atraer a los *objetivos* que se han dejado atrapar por nuestras interacciones.

Ser *habitué* de un mismo *venue* siempre constituye una ventaja. Si estamos en gira continua por distintos lugares, será mucho más difícil conocer a quienes los frecuentan y más aún lograr que ellos nos reconozcan. De todos modos, es posible aprender a generar *social proof* en un lugar completamente nuevo y en muy poco tiempo, pero la efectividad, obviamente, no es la misma. Las mujeres suelen ser habitués de uno o varios *venues*; esto también será una gran ventaja, ya que funcionará activamente la *preselección* (ver Capítulo 11). De hecho, ellas intercambian información entre sí para saber quiénes somos.

La elección de uno o más sitios para ser *habitués* está siempre ligada a los gustos personales. Lo importante es elegir lugares en los que nos sintamos cómodos y que cumplan con nuestros estándares. La música que pasan, la edad de los asistentes, la calidad de los sitios para *confort*, la decoración, el tipo de tribu urbana o la distancia del *venue* con respecto a nuestro domicilio son algunos detalles a considerar.

También es primordial saber qué es lo que queremos allí. ¿Buscamos conocer mujeres, hacer amigos, contactos o un poco de todo?

Un Aven es, por definición, una persona social. Saldremos siempre a conocer gente. Parte de las personas con las que nos relacionaremos serán mujeres, pero si ampliamos la mirada y disfrutamos de contactar con gente en general, sin un interés sexual obvio y con el objetivo de enriquecer nuestra vida social, las conexiones con las mujeres aumentarán en grado y calidad.

Si solo interactuamos con el grupo que tenemos alrededor, la relación se acabará en cuanto el juego con un *objetivo* particular llegue a su fin, sea con *close* o sin él. Quizá intentamos *abrir* más *sets* luego, pero los descartamos al no haber podido profundizar más en cada interacción. O, mejor dicho, al tratar infructuosamente de hacer un cambio de fase que nos permitiese *closear*.

Desafortunadamente, si jugamos de ese modo, nuestra expansión siempre será lineal. Solo lograremos avanzar en función del *objetivo* circunstancial, valoraremos poco a su grupo de amigas y amigos e, incluso después del *kissclose*, regresaremos al grupo para despedirnos y retornar al nuestro, cuando podríamos haber intentado integrarlos a todos y ampliar la interacción a otras personas, ya sin un interés sexual.

También hay quienes se ubican en puntos intermedios. Hombres que, en lugar de retirarse inmediatamente después del *close,* intentan permanecer con la mujer que conocieron. Pero se limitan a marcar territorio, crean una escasa comunicación con el resto del grupo e impiden también la inclusión de cualquiera de los Alas o amigos que fueron inicialmente con ellos al *venue*. De ese modo, prolongan un poco más la interacción pero lo hacen torpemente: cuidan al *objetivo* como un perro a su hueso y muchas veces parecen tener un interés exagerado por alguien que apenas conocen. Dos actitudes que evocan más a un cazador con suerte que a un pescador experimentado. Ese sería el accionar de un Aven que aún no ha desplegado su potencial social; es esa misma inteligencia social –o, mejor dicho, la escasez de ella– la que eventualmente consumirá su propio juego y lo empujará hacia nuevos caminos.

A simple vista, quizá consideremos una situación como esa "una buena noche". Eventualmente, nos sentiremos bien por haber encontrado una mujer interesante y por nuestra habilidad de juego. Pero, en ese caso, estaremos ignorando por completo el potencial real del *social proof* y viendo apenas la punta del iceberg.

## Despliegue de recursos en un *venue*

Para entender el concepto de *social proof* es necesario comenzar a pensar nuestras vidas de manera integral. Debemos terminar con nuestra división mental del día en trabajo, estudio, descanso, noche y mujeres. Al fin y al cabo, siempre somos nosotros los que estamos ahí y nada nos impide conocer mujeres en el trabajo, aprender en el *venue* y ampliar nuestros horizontes laborales a raíz de tomar contacto con alguien que conocimos, cerveza mediante, un sábado después de medianoche. Sin ir más lejos, la publicación de este libro tiene su germen en una fiesta de amigos en la que Martín Rieznik tuvo la suerte de conocer a su futuro editor, Rubén Kaplan. Un claro ejemplo de *social proof*.

Con esta perspectiva, la dinámica social puede ser aplicada en todo el *venue* con resultados bastante diferentes de los descriptos en el segmento anterior.

Muchas veces, solo es necesario cambiar la forma de observar y juzgar a los demás para que se transformen en nuestros mejores compañeros de juego. Son pequeñas acciones que ampliarán nuestro campo de acción y multiplicarán los efectos de nuestras técnicas, si tenemos en mente que quince minutos de conversación en una noche pueden transformarse en nuestra *prueba social* el sábado siguiente, en una gran amistad o en un nuevo proyecto para nuestra vida.

De hecho, si al comienzo de nuestra formación como Avens denominábamos *obstáculos* a los amigos o amigas del *objetivo*, es porque era algo en lo que podían convertirse por nuestra falta de habilidad. Ha llegado el momento de que los veamos como aliados. Con esa perspectiva, después de *closear* con ella (sea un *kissclose*, un *fbclose* o cualquier otro tipo de cierre) puede ser oportuno retornar a su grupo para conocerlo mejor.

Podemos averiguar si conocen el *venue*, si van a otros lugares por la zona o retomar alguna conversación previa al *aislamiento*. Al igual que en la etapa de *atracción*, mantendremos una energía acorde al grupo y utilizaremos pequeñas DAVs para mantener alto nuestro valor.

También este puede ser un buen momento para introducir a nuestros amigos o Alas y dar lugar así a la formación de un nuevo grupo. Esa generosa acción de liderazgo subirá aún más nuestro VSR ante todos. No es necesario dar discursos ni hacer grandes presentaciones: solo facilitar que la gente se conozca, interactúe y se divierta. Cualquier hecho que refleje VSR vale más que cien palabras.

Este cambio de perspectiva requiere que podamos dejar de lado la mayor parte de nuestros prejuicios y nos permitamos disfrutar de diferentes interacciones. Una amiga del *objetivo* puede resultarnos poco atractiva físicamente y, aun así, tener con nosotros algo en común que dé pie a una charla distendida en el *venue*. Podría ocurrir que alguien de ese grupo conociera al dueño o encargado de relaciones públicas del lugar, que suele ser experto en medir a las personas según su VSR. Ellos apreciarían nuestro comportamiento e interacciones con grupos y sabrían que contamos con la carta de presentación de una mujer de alto calibre. No se trata de transformarse en el rey del *venue* ni de hablar de temas que no nos interesan. La mejor manera de generar buen *social proof* es buscar puntos de contacto auténticos, sin forzar relaciones ni construir un personaje. Y así como evitamos demostrar interés sexual por el *objetivo*, tampoco conviene excederse en el "interés social".

Con todo, para el RR.PP. de un lugar es fundamental que la gente se conozca. Si hemos logrado pasar su filtro, no tardará en presentarnos a una tercera persona o grupo afín, con ocupaciones o intereses similares. A su vez, ellos nos introducirán en su grupo y nos presentarán a sus amigas, lo que abre todo tipo de posibilidades de trabajo, diversión, etcétera, y convierte a nuestro juego en un universo en continua expansión.

En este sentido, las redes sociales en Internet nos permiten continuar los contactos que comenzamos en el *venue*. El nombre de los otros nos llevará a saber quiénes son ellos/ellas fuera del *venue*. El intercambio de números de teléfono es algo más riesgoso en estos casos, pues solo nos permitirá establecer una conexión bidireccional, sin brindarnos información extra.

## De lo real a lo virtual y de lo virtual a la cama

De algún modo, las redes sociales virtuales tienen una dinámica similar a la de las relaciones en vivo. Es importante consolidar las que consigamos en una interacción para luego poder multiplicar esos vínculos cada vez que regresemos a un mismo sitio. O para que volvamos con un grupo propio de pertenencia que genere *prueba social* automática. No hay duda de que el horizonte de nuestras vidas se ampliará y enriquecerá notablemente. Cultivaremos nuestro propio jardín de amigos y contactos.

Esta habilidad también nos generará confianza en nuestro juego. No es lo mismo estar solos, con un Ala o con algunas personas sin dotes para integrarse que salir con un gran grupo. O que llegar a un sitio en donde nuestro *state* anímico y hablador irá *in crescendo* a medida que interactuemos con quienes hayamos conocido previamente en aquel lugar. Nuestro juego, inevitablemente, cambiará. Nuestro *valor* será la suma de los valores de nuestro grupo social.

Las posibilidades reales de terminar junto a una mujer esa misma noche serán directamente proporcionales a la seguridad que le ofrezca a ella nuestra red social. La *congruencia* y la prueba de pertenencia le darán todas las pistas que necesita para poder sentirse relajada y acompañarnos adonde deseemos guiarla.

## Punto de *social proof*

En toda interacción entre personas que recién se conocen (sea en una disco, una cervecería, un cumpleaños o un evento social), lo que hacen las mujeres, los Avens o los hombres de *alto valor* es generar puntos de *social proof*. Ellos saben que, fuera de sus grupos de pertenencia, pierden la *prueba social*. Alguien que da vueltas solo por un *venue* se ve más como una persona perdida que como un Aven en pleno juego.

Lo que haremos, entonces, será elegir un lugar en el *venue* en donde podamos generar una circunferencia de captación de nueva gente a nuestro círculo de *social proof*. Las miradas, las conversaciones, las presentaciones mutuas y los brindis generales no pueden extenderse más allá de lo que algunos ojos ven. Conocer a la gente que nos rodea (sean siete, tres o diez *sets*) será suficiente, al menos para esa primera situación en la que aún necesitaremos entender quién es quién en el *venue*. Es inútil e imposible intentar conocer a todo el mundo. El valor adquirido por nuestro *social proof* se perderá automáticamente cuando cambie la gente que nos rodea. Por eso, dentro de un mismo *venue* podremos sentirnos como en distintas sublocaciones a la hora de interactuar: es normal que así sea. No tendremos la misma respuesta ni *control de marco* en un sector en el que no hayamos generado *social proof*. Y si en algún lugar hemos generado *social proof* negativo, la respuesta también será de ese signo. Tendremos que aprender a lidiar con eso, porque nos cruzaremos con mucha gente antipática o que, sencillamente, no entienda nuestros mensajes, por positivos que sean.

Por otro lado, como Alas, nuestro trabajo consistirá en generar una circunstancia favorable para todos nuestros amigos. Es inevitable que el juego avance en esa dirección. Cada noche conoceremos más gente, cada vez nos expondremos a una mayor presión social y cada vez actuaremos de forma más *calibrada* en las interacciones. El siguiente paso lo daremos automáticamente en función de su eficacia; será una decisión a la que seremos empujados a medida que aumente la cantidad de gente que nos vea como personas con alto VSR. Nuestra experiencia social se *calibrará* de forma exponencial. *Dar valor, validar* y presentar gente entre sí será el resultado ineludible de nuestro avance en la aplicación de un estilo de vida Aven.

La capacidad de comenzar a visualizar la *matrix* de las interacciones sociales no tiene que ver con el entendimiento de un *set* en concreto o de una respuesta emocional determinada como reflejo de nuestro juego con una mujer, sino con la comprensión de las dinámicas sociales en su conjunto. Aquello que en un primer momento llamamos placer se extenderá a aspectos de nuestra vida que no se relacionan tan directamente con el hecho de seducir mujeres. Serán tan solo los primeros destellos de un movimiento vital hacia una esfera social superior y esto nos generará más placer aún que el proyectado inicialmente. Ver la *matrix* consistirá, entonces, en poder actuar sobre todo aquello que ocurre a nuestro alrededor. En tener la valía para poder modificar nuestro entorno según nos convenga a nosotros y a las personas a las que decidamos liderar. Y, de esta forma, hacer todo lo que nos permita sentirnos mejor, realizarnos como individuos y poder compartir el placer con quienes queramos.

### Social proof

Siete técnicas para hacer *social proof* en un *venue* desconocido:

1. **Llevar gente con nosotros** al mismo *venue*. Ellos serán nuestra base allí.

2. Desde que entramos, **saludar, a todo el *staff* del *venue***, dejar las propinas necesarias y presentarnos efusivamente.

3. Si se trata de una disco, intentar **vincularse con el encargado de Relaciones Públicas** para tener libre acceso la siguiente vez que asistamos y también para obtener información de quién es quién dentro del lugar, respaldo social y posibilidad de acceso a la zona VIP.

4. **Crear un punto de *social proof*** con la gente que conocemos, sean Alas o no. Un champán (o bebida similar) puede ayudar a establecerlo físicamente.

5. Generar nexos con los distintos grupos. Crear *confort* y **cerrar las interacciones para armar lazos** con aquellas personas que pronto se convertirán en también en *habitués* del mismo *venue*.

6. **No encerrarse en un *set* ni en un único juego**. Aprovechar cada momento para presentar a la gente entre sí. Actuar como un anfitrión más de la fiesta.

7. Al salir del lugar, recorrer en sentido inverso el mismo camino realizado al entrar, saludar con entusiasmo a la gente que conocimos y **prometer mejores noches a corto plazo**. Generar *confort*. La salida del *venue* tiene que ser tan espectacular como la llegada.

> **Field Report**
>
> ╌╌▸ Ezequiel.
>
> **Preselección.** En este FR, Ezequiel demuestra su habilidad en *social proof* uniendo *sets* para generar *preselección* y subir su VS relativo en el lugar.

## El rey Aven come sus uvas

«Era jueves y salí a tomar algo con Lucas, un amigo que había vuelto de Europa después de vivir cuatro años en Barcelona. Nos encontramos en un bar con una terraza interesante y pedimos algo para beber y comer. El lugar estaba muy tranquilo cuando llegamos pero, casi sin que nos diéramos cuenta, se fue llenando y pasó de ambiente bar a ser una fiesta.

Las luces se atenuaron y empezaron a desfilar chicas de todos los gustos y colores. Mi amigo Lucas, a pesar de estar maravillado por la belleza de las señoritas, alegó sentirse muy cansado por el viaje y se fue a dormir. Pensé en irme con él pero al llegar a la puerta, sentí como un magnetismo que me mandaba de vuelta hacia adentro. Nos despedimos, reingresé y fui a pedir algo más para beber. ¡Estaba lleno de mujeres hermosas!

Tenía que empezar a construir *social proof* si quería divertirme. Caminé hasta los baños y abrí el primer *set* con dos mujeres que estaban esperando para entrar. Nos pusimos a hablar de lo difícil que es ahora saber qué baño corresponde a cada sexo, por los íconos –a veces incomprensibles– que remplazaron al tradicional "H" y "M".

En el mismo grupo de mujeres, detecté a una hermosa morocha que se mostraba interesada en participar de la conversación y le pedí su opinión. Respondió que era arquitecta e hizo un par de comentarios interesantes. En ese momento, uno de los dueños del bar salía del baño y se quedó escuchando las ideas de la morocha. Hubo un par de bromas y después cada uno se fue por su lado.

Cuando volvía del baño, me crucé de nuevo con la arquitecta, que estaba con dos amigas. Me pareció que había IDIs así que me acerqué a hablar. A los pocos minutos, hice un "trato" con las dos chicas. Les dije que la morocha me iba a ayudar a hacer un pequeño juego y la devolvería sana y salva. Luego de unos minutos de discusión, nos pusimos de acuerdo y le ofrecí con señas a la morocha que me tomara del brazo, al estilo caballeresco. Respondió bien al *test de complicidad* y empezamos a caminar por el salón, mientras hacía la rutina de pedirle que observara, que eligiera a tres hombres y que me dijera con quién se casaría, a quién mataría y con quién tendría una aventura.

Nos reímos un rato, volvimos al grupo y seguí dando vueltas por el *venue* con el objetivo de encontrar a las chicas del primer *set*. En el medio de ese paseo, volví a cruzarme con el dueño del bar y lo felicité por la buena música. Me contó que la semana siguiente festejarían el primer aniversario del lugar y me dio un par de entradas.

Finalmente, encontré a las primeras chicas en el medio del patio. Me *abrieron* y comenzaron a hablarme (había otro hombre charlando con ellas en ese momento).

Ellas: –¡Gracias por sacarnos a ese pesado de encima!

Mi idea era engancharlas al *set* número 2. Les propuse hacer el mismo juego que había hecho con la morocha (ese día no estaba muy creativo). Accedieron rápidamente y sentí que ya había generado algo de *atracción*.

Hice señas para que me agarraran ambas del brazo, respondieron positivamente y repetí la misma rutina de antes, con las dos chicas y dando vueltas al boliche. Cuando terminamos, me paré contra una pared, y la verdad que visto de afuera parecía que me estaban seduciendo las dos a mí. Les propuse que nos sacáramos una foto, pero ninguna tenía batería en el móvil.

Entonces tomé a las chicas y las llevé al *set* 2 (ellas sí tenían). Las presenté y les pedí que nos sacaran una foto de recuerdo. Nos sacamos un par de fotos y le dejé mi sombrero a una chica del *set* 3 (como bloqueo), mientras volví a charlar con la morocha arquitecta del *set* 2. A ella le dije que por haberme ayudado anteriormente, se había ganado un premio (excusa para *aislar* después). Hice *Instagramclose* con la chica que nos sacó la foto para que pudiéramos compartirla. Me di vuelta para recuperar mi sombrero iy las zorras se habían ido!

Empecé a *abrir sets* como loco, buscando a alguna chica que me ayudara a buscar el sombrero, algunas aceptaron y me siguieron.

Después de un rato, encontré a la ladrona, que me dijo:

—¡Wow! Me encantó... ¡Es increíble el efecto que produce esto!

De todas formas, la reté por su comportamiento (NEG, IDES), tiré un par de DAVs, nos quedamos hablando e hice *Instagramclose* con ella. En ese momento ya había generado un buen *social proof* y volví a buscar a la arquitecta del set 2. Retomé la cuestión del premio y a los pocos minutos estábamos a los besos. Intercambiamos información y quedamos en asistir juntos a la fiesta aniversario del bar. ¡Me parece que se incorpora la arquitectura a mi vida! ❱❱

# Capítulo 21

## Plan de citas
*Lazarillo de una cita no tan a ciegas*

> *No lo intentes. Hazlo o no lo hagas, pero no lo intentes.*
>
> **Maestro Yoda**

De acuerdo con el ámbito sociocultural, la personalidad de cada mujer y nuestra propia habilidad para generar conexión, tendremos mayores o menores posibilidades de pasar de una interacción eventual al inicio de una relación sexual o romántica. En gran parte de los casos, entre un momento y otro habrá un segundo encuentro, *confort* denominada C2.

Para estructurar un buen C2, primero debemos borrar de nuestras cabezas cualquier idea previa de cita romántica que hayamos tenido hasta ahora. La noción general que manejamos acerca de este tipo de encuentro es heredada directamente de las películas norteamericanas. Y las películas son películas. No todos somos George Clooney, ni ellas Julia Roberts; no vivimos en New York, no somos agentes secretos de la CIA y, sobre todo, en una primera cita aún no podemos saber si ella es "el amor de nuestras vidas", por lo que sería incongruente que la tratásemos como tal. Eso solo sucede en los filmes donde, generalmente desde un principio, tanto los protagonistas como los espectadores creemos que ambos son "el uno para el otro".

En la realidad, no podemos saber nada antes de que termine la cita, por lo que será más inteligente estructurarla de forma tal que podamos dar lugar al conocimiento mutuo y generemos *confort* y conexión. No sabemos aún si ella es la mujer que soñamos pero sí tenemos en claro que queremos conocerla mejor. En todo caso, el sexo o un posible enamoramiento surgirán en el devenir natural, como producto de la interacción; no son un objetivo a cumplir, fijado de antemano.

## Adónde ir

No es bueno cambiar quienes somos en un intento por impresionar a una mujer; simplemente, sumémosla a ella a nuestro estilo de vida. No estamos obligados a nada. Recomendamos invitarla a un lugar que nos divierta, donde la pasemos bien, podamos charlar y conocernos. El cine, por ejemplo, suele ser un pésimo sitio para las citas: sentados hombro con hombro, sin poder hablar. No importa en qué lenguaje sea, pero si no podemos hablar con ella, no vamos a poder generar *confort*, conexión, ni *valor único*.

Se trata entonces de llevar nuestro estilo de vida a la cita. Nosotros dos somos lo importante. Si no estamos cómodos, si deseamos no estar ahí o si solo fuimos porque queremos tener sexo, la cosa no va a funcionar. El encuentro se hace en base a la necesidad y el placer de dos personas que desean seguir comunicándose, conociéndose; la única manera de acceder a esto es hablando, jugando.

Si delineamos una salida que resulta una gira por mil lugares diferentes, tampoco funcionará. Nuestro plan debe ser flexible. Si armamos una propuesta que comprende tomar un café, ver una obra de teatro interactiva, asistir a un partido de tenis y luego cenar en un cantobar, no estamos dejando lugar a la improvisación o a terminar cortésmente una cita que no nos agrada. Podemos y debemos tener planes, pero la cita debería armarse con una logística adecuada para poder terminar cómodamente en nuestra casa, en la de ella, en un hotel o en un "adiós, un gusto conocerte" en cualquier momento. Con una mala planificación o una que sea demasiado estructurada será muy difícil que eso ocurra. ¡Y no queremos estar en una cita solo porque la planeamos!

Para elegir el lugar y el ambiente, es fundamental tener cuenta el grado de conocimiento que tengamos de esa mujer. No es lo mismo un encuentro con una con la que conectamos a un nivel profundo y donde generamos suficiente *valor único*, que una cita con alguien con quien solo cruzamos un par de risas. En el primer caso, cuando la llamemos, lo que probablemente funcione mejor es el "quiero verte", pues están justificadas nuestras ganas de seguir compartiendo lo que ya se generó. En esta situación, lo más indicado sería invitarla a tomar algo o verse directamente en la casa de alguno de los dos. Distinta es la situación si apenas la conocemos y ni siquiera sabemos si nos sentiremos cómodos a solas con ella. En ese caso, será mejor proponerle algo más social y entretenido: una fiesta, un recital o una muestra artística de un amigo, adonde ella tendrá también la posibilidad de llevar a sus amigas. En este caso, comenzaremos a jugar desde A3, y solo luego de *aislarla* en C1 podremos llegar a la cita a solas.

## Consideraciones generales

En cuanto a lugares para C2, busquemos los que más cómodos nos queden en la logística (o sea, que C2 sea divertido, que también permita construir *confort* con ella y, sobre todo, que nos facilite el paso a una locación íntima: nuestra casa, la de ella o un hotel).

En cualquier lugar, la iluminación será importante. Varios estudios demuestran que las personas con pupilas dilatadas resultan más atractivas.[1] Por lo tanto, evitaremos los lugares con demasiada iluminación y jamás elegiremos los que usan luces de tubo o fluorescentes.

---

1  Lowndes, L. (1997). *How to Make Anyone Fall in Love With You*. Nueva York: McGraw-Hill.

Muchas segundas citas suelen darse directamente en una casa, sea para realizar alguna actividad juntos o, simplemente, para tomar algo y conversar en comodidad. En ese caso, podremos elegir nosotros mismos la bebida, la música y la iluminación. Si hay suficiente *confort* como para proponerlo, esta es una muy buena opción. Será una invitación a tomar algo o a cocinar juntos, si el lugar es nuestra casa o la de ella, planteada tan simplemente como "Vos cocinás, yo llevo el vino" o al revés.

Tanto si nos vemos en una casa como en un *venue*, si queremos avanzar en el juego conviene que evitemos tener una mesa en medio que nos separe de ella. Lo más recomendable será estar ambos sentados en una barra, en las esquinas de una mesa o en un mismo sillón. Hay gran cantidad de bares ambientados con sillones y esa es una de las mejores formas de avanzar en *kino* cómodamente, sin hacer acrobacias. No es que el beso por arriba de la mesa sea imposible, pero de no ser correspondido generará una situación difícil de superar y, en el peor de los escenarios, nos arriesgamos a volcar la botella de vino sobre su vestido recién estrenado.

Estar cómodos significa liderar en todo para que la construcción de *confort* sea perfecta. Tener una cita en un lugar que no conocemos, donde las sillas son incómodas o la atención es mala, hará que nuestro VSR descienda y que enfrentemos muchas dificultades para generar *confort*.

Con respecto a los lugares exóticos para citas, si ese es nuestro estilo de vida habitual, bienvenidos sean. Las emociones fuertes nos hacen más receptivos a conectar con otras personas. Circuitos de karting, patinaje sobre hielo o *paintball* son todas salidas inolvidables. Probablemente, ella recuerde esa que hizo con nosotros como ninguna otra.

Como decíamos, es muy importante sentirse a gusto en una situación de C2, tanto con el lugar como con la gente que nos rodea y, por sobre todas las cosas, con ella. Muchos hombres padecen la situación del primer encuentro a solas con una mujer. A los pocos minutos se sienten tensos, sus movimientos son bruscos y, si logran besarla, lo hacen después de un par de horas de escuchar anécdotas sin sentido. No hay nada peor que la incomodidad física en una salida. Si estamos nerviosos pensando en besarla, lo más probable es que hayamos podido hacerlo varios minutos antes y no lo hayamos concretado. Por eso evitaremos las mesas y todo lugar en el que no podamos tocarla, abrazarla, reírnos, juguetear. El beso nos relaja a ambos, no lo boicoteemos.

Una vez más: la cita es para conocerse, y la gente se conoce comunicándose. El juego de las preguntas inmortalizado en el film *Antes del amanecer*[2] es ideal para este tipo de encuentros. Es muy fácil plantearlo:

"Quiero conocerte y evitar la entrevista típica, así que te propongo un juego Tiene algunas reglas, te explico:

1. Cada uno le hace una pregunta al otro de manera alternada: uno contesta, el otro pregunta, el otro contesta y así
2. Deben ser preguntas interesantes, que nos permitan conocernos. No tiene ninguna gracia preguntar '¿Qué hora es?'.
3. No vale repetir una pregunta que ya se hizo. La idea es preguntar lo que no queremos que nos pregunten, reservándonos así lo que aún no queremos contar.
4. Empiezo yo".

Obviamente, la última regla es opcional. Recomendamos utilizar preguntas de respuesta abierta y que nos lleven a un estado emocional positivo, por ejemplo: "¿Cómo es un día perfecto para vos?" o "Si pudieras tener un súperpoder, ¿cuál te gustaría que fuera y para qué?"

---

2  Linklater, R. (1995). *Before sunrise*. EE.UU.: Castle Rock Entertainment.

## ¿Quién debe pagar en la cita?

Quien pretenda hacer ostentación de su dinero acabará siendo confundido con este. Si obtiene una mujer, no será por su personalidad sino por su cuenta bancaria. Seguramente no queremos que eso suceda, por lo que nos olvidaremos del asunto.

Lo más congruente y sincero es ir a un lugar que nos guste y que sea accesible para nuestro bolsillo. Puede que no sea el más caro de la zona, porque quizás no tengamos dinero para invitarla a un sitio así. Naturalmente, si solemos comer en restaurantes de muy alto nivel o en hoteles de cinco estrellas, perfectamente podemos invitarla a comer allí, ya que, al fin y al cabo, así es nuestra vida. En cambio, si nunca pisamos un hotel de ese nivel, no vayamos en una primera cita, no solo por una cuestión económica sino porque nos sentiremos inseguros en un lugar que no conocemos.

Resolvamos en cuatro preceptos básicos nuestra actitud en relación al dinero en una cita:

1. Todo encuentro debe ser en un lugar donde nosotros podamos invitar, es decir, pagar. Esto no significa que debamos hacerlo sí o sí, pero nunca queremos correr el riesgo de tener que quedarnos allí a lavar los platos. Por lo general, la cita es una propuesta nuestra, así que, si la invitamos a salir, tenemos que hacernos cargo de todas las posibilidades. Por lo general, si la cita fue nuestra propuesta, tenemos que estar dispuestos a hacernos cargo de los gastos.

2. No hablemos de dinero. Nosotros elegimos el lugar y ya sabemos, aproximadamente, cuánto costará la salida. Salvo que seamos dos economistas o contadores y encaremos el tema apasionadamente, el dinero no es un tópico de conversación interesante para nadie en una primera cita.

3. Cuando llegue la cuenta, generalmente nos la entregarán a nosotros. Así que, en ese momento, lo que haremos será pagar. Seamos

naturales, procedamos a hacerlo sin siquiera pensarlo, pues en realidad ya figuraba previamente en nuestros cálculos.

4. Tanto si ella ofrece pagar una parte (o todo) como si no lo hace, si estamos interesados podemos asumir que esto es recíproco, que nos seguiremos viendo o, incluso, que nos iremos juntos a la cama. En ese caso, podemos decirle de manera casual:
   - La próxima vez, me invitás vos a tu lugar preferido.
   - Bueno, el postre lo invitás vos.
   - Dejá, vos me invitás el desayuno.

O lo que sea que nuestra imaginación nos sugiera, en tanto no parezca un reproche sino una confirmación de que nos gustó el momento y asumimos que habrá otros. Claro que si ella insiste mucho en pagar una parte, debemos permitírselo. Nunca le diremos a una mujer que no haga algo por nosotros; dejaremos que *invierta*, pues será una muestra de afecto de ella. Por otro lado, muchas mujeres (especialmente las que son independientes desde temprana edad) se sienten menospreciadas si insistimos en no permitir que paguen al menos una parte. Hay que saber adaptarse.

## Citar y *calibrar*

Como cualquier fase del juego, la cita (C2) requiere *calibración*. Es inútil esperar a la mujer ideal para proponerle una cita. Debemos aprender a movernos en C2 y la única forma de lograrlo es haciéndolo repetidas veces, hasta que se convierta en algo natural para nosotros. El maestro Pablo Picasso decía: "La inspiración existe, pero tiene que encontrarte trabajando". Él, que sin duda era un gran seductor, se refería con su frase al arte, aunque probablemente hubiese estado de acuerdo con nuestra humilde reformulación: "La mujer ideal existe, pero tiene que encontrarte *calibrado*".

## Locaciones para una cita diferente

Diez lugares/actividades para tener una cita diferente:

**1.** Carrera de **kartings**.
Adrenalina pura dando vueltas en un circuito.

**2. Patinaje sobre hielo.**
Mucho *kino* y risas. Ideal para mujeres principiantes.

**3.** Tiro al blanco.
Aprender a disparar flechas al blanco es, sin duda, una actividad exótica.

**4.** Noche de los museos.
*Tour* cultural por la ciudad, visitando museos y galerías de arte.

**5.** Teatro *under*.
Los ciclos de teatro, magia o danza son ideales para crear *confort*.

**6.** Planetario.
Disfrutar de un show audiovisual es siempre una buena propuesta.

**7.** ¿*Kitesurf* o caída libre?
Solo para aquellas mujeres que necesitan un buen sacudón.

**8.** Picnic.
Cualquier parque y una invitación sorpresa son suficientes.

**9.** Todo al rojo.
Entre lo *glam* y lo retro, el **casino** se abre para vivir aventuras.

**10.** *Home*, sweet home.
Una cena, una película o simplemente una invitación a merendar en casa –o en la de ella– son de las mejores opciones cuando ya hay *confort* suficiente para proponerlo.

> **Field Report**
> ⸺⟩ Fernando.
>
> **El juego.** En este FR, Fernando termina a solas con una mujer 24 horas después de haberla conocido, a través de un complejo entramado de *social proof*.

## Rubia danesa bajo los efectos del *social proof*

«El sábado me invitaron a una cervecería artesanal. Apenas llegamos, empezamos a saltar al compás de la música de una banda tributo a The Police. Martín estaba charlando con una flaca, así que fuimos a jugar con Mariano. Él *abrió* un grupo de daneses muuuy graciosos, porque eran todos rubios, muy parecidos. Creo que *abrí* con algo así como: "¿¿¿Son todos hermanos??? ¡Son iguales!". Cada uno de nosotros habló un rato con una chica danesa. La mía me dijo que estudiaba Sociología, que estaba en Argentina desde hacía dos meses y medio, y se quedaría otros tres más, etcétera. Después de un rato, vino Martín y me dijo (frente a ella y en perfecto inglés):

—Fer, hay gente en la puerta a la que no dejan entrar, ¿podrás hacer algo?

—Decile al de seguridad que están en mi lista, la lista de *El mohicano*; cambio de nombre todas las semanas, si no, se mete cualquiera.

¡Excelente improvisación de *social proof*! ¡Gracias, Martín! No hace falta que les diga que era mi primera vez en ese bar, pero la danesa creyó completamente la situación. Se relajó mucho a partir de este momento, pues estaba hablando con un "hombre de la casa".

Me di cuenta de que era un buen momento para *aislar*, así que le dije que, si se animaba, le haría un *test* de personalidad. Caminamos del brazo y nos sentamos en un sillón. En el camino la *negueé* con la edad, porque no conocía la banda que estaba sonando; la solté y le dije: "Nooo, ¡no podés!". Me miró con falsa cara de ofendida y le dije: "Bueno, vení, voy a hacer una excepción por ahora". Seguimos. Intenté hacerle un test que había leído en una revista (digo "intenté", porque en inglés se me complicó bastante y la bebida tampoco me ayudó en ese sentido). Lo dejé por la mitad, porque en ese estado no podía hacer nada que implicara pensar demasiado y nos pusimos a charlar. Me contó de todo un poco, la *escaneé* preguntándole qué le gustaba y la validé cuando dijo que se había tirado en paracaídas. Y bueno, así rellené hasta el *kissclose*. Usé la misma técnica de siempre: mirarla a los ojos mientras le hablaba, apoyarle la mano en el brazo, bajar un poco la mirada a los labios, seguir mirándola a los ojos, tocarle el pelo. Si a todo esto respondía bien y sin alejarse ni mostrar incomodidad, era luz verde y *closeo*. Salió bien (como ya dije, me sale bien el 95 % de las veces. La única vez que me salió mal fue con una chica que terminó siendo mi novia y la verdad es que no la había *calibrado* bien, no era el momento). Durante ese rato, vinieron varias amigas a saludarla porque se iban, pero ella se quedó. Se acercó otra y hablamos un poco los tres. Muy buena interacción con todo su grupo (¡buen punto a mi favor; *social proof!*).

No intenté irme con ella porque estaba muy cansado y no lo iba a disfrutar, así que le dije: "¿Vamos a andar en *rollers* mañana?". Aceptó encantada. Nos dimos unos besos más y me fui a casa.

El sexo se dio al día siguiente. Finalmente, se hizo tarde para patinar y nos juntamos en un bar a tomar una cerveza. Tuvimos una charla larga que no tiene sentido relatar, hasta que empecé a sentir que teníamos que cambiar de lugar antes de que bajara la conexión. Fuimos a otro bar y acá viene la parte divertida. Me maté la cabeza pensando cómo demonios *escalar* a C3 desde ahí. Era extranjera, algo distinto tenía que haber... Y bueno, al final me decidí por la técnica usual. Primero besarla apasionadamente, después empezar con *kino* hot y en el pico de temperatura decirle:

—Tenemos mucha clase para hacer esto acá, vayamos a un lugar más tranquilo.

No falló. A los veinte minutos estábamos en casa, arrancándonos la ropa con locura. Primera danesa, espero que no sea la última. ¡Mi objetivo es "conocer" toda Europa! 》

Capítulo

# 22

## Juego digital
*Analogía de una vida dedicada al placer*

> *El encuentro de dos personalidades es como el contacto de dos sustancias químicas; si se produce alguna reacción, ambas se transforman.*
> **Carl Jung**

En este capítulo analizaremos las diferentes etapas del juego online: cómo interactuar con una mujer a través de aplicaciones de citas y redes sociales.

En estas plataformas, es importante tener en cuenta que, muchas veces, nuestro perfil será la única información que una mujer tendrá de nosotros. Incluso en el caso de que la hayamos conocido en un bar o en la calle y hayamos intercambiado información, luego pasarán horas o quizá varios días hasta nuestro próximo encuentro. En ese tiempo, quien actuará por nosotros será nuestro perfil en la red en la que estemos interactuando. Y si este no es atractivo, lo más probable es que nunca lleguemos a la cita.

¿Qué hace que el perfil de un hombre en redes sociales resulte atractivo? Lo mismo que determina que sea interesante en persona: que muestre un alto valor de supervivencia(VS). Un perfil que comunique liderazgo, preselección y protección de los seres queridos resultará atractivo. Si a esto le agregamos que transmita algo de diversión y cree intriga, nuestro perfil se tornará irresistible.

Veamos a continuación detalladamente cómo generar atracción en redes sociales y de citas.

## Las fotos

¿Con qué fotos o posteos podemos transmitir un alto VS en redes sociales y aplicaciones de citas?

Se han llevado a cabo muchos estudios para averiguar qué fotografías logran mejores resultados en estos lugares. Resumiremos las conclusiones más importantes.

Las imágenes comunican tanto o más que las palabras, por lo tanto, constituyen una excelente oportunidad para transmitir VS y despertar interés. Por eso, no es recomendable postear *selfies*: salvo contadas excepciones (como, por ejemplo, una *selfie* tirándose en paracaídas) ellas no transmiten alto valor de supervivencia, sino todo lo contrario: comunican soledad y necesidad de atención. Pensemos en cómo es para una mujer entrar a Instagram o Tinder y ver en nuestra cuenta veinte *selfies* muy similares. ¿Le resultará atractivo eso? Ahora imaginemos qué podría percibir esa misma mujer al entrar en nuestro perfil y ver una variedad de fotos interesantes y de buena calidad: en una estamos hablando en público y, en otra, riendo junto a una amiga. Una foto nos muestra disfrutando en un paisaje increíble, otra abrazando a un cachorrito o preparando sushi. ¿Y qué tal una foto andando en motocicleta, tocando un instrumento musical o bailando? Sin duda, esa variedad de situaciones reflejadas en nuestro perfil tendrá muchas más posibilidades de generar atracción en cualquier mujer que las *selfies* repetidas o fotos intrascendentes que no transmiten absolutamente ningún valor de supervivencia.

Si una mujer ve a un hombre haciendo sushi, deportes, música, divirtiéndose, cuidando una mascota, riendo o hablando en público, podrá imaginarse compartiendo muchas situaciones agradables y atractivas con él. Si solo ve *selfies* o fotos monótonas, lo descartará automáticamente. La oferta de hombres en internet es potencialmente infinita para una mujer, así que debemos destacarnos, o ella ni siquiera responderá nuestros mensajes.

Veamos entonces qué tipo de imágenes comunican alto VS y atrapan. Cuanto más variadas sean nuestras fotos y videos (o, mejor dicho, cuantos más indicadores de valor comuniquen), más atracción generaremos. Pero antes, mencionemos dos aspectos fundamentales que todas las imágenes tendrán en común, sin importar su contenido.

Cuanto mayor sea la calidad de la foto, más atractiva resultará la misma. Ninguna mujer se sentirá cautivada por fotos pixeladas o de muy baja resolución, a menos que se trate de un efecto artístico. Invertir en un celular con una buena cámara nos proveerá de más y mejores imágenes para postear en nuestras redes. También aconsejamos considerar la posibilidad de contar con algunas fotos profesionales, como veremos más adelante.

El segundo punto a tener en cuenta en la selección de las imágenes es el equilibrio y la diversidad: si en todas las fotos aparecemos con nuestra mascota o siempre tocando la guitarra o con una amiga, puede que en lugar de llamar la atención terminemos repeliendo, por monótonos. Ser redundante no suma. Si posteamos una foto que transmite un valor de supervivencia, lo ideal sería que la siguiente hiciera foco en otro valor: si la última nos muestra sonriendo con una amiga y la siguiente hablando en público, estaremos comunicando una variedad atractiva.

Ahora sí, teniendo en cuenta entonces calidad y variedad, estas son algunas de las categorías de fotos que, combinadas, comunican un alto VS:

- **Imágenes de liderazgo.** Hablando en público, liderando un equipo o un evento.
- **Imágenes de estilo de vida.** Viajes, comidas, hoteles, aventuras.
- **Imágenes de deportes.** En la práctica de alguno, sobre todo si es extremo.
- **Imágenes de habilidades.** Tocando un instrumento, cocinando, efectuando algún tipo de trabajo manual (carpintería, escultura o

dibujo), practicando un arte marcial o en cualquier situación que nos muestre haciendo algo que nos apasiona.
- **Imágenes de preselección.** En compañía de otras mujeres, pasándola bien.
- **Imágenes de protección.** Con animales, niños o ancianos, siempre que se los vea interactuando a gusto.

Como mencionamos anteriormente, una categoría aparte son las fotografías tomadas por un profesional. En ellas uno puede aparecer como un modelo publicitario, aunque sea evidente que no lo es; transmiten importancia. Además, cualquier profesional de la fotografía está entrenado para captar imágenes atrayentes que llamarán rápidamente la atención de quien las observe. Incluso podemos mostrarnos en diversas situaciones y con distintos vestuarios. Por lo tanto, nunca está de más contratar una sesión de fotos con un profesional. Son relativamente económicas y suelen proporcionarnos imágenes de buena calidad como para postear largamente, si no abusamos de ellas.

Quizás a esta altura del desarrollo de este libro no sea necesario mencionarlo, pero, en las diferentes categorías que mencionamos, es fundamental que busquemos imágenes (profesionales o de buena calidad) que sean congruentes con nuestra personalidad y estilo de vida. No tendría ningún sentido posar sobre una moto increíble si nunca manejamos una o no tenemos ninguna historia interesante para contar a propósito de la situación que se muestra. Cada imagen debe ser entendida como una demostración de alto valor. Si luego en el resto del perfil o en la conversación no podemos sostener una mínima congruencia con lo que hemos mostrado, habremos invertido mucho tiempo en subir nuestro valor, pero este durará muy poco.

Para sumar a esta sección información visual y más detallada sobre fotos en redes sociales, hemos subido al canal de LevantArte en YouTube el video "Cómo conseguir miles de *matches* en Tinder", que se centra en las fotos y descripciones de esa red que más éxito tienen a la hora de obtener *matches*. Este es el link: youtu.be/gMJXavWCnhQ Si buscamos en YouTube "Rieznik Tinder Levantarte", seguramente será el primer video que arroje la búsqueda.

En caso de que el perfil en nuestras redes sociales no sea seductor, corremos el riesgo de que nuestros juegos caigan siempre antes de C2, es decir, que no lleguemos a tener citas porque ellas se arrepienten al ver nuestras tristes redes sociales de bajo valor. La buena noticia es que lo contrario también es cierto: un perfil atractivo en redes sociales hará que muchas mujeres quieran conocernos y tener citas con nosotros.

## La descripción de perfil

Todas las aplicaciones de citas y redes sociales tienen un espacio en el que podemos describir a qué nos dedicamos. Está comprobado que los perfiles de hombres que señalan en su descripción la profesión o título académico obtienen más *matches* y *likes*. ¿Qué clase de descripción resultará más interesante? Por supuesto, una que indique un alto VS.

Entonces, ¿a qué debemos prestar atención en nuestra descripción de perfil en Instagram? La idea es que, cuando la lea una mujer, ella pueda definirnos o al menos saber cuáles son nuestros valores de supervivencia. Por eso, recomendamos no dejar nunca vacío ese espacio. Para seducir, tenemos que generar atracción y eso se logra con un alto VS. También recomendamos no poner solamente una frase inspiradora o el fragmento de una canción, porque eso por sí solo no nos define. Ellas tienen que poder percibir un alto valor de supervivencia.

¿Qué información resulta atractiva en nuestra descripción? Profesión, estudios, pasiones personales, *hobbies*, proyectos, emprendimientos y habilidades.

Por supuesto, no se trata de armar un currículum laboral. Para evitar que resulte muy formal, es un buen recurso incluir emoticones, que relajan y le dan un tono más lúdico y visual a una descripción.

Ya vimos qué tipo de fotos utilizar y qué tipo de descripciones activan los interruptores de atracción. Veamos ahora cómo pasar del mundo virtual al analógico. Es decir, cómo pasar de un chat al encuentro en persona.

## La transición a la cita

Hoy en día existen muchos medios para comunicarnos y se hallan en constante evolución. Podemos hacerlo por chat, mensajes de voz, enviar fotos, links, videos, etcétera. Muchos de nosotros hemos combinado citas con una mujer por chat o a través de una red social como Instagram sin siquiera haber hablado por teléfono previamente. Hay variedad de formas y gustos para comunicarse: quizá ella no pueda hablar en su horario de trabajo, pero sí chatear. O tal vez no le guste usar el teléfono y prefiera los mensajes de texto o de audio. Y, por supuesto, puede ocurrir que nosotros no tengamos cuenta en determinada red social ni queramos tenerla, sin dejar de ser hombres por eso. De cualquier manera, los principios desarrollados en este capítulo sirven para cualquier tipo de plataforma de comunicación online o virtual.

Siempre es preciso tener en cuenta que la posibilidad de que una cita se concrete aumentará si nuestra comunicación excede los simples mensajes de texto. Si solo chateamos, la conexión será mucho más débil que si además intercambiamos audios, fotos y ella incluso pudo apreciar cómo es nuestra casa, cuál es nuestro tono de voz al hacer una broma o vio varios videos en los que aparecemos junto a nuestra mascota, amigos y amigas, etcétera.

## Hay un momento perfecto para todo

Supongamos que conocimos una mujer el viernes. ¿Cuándo conviene contactarla nuevamente? Pensémoslo. Si respondimos con un día concreto de la semana, sea cual fuere, nos habremos equivocado. No hay un día fijo para eso; todo dependerá de cómo se haya desarrollado la interacción: cuánto tiempo a solas compartimos con ella, qué clase de *confort* se generó, etcétera.

Veamos diferentes ejemplos que nos permitan establecer algún tipo de pauta acerca del momento oportuno para retomar contacto.

## Intercambio de información de contacto en la etapa de *confort*

Supongamos que ese viernes (cuando intercambiamos redes o números de teléfono) estuvimos mucho tiempo juntos. Puede que nos hayamos besado o no, pero tuvimos un momento a solas y al menos unos minutos *aislados*. Es muy probable que ambos nos hayamos ido pensando en el otro, en algo que dijo, en algo que hizo. En ese caso, el objetivo de contactar nuevamente a esa mujer será volver a vernos a solas.

Si tuvimos una fuerte conexión y nos acercamos cuatro días más tarde, ella no nos habrá olvidado: habrá esperado nuestro llamado varias veces durante ese tiempo. Según afirma Ortega y Gasset[1], "El enamoramiento es un síntoma de la atención"; es decir que estar enamorado no sería mucho más que pensar en otra persona cuando no está presente. Si conseguimos que ella piense en nosotros, quizá experimente los primeros síntomas del enamoramiento. Si la llamamos al día siguiente de conocerla, no le daremos tiempo a recordarnos; no habrá una ausencia que le permita comenzar a pensarnos, a enamorarse. Dejar que nos extrañe es fundamental; nada nos motiva más a actuar que el miedo a la pérdida y, si estamos siempre disponibles, ese temor jamás llegará a desarrollarse en ella.

---

1   Ortega y Gasset, José (1994), *Estudios sobre el amor*, Madrid, Editorial Edaf.

Concluimos entonces que, si previamente habíamos llegamos a la etapa de *confort*, favorecerá a nuestro juego dar un cierto tiempo para que ella nos piense y nos extrañe. Claro que, si dejamos pasar más de una semana, lo más probable es que ya haya perdido la esperanza de que la llamemos y esté buscando otro hombre (o incluso lo haya encontrado). En estos casos, además, la cita puede llegar a planearse directamente en tu casa o la de ella, una locación de C3, si es que hay la suficiente confianza para hacerlo.

## Intercambio de información de contacto en la etapa de *atracción*

Ahora supongamos que no tuvimos un tiempo a solas con ella, aunque nos fuimos con sus datos de contacto. Si, por ejemplo, en A3 hablamos de trabajo y surge en el diálogo una posibilidad laboral en conjunto, puede que hagamos un intercambio de teléfonos. Sin embargo, nunca hemos dejado de estar cerca de nuestros respectivos amigos. La conexión es mucho más débil que si nos hubiéramos aislado o nos hubiéramos besado. Esto es típico de las pequeñas reuniones sociales, los cumpleaños de conocidos y los eventos en los que el *aislamiento* suele ser realmente difícil. Por más *atracción* percibida o IDIs que hayamos recibido, si estamos en una casa festejando un cumpleaños, no siempre lograremos *aislarnos* o besarnos.

Incluso es probable que ella haya hablado con cinco hombres más esa misma noche. En este escenario en el que conocimos a una mujer pero no tuvimos una conexión emocional fuerte, si la contactamos seis días después probablemente ni siquiera recuerde quiénes somos. Tendremos que presentarnos y recordarle la situación, como cualquier desconocido. Entonces, no debemos dejar pasar más que un par de horas o de días si queremos llegar a algo con ella en el mediano plazo. Si la conocimos un viernes, lo mejor será llamarla o enviarle un mensaje el sábado o el lunes, a más tardar. A diferencia de la situación anterior, en esta sería *descalibrado* invitarla a nuestra casa si nunca pasamos un momento a solas. Por eso la intención en este caso será llegar a una locación de C2. No hay confianza suficiente para pasar a C3 sin pasar previamente por C2, una cita en una locación neutral.

En conclusión: cuanta más conexión hayamos generado, más tiempo podemos dejar pasar antes del contacto. El límite máximo ronda la semana; más allá, el interés suele perderse. Si la conexión fue débil, deberíamos intentarlo a los dos o tres días como máximo.

Veamos ahora cómo son esos primeros contactos virtuales.

## Antes de contactarla

Es muy probable que sintamos ansiedad antes de contactarla y eso se percibe del otro lado. Afortunadamente, hay maneras simples de lidiar con eso y son muy parecidas a las que utilizamos para vencer la *ansiedad al aproximarnos* (ver Capítulo 5) a un *set*.

Algunos puntos a tener en cuenta:

- En primer lugar, precalentamos. Conviene estar chateando o charlando con alguien antes de hacerlo con ella. Nos referimos a entrar en modo social, conversando con gente con la que nos sintamos cómodos haciéndolo. Cualquier tópico está bien, es solo para relajarnos y ponernos en estado conversador. Si tenemos una amiga para hacerlo, mejor, así ya habremos tratado a una mujer con confianza.

- ¡Hay que sonreír! No importa si es un llamado, un chat o una nota de voz, al sonreír seremos percibidos como más alegres. Cualquier buen vendedor telefónico lo sabe: la sonrisa llega al otro lado, aunque sea sutilmente. Y, si estamos chateando, agregar *emojis* alegres o "jajaja" será fundamental para que no tenga el tono de una conversación laboral o demasiado formal.

- El contexto debe ser adecuado. Si al contactarla estamos encerrados en nuestro cuarto, con la luz apagada y mientras tanto navegamos por páginas porno en internet, seguramente transmitiremos las emociones erróneas y no tendremos mucha suerte. Debemos contactarla en un contexto que nos mantenga con la energía alta y sin tensión. Muchos Avens prefieren realizar este primer contacto a la luz del día; a otros les gusta hacerlo desde una reunión con amigos, con música y charlas de fondo u otras variantes. En definitiva, contactemos desde un lugar que nos permita pensar en otra cosa que no sea solo ella y desde donde se oiga algo de fondo, si estamos comunicándonos por audio.
- Por último, establezcamos contacto siempre cuando ella esté libre de ocupaciones. Queremos ser el centro de su atención. Si no conocemos sus horarios, nos guiaremos por el sentido común teniendo en cuenta la jornada laboral, el descanso y parámetros similares.

### El primer contacto online

Muy bien, hicimos los llamados o mensajes de precalentamiento, estamos cómodos y la contactamos. Si nos conocimos en un ambiente social donde la pasamos bien, es recomendable que las primeras palabras hagan referencia a ese momento o situación. Lo que buscamos es que ella, apenas escuche nuestra voz o lea un mensaje, experimente el mismo estado emocional que vivió cuando nos vimos. Por ejemplo, si la noche en que la conocimos le pusimos un apodo, la llamaremos de esa forma. Si ella nos inventó un sobrenombre divertido, lo utilizaremos para decirle quién la está llamando. En síntesis, para saludarla nos valdremos de algo que le recuerde el momento que pasamos juntos. Así, la conversación se iniciará con algo divertido y no será necesario aclararle quién llama. Además, de algún modo, retomaremos la interacción en un punto más avanzado e introduciremos una pausa agradable en su rutina diaria, transportándola mentalmente a las circunstancias en las que nos conocimos.

Si somos dos perfectos desconocidos, es importante que el primer mensaje destaque. Si es un match de Tinder o una mujer de Instagram que no conocemos en persona e iniciamos la conversación con un "Hola, ¿qué tal?" o con un "Hola linda/hermosa/divina" (y sus variantes), la tasa de efectividad será casi nula: decenas de hombres comienzan igual y ella automáticamente nos catalogará como "uno más" entre tantos mensajes que le han llegado y no contesta. Tal como sucede con los *openers* en persona, en chat funcionarán mejor cuando nos diferenciemos, cuando no demostremos interés sexual inmediato y, más aún, cuando despertemos curiosidad en ella.

Compartiremos entonces algunas frases de inicio de conversación que se basan en el principio de generar interés. Recordemos siempre que el primer objetivo al hablar con una mujer que no conocemos es que nos conteste; para eso, no alcanzará con decir lo mismo que todos los demás. En los ejemplos que siguen utilizaremos "Laura" como nombre genérico: a todos nos gusta escuchar nuestro nombre, sobre todo cuando lo pronuncia alguien del sexo opuesto. Por eso es recomendable mencionarlo reiteradamente: la estadística demuestra que esos mensajes son los que obtienen más respuestas.

Frases que generan curiosidad:

–Laura, necesito tu ayuda urgente con algo. ¡Es de vida o muerte!

–Laura, me gustan todas tus fotos menos una! :D

–Eh, Laura, creo que hoy te vi... ¿puede ser?

–Hola Laura! Tengo que hacerte una pregunta muy importante... ¡Es de vida o muerte!

–Laura, hola! Tengo una idea que te va a encantar!

Todas las frases anteriores son buenos disparadores de conversación porque despiertan la intriga y "Laura" va a querer saber de qué se trata. Luego deberemos llevar la conversación a nuestros VS para generar atracción. Si nos apasiona el cine, charlaremos de películas. Si nos gustan los viajes, nos referiremos a ellos. Si amamos los deportes, hablaremos de deportes y si somos apasionados por los animales, ¿de qué deberíamos hablar? ¡Sí!, ¡de ellos!

Veamos ahora unos ejemplos de cómo continuar la conversación contemplando posibles intereses diferentes.

Supongamos que nos gusta mucho el cine; podríamos decirle:

–Laura, preciso tu ayuda urgente con algo. ¡Es de vida o muerte!:D

–¡Hola! Qué pasó?? Decime!

–Necesito que me recomiendes algo para ver en Netflix! Jajaja

–Jajaja acabo de ver *Game of thrones*!

–Laura, no te rías, es muy serio! De hecho, yo creo que la película favorita de alguien dice más acerca de esa persona que su religión, su orientación política o su signo del zodíaco. ¿Cuál es tu película favorita?

Ahora supongamos que nos gustan mucho las mascotas:

–Laura, me gustan todas tus fotos menos una... :D

–jajaja ¿Cuál? ¿Por qué?

–De hecho, casi no te doy match por esa foto! jaja

–¿Cuál es???

–La foto en la que abrazas al perro, claramente lo estás ahogando! Ahora tengo miedo de que conozca a mi perro, Preto, jajaja! ¿Cómo se llama el tuyo?

Y en el caso de que te gusten mucho los deportes:

–Laura, creo que hoy te vi... ¿puede ser?

–¿Sí? ¿Dónde?

–¿Estabas haciendo *running* en tal y tal lugar?

–Imposible, estuve en una clase.

–Ah, se ve que me sugestioné. ¡Iba súper cansado! Estoy preparándome para una maratón y me está matando. ¿Dónde entrenás vos?

Podríamos seguir con los ejemplos pero, más allá de lo particular, lo importante es proponer temas en los que tengamos algo interesante para decir. Si intentamos hablar solo de lo que ella quiere, corremos el riesgo de tener que opinar acerca de asuntos de los que desconocemos todo (de maquillajes, por ejemplo) y además, quizá caigamos en la *friendzone*.

También es necesario considerar que no todo es tan racional; la seducción se define en las emociones, por lo que una cuota de humor otorgará calidad a la conversación:

–Hola Laura! Tengo que hacerte una pregunta realmente importante...

–Sí, decime... ¿qué precisás?

–Soy nuevo en esto de Tinder... un match significa que ya somos novios, ¿cierto? jaja

Otra opción de humor delirante:

–Laura! Tengo una idea increíble!

–Hola! ¿Sí? Contáme!

–Vamos a robar un banco!

–Jajajaja ¿Te parece?

–¡Sí! Yo en sunga, vos en bikini y ambos con pistolas de agua ¿Qué pensás?

En este último caso iniciamos la conversación generando intriga y luego derivamos al humor, muchas emociones en pocas palabras: genial. Eso nos ubicará varios pasos delante del resto de los hombres. Además, todas las frases que vimos anteriormente pueden usarse también una después de otra. Por ejemplo podemos comenzar preguntando qué nos recomienda en Netflix, luego seguir con "¿Sabés qué? Me gustan todas tus fotos menos una" y terminar con "Tengo una idea, vamos a robar un banco"...

Más allá de las palabras exactas, debemos animarnos a romper el molde y a jugar con la intriga y las emociones. A veces un simple "No sabés lo que acaba de pasar..." es suficiente para captar su atención y comenzar un diálogo.

## Las DAVs y la FLT a la distancia

Además de valernos de un saludo de complicidad llamándola por su apodo, otra herramienta que podemos utilizar en la conversación online es la *falsa limitación temporal* (FLT): "Estoy llegando a una reunión". Puede ser algo de trabajo o personal, por ejemplo, un ensayo. Así, incluimos una DAV de manera espontánea y también tenemos una excusa para cortar la conversación cuando lo deseemos.

Podemos incluso iniciar la conversación con la FLT que lleve la DAV incluida. Luego podemos continuar más naturalmente averiguando cómo está o cualquier otra pregunta de escaneo. Si sabemos algo más de ella (como un proyecto con el que estaba entusiasmada o un sobrino que acaba de nacer), podemos preguntarle sobre eso.

Muchos Avens suelen tener una primera conversación muy breve, sin siquiera plantear una cita. Luego de preguntarle algo, la cortan utilizando la FLT.

Un primer contacto así tiene la ventaja de ser diferente de los que ella está acostumbrada a tener, desorienta. La mayor parte de los hombres que le pidieron su contacto suelen invitarla a salir inmediatamente. Al no hacerlo, la desconcertamos e impulsamos que sea ella quien desee que lo hagamos. Es probable que piense: "Qué raro. ¿Por qué no me invitó a salir? ¿Será que no le gusté? ¡Quiero que me invite!".

La otra ventaja de una primera conversación de este tipo es que a nosotros nos relajará saber que no buscamos concretar un encuentro y solo vamos a hablar con ella.

Resumiendo, este es el primer contacto:

Saludo de complicidad o intriga+ FLT + DAV + pregunta de escaneo + despedida.

A la hora de planear la cita propiamente dicha, analicemos dos estructuras diferentes.

## La *cita indirecta*

Como ya dijimos, si obtuvimos su contacto en una interacción corta en la que nunca estuvimos *aislados*, lo mejor será iniciar el diálogo al día siguiente y no invitarla a una cita a solas en nuestra casa, sino a un evento social: una fiesta o algún lugar al que pueda ir sola o con amigas. Una vez allí, podremos *aislarnos* y avanzar en el juego. La verdad es que, si no hubo suficiente conexión, combinar un encuentro a solas puede llegar a ser incómodo. Mejor será proponer un ambiente social: si realmente se verifica que existe una *atracción*, el desenlace dependerá solo de hacer bien las cosas.

La llamada *cita indirecta* consiste en invitar a la mujer a un lugar al que igualmente iríamos si ella no viniera. Esa es la clave. Puede ser una fiesta, un recital, una obra de teatro, un museo o lo que se adapte a nuestros gustos personales. La idea es que el hecho de que ella no pueda ir no represente un rechazo, puesto que nosotros ya teníamos el programa armado.

Comenzaremos del mismo modo que planteamos antes:

Saludo de complicidad + FLT + DAV + pregunta de escaneo.

Luego, la mejor manera de plantear la *cita indirecta* es nombrando primero la actividad sin invitarla. Por ejemplo:

–Estoy comprando un regalo. Hoy es el cumpleaños de un amigo que suele hacer grandes fiestas. Siempre arma algo sorpresa para los invitados y yo nunca sé qué llevarle, ya tiene de todo. ¿Qué se te ocurre?

–Tal vez podés preguntarle a su novia.

–Buena idea, lo voy a pensar y, si no, le compro una tarjeta con dedicatoria genérica, ja ja ja ¿Vos hacés algo hoy? Deberías venir a esta fiesta, va a ser épica...

El mismo esquema vale si pensamos ir al teatro, mirar el atardecer en el río o comer sushi. Primero, lo comentamos, "vendemos" el lugar al que iremos o el plan que tenemos; luego, cambiamos brevemente de tema y, por último, sugerimos que podríamos ir juntos. Esta forma es la mejor, ya que antes de invitarla le describimos lo atractivo del evento; en caso de que rechace la invitación, no habrá ninguna tensión, ya que nuestro programa no se verá alterado.

### La *cita directa*

La estructura inicial es igual a la anterior:

Saludo de complicidad + FLT + DAV + pregunta de escaneo.

Después de este inicio, siempre que haya habido *aislamiento* en el encuentro personal (y más aún si ya nos besamos), recomendamos ser directos en el planteamiento del encuentro. Bastará un simple y claro: "¡Quiero verte! Contame cómo está tu agenda!". No nos ahoguemos en un vaso de agua, porque si ella tiene interés en nosotros, dar muchas vueltas puede hacer que lo pierda. Si una mujer se siente atraída, desea generar lo mismo del otro lado; si no, está perdiendo el tiempo. Y ella apreciará que seamos asertivos y expongamos con claridad lo que sentimos: "¡Quiero verte! Contame cómo está tu agenda!". Le dejamos la posibilidad de elegir el momento a ella, así evitamos proponer algo inviable y tener que revisar uno a uno los días de la semana. Si lo que sugiere no es conveniente para nosotros, lo decimos; seremos nosotros los que no podamos, no ella. Y si ambos coincidimos en el mismo día, perfecto.

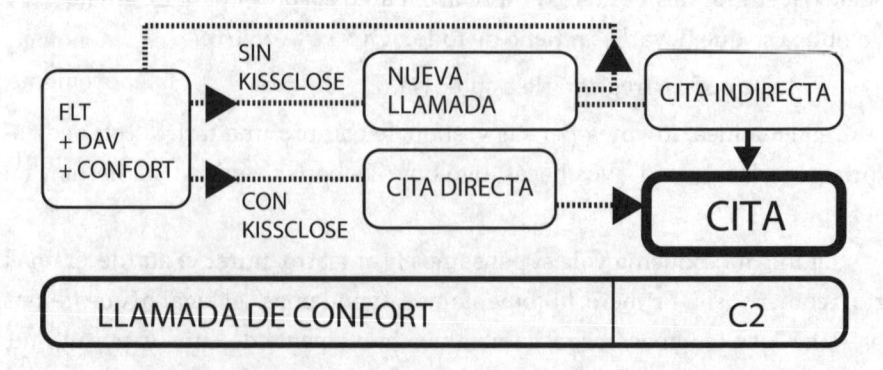

## Fotos, audios y videos

Nunca olvidemos que el juego online es solo una etapa de transición en el juego de la seducción. El objetivo final es verse personalmente: nadie quiere una novia virtual. Por eso es de vital importancia que nuestras conversaciones no sean solo mensajes de texto, porque si es así, pronto seremos solamente una notificación en su celular, que puede leer o borrar. Si además nuestro destino es C3 (es decir, si la locación en la que pretendemos tener sexo con ella es nuestra casa), es muy recomendable que haya entrevisto previamente el espacio por medio de fotos o video. Podemos utilizar cualquier excusa de alto valor para enviar imágenes donde se vea nuestro hogar de fondo, sea que le mandemos la foto de un plato de comida que preparamos para nuestros amigos, una de nuestra mascota o de nuestra mesa de trabajo "porque mañana tengo una presentación importante". La idea es que mediante esas imágenes ella pueda ir familiarizándose con el ámbito al que queremos invitarla.

## Recomendaciones finales

Si hay algo que deja un sabor amargo en una conversación es que se agoten los temas y se vuelva aburrida, al punto de que ella busque una excusa para escapar de esa interacción. Eso no quiere decir que debamos tener preparadas diez anécdotas para contar: no se trata de recitar un monólogo, sino de interactuar y de saber cortar a tiempo, en un momento conveniente. Es simple: solo debemos hacer el saludo cómplice, contar una DAV, escucharla o leerla un poco (o mucho, depende de cuánto hable ella) y luego cortar la conversación en un buen momento. Seamos nosotros los que decimos "chau".

Cuando conocemos a una mujer e intercambiamos información por primera vez, puede ser efectivo mandarle un mensaje a los pocos minutos de conocerla y de haber intercambiado contactos. De esta manera, ella podrá identificarnos y, además, instalaremos la costumbre de enviarnos mensajes o hablarnos. Cuando la contactemos después de unos días, ya no será "la primera vez" y de seguro nos recordará.

¿Y qué sucede si ella no contesta un mensaje o lo deja en visto?

No queremos parecer muy intensos, pero mostrarnos excesivamente desinteresados tampoco funcionará. Podemos establecer un límite máximo de tres llamadas o mensajes no contestados. Si no responde, es evidente que no desea hacerlo. No perdamos más tiempo, a otra cosa. Y si realmente tuvo un contratiempo y justo ese día se olvidó el celular pero está interesada en nosotros, seguro nos enviará un mensaje de texto.

David DeAngelo[2], autor de *Duplica tus citas*, señala que solía contactar dos veces; si ella no le respondía, él le enviaba un mensaje *arrogante y divertido*, del estilo: "Soy yo, David. Estoy por irme unos días de la ciudad y no quería dejarte sin escuchar mi voz tanto tiempo. Saludos". De esta manera, evitaba mostrarse como un hombre necesitado y le dejaba en claro que quería hablar con ella.

En todo caso, como siempre que algo no sale como lo deseamos, el hecho de que una mujer no conteste nos brinda la oportunidad de reflexionar cómo podríamos haber jugado mejor.

---

2   DeAngelo, D. (2005). *How to meet women in bars and clubs*. Nueva York: DD.

**El juego online**

Hábitos para poner siempre en práctica antes de hacer un contacto online:

**1. Estado hablador.**
Entrar en *state* hablador es fácil; para eso, es bueno hablar o chatear previamente con alguien de confianza y conversar un rato sin tensiones. Es preferible hacerlo con una amiga.

**2. Elegir el momento.**
El ánimo se percibe del otro lado. Buscar el lugar y el momento ideales para poder transmitir buenas vibraciones.

**3. Tener un plan.**
No improvisar, al menos hasta saber cómo hacerlo. Tener una estrategia es fundamental para conseguir lo que deseamos. Confeccionar una guía de los pasos a seguir puede ser de gran ayuda.

**4. Pensar en ganar.**
En lugar de imaginar escenarios terroríficos de fracasos y rechazos, mentalizar la situación ideal y la respuesta que se quiere obtener.

**5. Cortar la comunicación antes de que la conversación decaiga.**
Es importante saber cortar a tiempo, en un buen momento. Por eso, es mejor llamar mientras se está haciendo otra tarea. Esa actividad

nos proporcionará una excusa para cortar cuando nos parezca conveniente.

### 6. No ser solo una notificación en su teléfono.
Intercambiar mensajes de voz, audios y videos es fundamental, sobre todo si la intención es invitarla a nuestra casa.

### 7. "Contame cómo está tu agenda".
Lo mejor es que sea ella quien diga cuándo está disponible. Es preferible que el "ese día no puedo" provenga de nosotros.

> **Field Report**
> ┄┄▶ Milton.
>
> **El juego.** En este FR, Milton estructura un juego de *tests de complicidad* en Facebook para garantizarse una cita con una mujer comprometida.

## *Sets* prohibidos & juego con mujer comprometida

❝"Cuando te conocí me pareciste un idiota" me dijo, desnuda en mi cama, mientras compartíamos pitadas de un cigarrillo postsexo.

Hace un par de meses, cuando estaba en una fiesta que se vaciaba poco a poco, mi amigo Afric me invitó a ir a su casa. Su palabras fueron "Milton, vení: vivo con dos mujeres y seguro que están con sus amigas"; como eran más de las 4 am, era la mejor propuesta que tenía. Al llegar, allí estaban: tres veinteañeras en la cocina del departamento. Una vivía con Afric, las otras dos eran amigas de ella. La única que me gustó fue la que estaba en una relación: para mí, era la más linda y en pocos minutos de conversación nombró más de una vez al novio. Así que mi juego se hizo muy sutil y pasé a demostrar total desinterés. No tenía opción. Esa fue la noche en la que le parecí "un idiota".

El sábado pasado, en una fiesta en un Centro Cultural, me la encontré. Ambos estábamos algo alegres y nos fundimos en un abrazo. Pensé "¡Esta es mi oportunidad!". Empecé a jugar y su lenguaje corporal era muy positivo, a los pocos minutos ya tenía más IDIs que los que se puedan contar; de hecho, habíamos quedado *aislados* de todo el mundo en un pasillo. Evidentemente, mi notorio desinterés sexual por ella en nuestro primer encuentro había funcionado. Estaba avanzando con *kino* con el objetivo de besarla, cuando me dijo:

—Estoy acá con mi novio, ¡está en la terraza!

¡Uhh! De todos modos, era la primera vez que estábamos *aislados* desde que la conocía. Para evitar que el sentimiento de incomodidad creciera, cambié de tema enseguida y le propuse movernos. Ella asintió, pero antes de irnos, me abrazó y me dijo:

—¡Con vos tengo siempre la mejor onda!

*Nice*. El intercambio de Facebook no hacía falta porque ya teníamos a Afric como amigo común. Al día siguiente, ella había puesto un "Me gusta" en uno de mis posteos de Facebook, una foto mía de niño con una letra de Calle 13. Entonces sí, era hora de avanzar a la cita. Le envié el primer mensaje privado con el anexo de un video (véanlo, es muy bueno):

—Ceci: porque nunca pudimos mirarnos sin sonreír, pensé en vos con este corto: http://vimeo.com/9330175 ¡Ah! Y tengo una peli que quiero que veas. Milton"

Ella contestó enseguida:

"¡Me encantó! Va muy conmigo... Ok, a ver cuándo vemos la peli, ¿no? Beso. Ce."

De ahí en más, fue ir avanzando en una serie de *test de complicidad* para llegar al más complicado: que viniera a mi casa. Unos meses atrás, algo parecido me había salido mal, así que pensé en corregirlo. ¿Cómo? Sin jugar *descalibrado* ni avanzar demasiado rápido en la propuesta de cita.

Ella me gustaba mucho, así que debía controlarme. Esta vez no le escribí en el primer mensaje un "¿Querés ver una peli en mi casa?" sino que fui subiendo de un pequeño *test* a otro. El primero fue que viera el corto. El segundo fue el cebo "Tengo una peli que quiero que veas". Ella podía responder con algo positivo o no. Respondió bien, me dijo que le interesaba. Pero tampoco la invité entonces a casa, sino que utilicé otro *test*: "Decime cuándo podés y combinamos". Me pasó sus horarios, perfecto. Habrán sido unos cuatro mensajes de cada uno hasta que quedamos en la cita. Creo que si en un primer texto le hubiese dicho "Encontrémonos el martes para ver una película en casa", el desafío habría sido demasiado grande y ella podría no haberlo aceptado. Y aun así, yo no hubiera tenido seguridad de que vendría, porque hasta ese momento ella no había *invertido* nada en la interacción. De la forma en que se dio finalmente, el plan de encontrarnos en mi casa había sido precedido por varias conversaciones en las que ella se mostraba con ganas de hacer lo que yo proponía: mirar un video, ver una peli, coordinar horarios, etcétera.

Vino a mi casa y todo estuvo perfecto. Mi *puff* demostró una vez más ser un excelente sitio para *levantar temperatura*. Puse una película española muy bizarra y divertida, *Tensión sexual no resuelta* (un título sugerente: véanla, es muy buena). Estaba entre esa y *Adictos al sexo,* de John Waters, otro título caluroso. Igualmente, confieso que de la película vimos apenas diez minutos, ambos tirados en el *puff* que fue deformándose con nuestros movimientos, hasta que quedamos los dos semidesnudos y desparramados sobre la losa radiante.

La verdad es que la pasé muy bien. Me encanta cómo se mueve y tuvimos mucha conexión. Veremos cómo sigue, del novio no volvimos a hablar. Si nos seguimos viendo, ya surgirá el tema. ▶▶

Capítulo

# 23

## Sexo
*La felicidad es una suite en Las Vegas*

> *El sexo forma parte de la naturaleza y yo me llevo de maravilla con la naturaleza.*
>
> **Marilyn Monroe**

El sexo no es un hecho anecdótico, sino la culminación de un proceso de interacción entre dos personas (y, a veces, ¡más de dos!). Es uno de los pasos más importantes en el comienzo de una relación, sea cual fuere, y también la mejor señal para cambiar de dirección. Es placer; es parte fundamental de nuestra realización como individuos. El sexo mueve la maquinaria genética humana en pos de la reproducción y la supervivencia. Es amor y también una forma de comunicación muy profunda.

Todo lo que hemos visto, leído, practicado y aprendido en este libro tiende a comprender el proceso que conduce a la fusión íntima que permite el sexo. Se trata de una comunicación que excede lo verbal. Activa sistemas de respuestas hormonales e incluso inmunológicas. Resuelve las dudas y acaba con los filtros que fueron abiertos como interrogantes. Eso también forma parte del juego.

Todas nuestras *escaladas*, mediciones y generación de impulsos emocionales no terminan aquí: aquí recién comienzan. El amor romántico, sus consecuencias y derivaciones en la esfera social son también objeto de estudio en el campo de la investigación científica. Estamos seguros de que "se puede aprender a amar", como señala Erich Fromm[1]. Podemos aprender a amar del

---
1 Fromm, E. (2005). *El arte de amar*. Buenos Aires: Paidós.

mismo modo en que podemos aprender a seducir o a tener mejor sexo, más placentero.

Ahora sabemos que es posible tener en nuestros brazos a la persona con la que nosotros deseemos estar. Lo hemos predicado a lo largo de todo el libro. Forma parte de nuestro estilo de vida. Es lo que hace un Aven: llegar una y otra vez al paraíso que elige. ¿Cuáles son los pasos finales? ¿Cómo se suben los últimos escalones hacia el jardín del Edén? Es lo que analizaremos en este capítulo.

## La transición C3/S3

Un Aven generalmente lidera, decide lo que quiere hacer. No suele dejar espacios a lo imprevisto, mucho menos cuando está llegando el momento clave de una interacción. Para la mujer, todo lo que ocurra será la comprobación final de nuestra *congruencia*, o de la ausencia de ella.

El juego sólido y el sexo se retroalimentan. Los hombres que tienen sexo atraen más sexo hacia ellos. Es importante entrar en esta dinámica. Mostrarse no necesitado es fundamental para un juego sólido, ¡sobre todo cuando realmente estamos ansiosos por irnos a la cama con quien sea y como sea! Una vez que logremos entrar en la dinámica del juego cotidiano, será una realidad que recibiremos más propuestas sexuales de las que podamos aceptar, como le sucede a la mayoría de las mujeres.

El pasaje de C3 a S3 requiere de mucha *calibración*, ya que cada fase contribuye a compatibilizar dos estados emocionales en tensión: por un lado, las ansias del hombre por hacerlo; por el otro, las emociones contradictorias que casi toda mujer siente cuando se acerca el acto sexual. El aspecto masculino es más fácil de resolver, si llevamos el *timing* de nuestra interacción como describiremos a continuación. El femenino, en cambio, requiere entender las causas de ese estado; de otra forma, este puede resultarnos confuso o frustrante.

Avanzar gradualmente hasta alcanzar el objetivo requerirá mucha paciencia y empatía de nuestra parte.

Desde ya, desarrollar la habilidad en los pasos previos del juego (lograr una excelente *complicidad*, hacer una *kino* excitante, tener un rápido cambio de fases, etcétera) nos permitirá llegar a la instancia sexual con más fluidez. En contrapartida, es normal que con la falta de experiencia nuestros medidores nos hagan creer que ya estamos en C3, cuando en realidad nos encontramos en la terrible y astillada zona de amigos. Esto significa que, a nivel habilidad, lo que suceda en esta fase –y su calidad– nos proporcionará una radiografía de nuestro juego. Decenas de miles de *reportes de campo* a nivel internacional (ver "Campus" en www.levantarte.com) exponen la forma en que un buen juego lleva a un resultado satisfactorio. Por lo tanto, tomaremos estas fases de transición (de C3 a S3) también como parte de nuestro aprendizaje. Con la práctica, perfeccionaremos nuestro accionar al mismo tiempo que aprenderemos a ser mejores amantes e individuos más exitosos en las relaciones interpersonales.

## Locaciones sexuales

Al igual que en *confort*, la danza del cortejo se divide en locaciones sexuales específicas, que pueden ser tipificadas para entender cómo pasar de una a otra. Si bien en estas fases la carga emocional es mucho más importante que el lugar físico en donde se despliegan, tener en claro cuáles son las mejores locaciones aumentará la fluidez de la *escalada* hacia el sexo y nos ayudará a evitar incomodidades.

## C3 / Movimiento al sexo

Es la locación más cercana al sitio en el que podemos tener sexo, una locación íntima. Aun en aquellas circunstancias en que la fase de seducción

(S1 a S3) transcurra dentro de un hotel, se puede considerar que C3 equivale a sentarse a dos metros de la cama, en un sofá o incluso en la cama, antes de comenzar los juegos preliminares (como acariciarla, masturbarla o besarla).

La necesidad de C3 incide en el hecho de restarle importancia al acto sexual. Esto nos ayuda a hacer la transición al sexo, sin cargarla a ella con ninguna responsabilidad acerca de lo que pueda ocurrir, eliminando de esta manera cualquier resquicio de *remordimiento del comprador*. C3 también sirve para construir una *negación plausible* a un momento inevitable, mágico, que pasó porque tenía que pasar y no porque pagamos determinado dinero para entrar juntos a un hotel y pasar allí dos horas exactas.

En este sentido, hacer un C3 en nuestra casa, si vivimos solos, es más efectivo para la construcción de una *negación plausible*. Recordemos que esta técnica consiste en liderar la situación de forma tal que ella siempre tengan la posibilidad virtual de decir que no sin crear una situación incómoda, o de aceptar el avance sin temer el *remordimiento de comprador*. De alguna forma, se trata de generar las circunstancias para que ella aumente su inversión sin sentir riesgos.

Jugar "de local" nos permitirá ofrecer *pruebas de congruencia* (como fotos u objetos) y dar indicios de alto VSR. El dejarla entrar a una sección exclusiva de nuestra intimidad (lo que genera aún más *confort*) también contribuye a convertir esta fase en una etapa de relax en lugar de una carrera contra el tiempo.

Todo debe ser llevado a cabo desde nuestro rol de anfitrión vistoso y confortable. Queremos que se sienta cómoda, pero también que participe. Cuando servimos una copa, podemos por ejemplo pedirle a ella que cambie la música o que encienda una vela. Ambos haremos de la experiencia una vivencia compartida. No es el momento aún de *levantar temperatura* (ver Capítulo 19), sino el de reafirmar nuestro liderazgo en el juego.

Al invitar a una mujer a nuestro hogar, nos conviene recordar que ellas suelen ser muy observadoras. Una casa que ahuyenta hasta a las ratas no constituye una buena carta de presentación. Hagamos un repaso mental de lo que sabemos acerca de ella y pensemos qué cosas llamarían su atención y subirían nuestro VSR para que se sienta cómoda y quiera quedarse. Nuestro hogar debe actuar como un imán para las mujeres, porque estará impregnado de indicios de lo que hacemos en nuestras vidas. Si lo único que hacemos en nuestras vidas es salir a conquistar mujeres, en verdad hacemos bastante poco. Por el contrario, si nuestra vida es un conjunto de logros, autosuperación y situaciones placenteras, las paredes y cada rincón de nuestro hogar lo reflejarán.

Sea que estemos en un hotel o en nuestra casa, es muy importante recordar que C3 es *confort*; es el último paso de *confort* previo al sexo. Haremos todo lo posible para que el *push & pull* esté siempre presente, pero de manera sutil. No queremos convertirnos en el amigo de ella; al menos, no antes del sexo. Está en nuestro territorio y, después de pasar por todas las fases anteriores, el mínimo indicador de interés que muestre nos llevará a avanzar en el cambio de fases. A nivel juego, tendremos en mente todo lo que nos quede por solidificar. Pensaremos si los niveles de *valor único* son correctos, si ella responde bien a *kino*, si su lenguaje corporal y *delivery* en general son positivos, si los *test de complicidad* funcionan o si ella está buscando indicios de VSR antes de aceptar dar un paso más con nosotros. En fin, estaremos atentos al estado de nuestro juego para poder subsanar cualquier etapa mal construida o con poco desarrollo, tal que luego esa falla no se convierta en un obstáculo para la intimidad.

## S1 / Juegos preliminares

En este momento, el liderazgo se traslada a nuestra mano, que nos guía a través de su cuerpo. Queremos intimar con ella y se lo expresamos de la forma menos racional posible: sin hablar, haciéndoselo sentir. Sentados en el sofá de C3 (sea en nuestro hogar, un hotel o donde podamos estar a solas) hemos comenzado nuestro ping-pong de *kino* y nos ha llevado nuevamente al beso. Este ha *levantado temperatura* y comenzamos a quitar algunas prendas o a acariciar zonas hasta ese momento inexploradas.

Salvo que estemos pensando en tener sexo allí mismo, en el sofá, es conveniente pasar a la siguiente locación. Es tan simple como interrumpir la escena, ponerse de pie, tomar su mano y caminar en dirección a la cama. Las palabras a veces sobran, incluso pueden romper la tensión en este momento, por lo que intentaremos no racionalizar mucho. Cualquier pregunta por parte de la mujer puede ser contestada con liderazgo o con respuestas breves que la relajen con un correcto *control de marco* (por ejemplo: "Jamás pensé que pasaría esto"; "Esto que está pasando es mágico"; o "Guau, vos y yo, ni siquiera lo imaginé...") o subiendo aún más la *temperatura*: un dedo en su boca, en señal de silencio, y la otra mano guiándola hacia el placer.

Nadie nace experto en habilidades sexuales; por lo tanto, es conveniente informarse y aprender todo aquello que nuestra propia experiencia no nos haya dado. Este libro no se propone entrar en el campo de la sexología ya que hay mucha bibliografía que aborda ese tema, pero sí recomendamos relajarse y disfrutar, sin dejar de comunicarse a nivel corporal. Si nuestro objetivo no es solo pasar una noche con ella sino incluso quedar en situación de amantes, nuestro dominio en materia sexual será un punto importante para mantener activa la relación. A falta de experiencia, las mujeres siempre valoran la intención de aprender y la buena voluntad.

En todo caso, lo importante de S1 será el movimiento hacia el sexo. Y tratar de hacerlo lo más fluido posible para que S2 no ocurra.

## S2 / Reevaluación de último minuto

La RUM o *reevaluación de último minuto* es un reflejo a nivel biológico que se manifiesta en forma de ansiedad generalizada. Las mujeres pueden presentir cuando la situación sexual ya es inminente. Para entenderlo desde el punto de vista masculino, la sensación es similar a la que nosotros, como hombres, tenemos cuando sufrimos de mucha *ansiedad a la aproximación* (ver Capítulo 5). Ella desciende un instante del estado sexual y se da cuenta de que la *inversión* biológica que está por realizar es muy grande y no puede cargar con esa responsabilidad. El fantasma de tener un embarazo no deseado o la posibilidad de un aborto no se solucionan con el uso de profilácticos. La carga genética de la mujer se remite a cientos de miles de años: ella puede perder todo su estatus social, además de toda posibilidad de obtener *valores de supervivencia* y/o ser víctima de abusos. Y también, en caso de embarazo, puede morir en el parto (incluso hoy, con todos los avances científicos en la materia, cada dos minutos muere una mujer en el mundo al parir en condiciones hospitalarias normales)[2].

La *inversión* potencial femenina en el sexo es infinitamente mayor que la que realiza un hombre. Es posible que, aun queriendo tener sexo solo por una noche, su mente actúe como filtro e intente seleccionar correctamente a su pareja. Pues, en caso de quedar embarazada, este deberá actuar como un hombre de alto VSR, protegerla o tomar las medidas necesarias para que no avance con el embarazo no deseado. Pensémoslo como una cantidad de imágenes e información que pasan ante sus ojos en el momento exacto en que vamos a concretar el acto sexual, arrojando un saldo positivo o negativo. Se trata de *congruencia* y juego sólido. Una sola duda o fase mal jugada pueden estropear el esfuerzo realizado para llegar hasta allí. Es indispensable actuar con celeridad para aliviar cualquier reflejo emocional por parte de ella.

La RUM es fácil de identificar: ella pondrá un *stop*, quitará nuestras manos de su cuerpo, se alejará, intentará hablar con nosotros, cruzará las piernas, se pondrá de pie, querrá irse, etcétera.

Cuando el juego es sólido, la RUM generalmente no existe o es mínima. Si surge, generalmente se debe a fallas en la creación de *valor único*. Lo más

---

[2] ONU, Organización de las Naciones Unidas (2010). *Tendencias en mortalidad materna*. Nueva York: Fondo de Población de Naciones Unidas (UNFPA).

usual es que nuestro valor esté por las nubes y ella sienta que pretendemos tener sexo esa noche pero nunca más la volveremos a ver. Debemos estar atentos a este pedido de *valor único* ya que, sea cual fuera nuestra intención con ella para el futuro, si no lo creamos nos quedaremos con las ganas.

Existen frases que pueden hacerla sentir conectada con nosotros e incrementar el *valor único* de nuestra interacción. Se trata de reforzar la conexión emocional: "Sos una de las mujeres más maravillosas que he conocido en mi vida". No recomendamos que se la utilice si no la sentimos verdadera, al menos en ese momento. El *valor único* debe basarse en valores reales de mutuo respeto, no en mentiras. Algo menos grandilocuente, pero también efectivo, es validar cualquier cosa que ella ha hecho o hace: "Me gusta mucho la forma en que te pensás, cómo me hablás; realmente estoy encantado de poder conocerte". La idea es ayudarla a colocar a poner su ansiedad en niveles manejables.

Cualquier actitud reactiva frente a su RUM –que debemos considerar siempre como una respuesta biológica– será tomada por la mujer como un ataque directo a su emoción. Una emoción que está fuera de su control. Y nosotros seremos los culpables si no logramos revertirla, lo que generará un quiebre en la relación e interacción.

Por lo tanto, las estrategias racionales (intentar convencerla, enojarnos, dibujar gráficos en la pared representando las ventajas de tener sexo y otras) solo lograrán crear *disconfort* en ella. Nuestra respuesta siempre tiene que ser emocional y estar regida por un *timing* correcto.

Distintos tipos de *timing* arrojarán resultados diferentes. Es probable que, si le quitamos importancia a la situación y decidimos no tener sexo con ella (sin enojarnos ni hacer ninguna escena, más bien todo lo contrario) nos despertemos por la mañana con algún tipo de recompensa. Claramente, acá el tiempo actúa como un disparador de *valor único* (hemos dormido con ella y no con otra), relaja tensiones e incrementa el *confort*. No es una simple casualidad sino el devenir de nuestros actos.

Otra forma de manejar este *timing* es detener la *escalada* sexual para hacer alguna otra cosa con ella, como mostrarle un video (que suba nuestro VSR o genere *valor único*), tocar una canción en la guitarra, escuchar música juntos o hablar de algo íntimo que genere emociones. Luego, retomaremos la *escalada* y mediremos sus niveles de *confort* para avanzar nuevamente.

Ser suaves en nuestro manejo de los tiempos, sin sobresaltarnos, con *escaladas* hechas a conciencia desde que *abrimos* la interacción hasta que la *cerramos*, nos garantiza que no tendremos que pasar por una RUM o que esta será tan pequeña que ella ni siquiera querrá exteriorizarla.

Una vez superada esta etapa (como ocurre después de *abrir* un *set* con la *ansiedad a la aproximación*) la tensión de la mujer baja, al punto de que puede disfrutar de la experiencia y sus multiorgasmos.

## S3 / Sexo

Hasta acá te hemos llevado de la mano. Esta etapa es la recompensa por tu esfuerzo. Disfrútala.

### Levantar temperatura

Diez tópicos para hablar de sexo:

1. Acerca de los vibradores.
"Pensar que los primeros vibradores los usaban solo los médicos ¿Te imaginás yendo al médico por eso?".

2. Acerca de la Barbie.
"Cuando eras chica, ¿alguna vez pensaste en estar con un hombre como Ken?".

3. Acerca de la zona de mayor sensibilidad en una mujer.
"La nuca, bajo el pelo, mirá, te muestro, **es una de las zonas de mayor sensibilidad** en una mujer".

4. Acerca de un baño con sales.
"Yo siempre que llego del trabajo me preparo un baño con sales y espuma".

5. Acerca del juego de las preguntas.
"¿A qué edad tuviste tu primer orgasmo?".

6. Acerca del sadomasoquismo.
"Estoy seguro de que en esa cartera llevás un látigo y un juego de esposas".

7. Acerca del primer beso.
"¿Cuándo fue la primera vez que pensaste en besarme?".

8. Acerca del sexo.
"Del uno al diez, ¿cómo sería una **noche de pasión entre los dos**?".

9. Acerca de las fantasías.
"Si vas a hacer un trío pero podés elegir, qué preferís ¿un trío con dos hombres o con otra mujer y un hombre?".

> **Field Report**
> ⇢ Juani.
>
> **El juego.** En este FR, Juani nos relata detalladamente cómo, en apenas días, realiza un juego sólido completo con una chica que conoció en la facultad, de principio a fin.

## Fiesta privada para una *fellatio made in* Facultad

«Lunes, 10 AM. Bajo del avión. Llego directo de un viaje épico a Uruguay para rendir examen en mi *fucking* facultad (¡por suerte, ya termino!). Con mucho *look* de *after-hour* encima, anteojos negros y *pavoneo* desmesurado para un lunes por la mañana, me reúno en el patio con gente de todas las nacionalidades: estamos esperando para rendir el examen final. Entre todos, hay una chilena increíblemente linda, ¡la chilena más linda que conocí! Morocha, flaquita, de tez blanca y tetas turgentes. Nunca la había visto; en ese caso, sin duda la hubiese recordado (supe luego que no estudiaba allí, solo acompañaba a una de sus amigas que, para que no le tomaran examen, pretendía conmover a los profesores con un drama familiar inventado). Junto a ellas, varios hombres. A uno ya lo conocía, a los demás, no. Sin mucha vuelta, me integré al grupo. Me presentó Fede, un amigo. En primera instancia charlé con él y después interactué con los otros hombres del grupo. A los cinco minutos, uno de los chicos dijo, refiriéndose a mí: "Che, no conozco a este pibe, ¡pero me cae muy bien! ¡Capo!" Gracias. Como dije, era bastante llamativa mi presencia por mi vestimenta, que desentonaba un lunes a las diez de la mañana, y porque tenía un bolso enorme. Cuando me preguntaron por él, conté lo que venía de hacer: "Vengo de viaje, di unos seminarios en Montevideo".

A las chilenas comencé a *neguearlas* con un par de chistes que suelo hacer a la pareja de uno de mis mejores amigos (ambos viven en Chile): estupideces como que "son un país finito", etcétera.

Quería pasar directo a la etapa de A3 con la chica que a mí me gustaba. El grupo sufría mutaciones constantes porque la gente entraba y salía continuamente para rendir el examen. Al poco tiempo, noté que la que me gustaba ya estaba harta del supuesto "shock" de su amiga por el drama familiar inventado. Hasta parecía que fuera cierto. Cuando la amiga se fue, le comenté:

—Me gusta cómo tratás a tu amiga. Está muy alterada ¡relajáte, nena!

Se murió de risa. Después pasé a rendir. Todos los del grupo aprobamos. Era mediodía; estábamos cansados por habernos levantado temprano y queríamos irnos, así que llevé la charla a los festejos por haber aprobado el examen. Mi objetivo era que fuéramos todos a una buena fiesta o al menos llevarme el teléfono de la chilena. Salió intercambio general de números. Cuando me quedé con ella y le pedí que me hiciera la clásica "llamada perdida" (llamar al teléfono de alguien y cortar antes de que atienda, para que el número quede registrado), le dije:

—Hacéme el llamado, ¡pero espero no seas de las que después te llaman todos los días!

—Jaja, ¡cállate! Si me vuelvo ya pa' Chile, tengo que rendir también

—Ah, mirá, no tenías cara de estudiar

—Estudio lo mismo que tú, no te hagas el inteligente.

—Mmmm, no me impresionás...

Esto fue el lunes. Nada de interacción hasta el jueves. Estaba con dos amigos tomando unas cervezas cuando la chilena me llama para preguntarme qué era lo que tenía que conocer de la ciudad antes de irse. Me vino a la cabeza la frase de mi amigo Andrés "No cambies tu vida por satisfacerlas, sumalas a lo que a vos te gusta hacer".

—Hoy una amiga festeja su cumpleaños en un bar a tres cuadras de donde vivo; pasá por casa y vamos.

La verdad es que yo quería ir a ese cumpleaños y, como cita, era un muy buen plan: ¡una fiesta a tres cuadras de mi cama! Llamé también a un amigo para que viniera a mi casa. Allí, esperándonos, estaba el Alemán con su última cita, tirándosele arriba en el sofá del living. Charlé un poco con él y en seguida llegaron, casi al mismo tiempo, mi amigo Andrés y la chilena, que traía un bolsito medianamente grande a cuestas. Qué lindo, Avens y chicas que iban y venían por mi casa. Propuse:

—Vamos, ¡a la fiesta! Vos si querés dejá acá tu bolso, que estamos a 200 metros.

—¡Ay, buenísimo! Ya me tiene cansada acarrearlo.

¡Check point! Tenía asegurada la vuelta a casa con ella. En el bar hice un poco de *social proof*, luego me senté arriba de ella, como no me abrazaba la *negueé* un poco y me fui a tomar algo por unos minutos con la chica del cumpleaños, que me invitó un trago. Cuando volví, para que no pareciera que la estaba abandonando, le conté que la que cumplía años era la novia de un amigo. La senté arriba mío y empezó la *kino* más fuerte. Ella me dijo:

—¿Pedimos algo más?

—Bueno, una copa más y nos vamos, mañana tengo que levantarme temprano.

Más tarde, el Alemán me contó que cuando fui a la barra a comprar, él le dijo "¡Ojo con ese muchacho, cuidálo, que es mi amigo!". Jajaja. ¡Grande, Alemán! Terminamos el trago y, sin preguntar, me paré y empecé a saludar al Alemán, a Andrés, a la cumpleañera, etcétera. Ella seguía mis pasos. Aún no nos habíamos besado, esperaba el momento y la situación justos. Comenzamos a caminar las dos cuadras hasta mi casa y apenas salimos le dije:

—Cuando lleguemos a la próxima esquina voy a tener que besarte

Ella se rió y enseguida cambié de tema. Hablamos de cualquier cosa mientras recorríamos, paso a paso, los cien metros siguientes. Al llegar a la esquina no la besé. Me divertía pensar que seguramente se esté preguntando por qué no lo hacía. Caminamos unos metros más y cuando la miré, el brillo en sus ojos pedía a gritos ese beso. Nos besamos.

Una vez en casa, no sé cómo me contó que solo le había practicado sexo oral a un hombre en toda su vida Sepan que una vez que escuché eso, mi único objetivo fue ser el segundo. ¡Es que me gustan los desafíos!

Estaba sentada en mis piernas, mirando videoclips en la PC. Juegos preliminares frente al monitor mientras elegíamos música y de ahí, en brazos hasta mi cama. A pesar de la pasión descontrolada, no podía olvidar mi objetivo primordial: ¡la *fellatio*!

La empecé a molestar con que igualmente mi pija no entraría en su boquita, que no se hiciera ilusión. A ella también debían gustarle los desafíos, porque no solo me demostró su capacidad para metérsela en la boca, sino que pudo tragarla entera (momento en que empecé a dudar si era verdad que yo era el segundo).

Yo la felicitaba por cómo lo hacía y a ella le encantaba ser validada. Estaba demostrándome todo lo mujer que era. Cuando amagó con detenerse, retruqué: "Ay nena, si dejás de chupar, ¡voy a tener que cogerte mucho!" a lo que respondió con "No sé todavía si lo quiero hacer con vos..." y llevó la boca nuevamente adonde me encantaba verla. 》》

Capítulo

# 24

## Seductor de principio a fin
*Aquella mañana en la que decidimos lavar las sábanas*

> *Si queremos dirigir nuestras vidas debemos tomar control de nuestras acciones. No es lo que hacemos una vez lo que nos moldea, sino lo que hacemos consistentemente.*
>
> **Anthony Robbins**

Después de haber recorrido las diferentes etapas del juego en su conjunto, veremos por fin cómo funciona la totalidad, de una forma casi natural. Al fin y al cabo, los hombres y las mujeres han tenido sexo desde el comienzo de los tiempos, no es nada del otro mundo. Pero una cosa es tener sexo y otra es tenerlo con quien queramos y de la forma en que lo deseamos. Cuando una mujer nos interesa mucho, actuar sin limitaciones produce una satisfacción incomparable.

S la atracción no es tan intensa, probablemente nos resulte bastante natural interactuar con ella  En ese caso, no pensamos ni sentimos demasiado lo que hacemos; así y todo, las cosas pueden encaminarse y es posible incluso que lleguemos juntos a la cama, aunque, al terminar, quizá deseemos no estar allí. En cambio, si la mujer nos atrae mucho, cada vez que le hablamos nos idiotizamos. Meditamos cada paso que damos y tenemos la impresión de que todas nuestras palabras y acciones la alejan un poco más (y es probable que no estemos muy equivocados). Actuamos apresuradamente porque el momento con ella nos incomoda y queremos quitarnos la presión de encima. Somos como un jugador de fútbol nervioso al que le pasan la pelota y la pasa a su vez rápidamente, sin mirar. La invitamos a salir antes de tiempo, le pedimos el teléfono con excusas tontas y pensamos tanto en besarla que no podemos mantener una charla normal También cometemos errores de *congruencia*: somos de una manera cuando está frente a nosotros y de otra cuando le escribimos un e-mail. Todas estas cosas generan una imagen confusa y poco atractiva. No es que seamos idiotas, solo estamos actuando mal porque estamos tensos.

Para seguir con la analogía: debemos proceder como un jugador de fútbol antes de un partido importante. Necesitamos prepararnos. Esto no significa que debamos cambiar nuestra forma de ser, sino que tenemos que movernos de manera inteligente y con la seguridad de obrar del mejor modo posible, como lo hace un profesional ante una situación crítica. Y recordemos: nadie gana todos los juegos. Un ganador es quien da lo mejor de sí. Dediquémonos, entonces, a analizar paso a paso qué es lo mejor que podemos hacer.

## ¿Cazador hambriento o pescador sabio?

El cazador hambriento encuentra una presa cualquiera y ejecuta su ataque mortal. Generalmente, tiene una sola oportunidad; si su disparo no acierta a dar en el objetivo, es probable es que la presa escape. Nosotros no queremos que esto ocurra. En el juego de la seducción, el cazador hambriento suele ser ese jugador de fútbol nervioso del que hablamos: recibe la pelota a treinta metros del arco, cree que es su única oportunidad y patea como puede, improvisadamente. Por lo general, la pelota se va afuera y se termina la jugada.

El pescador, en cambio, tira su red, espera mientras descansa y, cuando llega el momento oportuno, la recoge llena. No se juega a todo o nada porque sabe que hay muchos peces en el mar; basta con esperar el momento adecuado para recoger los frutos de su esfuerzo. En el fútbol, es ese jugador que mantiene la pelota en poder de su equipo con paciencia, mientras aguarda que se abra la defensa rival para concretar el gol.

En la seducción, este rasgo distingue a un Aven, que siempre juega tranquilo. Sabe que si no demuestra un interés inmediato puede atraer mejor a una mujer, para luego avanzar hacia la etapa siguiente. Jamás se ve sexualmente necesitado.

¿Cómo generamos atracción y sentamos las bases para poder avanzar?

1. Nos aproximamos a los grupos en general y no solo a la mujer deseada, es decir, tendemos nuestras redes.
2. Utilizamos demostraciones de alto valor (DAV) en los primeros minutos de interacción. Eso nos diferenciará de los demás. Todos somos especiales y lo especial es atractivo por definición. Solo es preciso que lo mostremos correctamente y a tiempo. ¿Quiénes somos? Si no generamos la atracción deseada, es probable que no estemos comunicando bien nuestro valor. Revisemos nuestras DAVs y la forma en que las trasmitimos (sobre todo, aquello que subcomunicamos).
3. Aplicamos NEGs, especialmente con las mujeres más bonitas.
4. No debemos parecer estáticos sino ligeramente inalcanzables, pues lo quieto no resulta atractivo, pero lo móvil sí lo es. ¿Por cuánto tiempo podemos mirar un cuadro sin aburrirnos? ¿Y una película? En medio de una buena interacción, para una mujer bonita nada resulta más desconcertante que un hombre que la abandona por unos minutos. Seamos un desafío: mostremos un contraste que nos distinga mucho de los cazadores.
5. No expresamos un interés sexual especial hasta que ella no lo demuestre por nosotros.

¿Cómo destruyen habitualmente los hombres la atracción que generaron? Suben su propio valor más de lo necesario o se muestran necesitados.

Puede que una mujer inicie una conversación o que sea ella quien, muy rápidamente, toque el tema sexual. Se siente atraída. En estos casos, es frecuente cometer dos tipos de errores:

Frente a una interacción generada por una mujer, algunos continúan subiendo su propio valor desmedidamente. Por ejemplo, ella le dice "¡Qué lindo sos!" y él le responde que, además, está por dar una vuelta al mundo con tres modelos australianas (o lo que sea que piense que aumentará la atracción que ella siente). En realidad, él se está hundiendo, ya que muestra poca confianza en sí mismo, no se cree suficientemente atractivo ni entiende de dinámicas sociales. Es el jugador de fútbol al que dejan solo frente al arco y pasa la pelota para atrás porque tiene miedo de errar el tiro.

Otro traspié (pero en sentido opuesto) es avanzar demasiado. Ella dice: "Qué lindo sos" o lo toca, y el hombre, sin saber nada de ella, intenta besarla. En este caso, actuó como un necesitado.

Cuando una mujer comienza demostrando mucho interés, lo primero que debemos hacer es entender la situación: su atracción por nosotros es precaria. O sea, hasta ese momento le resultamos seductores. No hace falta que intentemos atraerla más, pero tampoco podemos bajar nuestro *valor* mostrándonos necesitados. Simplemente, lideramos la situación sin manifestarnos carentes. Nosotros somos los que queremos conocerla a ella. Una buena forma de hacerlo, cuando una mujer nos demuestra mucho interés muy rápidamente, es decirle: "Creo que me vas a caer bien. ¿Quién sos?". De este modo, logramos que ella se cualifique ante nosotros. Empezamos jugando en A3, con nuestro *valor* más alto que el de ella. Podemos usar cualquiera de las técnicas de ese apartado y avanzar a partir de allí.

Muchos hombres hacen que la mujer sienta la responsabilidad de lo que está pasando. Creen que pueden medir las intenciones de ella si logran que ponga en palabras lo que le pasa. Frases como: "¿Por qué te acercás tanto para hablarme?" o "¿Estás borracha o siempre sos así?" alejan a la mujer, hacen que se sienta fuera de lugar, apresurada. Y casi ninguna quiere ser vista de ese modo.

## Cuándo y cómo demostrar interés en una mujer

Como ya hemos dicho, mostramos nuestro interés por conocer a una mujer solo cuando ella ya nos ha dado varios IDIs. De ser necesario, sugerimos releer el Capítulo 10 sobre indicadores de interés.

El efecto que puede tener un cumplido o cualquier validación en una persona específica está relacionado con el momento y el valor de quien lo expresa. Nosotros queremos demostrar interés en ella, claro que sí, pero la cuestión es hacerlo de forma tal que nuestro halago contribuya a generar una conexión con nuestro *objetivo* y no solamente a alimentar su ego.

El *valor* de quien emite un cumplido es fundamental para que este surta el efecto deseado. No es lo mismo que una abogada nos diga "Qué bien cantás" a que lo afirme Paul McCartney. Por eso, a la hora de halagar o validar a una mujer, debemos estar seguros de que ella se siente atraída por nosotros. Queremos que nos vea como a alguien de *alto valor*, para que nuestra validación resulte importante. Podremos saber eso si conocemos su interés por nosotros. Y decimos que cuando notamos al menos dos o tres IDIs de parte de ella, podemos y debemos *validarla* para justificar la atracción mutua, la etapa A3.

Hasta aquí vimos cuándo halagar a una mujer y ahora veremos cómo hacerlo. Analicemos estas dos frases, que son muy diferentes entre sí aunque parezcan similares:

–Tenés muy buena actitud, sos muy divertida (validación general).

–Me encanta tu actitud, me hacés reír mucho (validación personal).

En ambas resaltamos la capacidad de divertir que tiene ella. Pero en la primera, solo estamos señalando la existencia de esa cualidad, mientras que en la segunda le afirmamos que nosotros la percibimos y nos encanta. Eso refuerza el vínculo. Nosotros la estamos *validando* y a todos nos agrada sentirnos aprobados; de hecho, solemos rodearnos de la gente que nos valora. De aquí deriva, también, el poder del *cold reading* en la seducción.

En definitiva, siempre que queramos *validar* a alguien, sea mujer u hombre, hagámoslo desde nuestro punto de vista: cuánto nos agrada a nosotros ese rasgo de esa persona, lo que ella es o hace.

Para esto, es importante tener en claro qué buscamos en la gente con la queremos estar. De nada sirve *validar* a personas por cualidades que no nos interesan en absoluto. Tenemos que actuar con sinceridad, una característica que se percibe y nos agrada a todos.

## Avanzar fluidamente, la danza de la seducción

Cada paso que damos para avanzar debe ser natural. La seducción puede ser estudiada, pero también debe haber espacio para el misterio, para esa magia que no llegamos a comprender y que tanto nos atrae. Si algo parece forzado, tendemos a alejarnos de eso.

Para que todo fluya, es muy importante tener en mente los mecanismos de *inversión*. Recordemos: debemos ir de menor a mayor. Un error muy común en el proceso de *atracción* es que el hombre no se anime a incitar a la mujer a *invertir* y que luego intente que ella *invierta* de manera significativa. Por ejemplo, le propone que se vayan juntos a su casa luego de charlar unos minutos al lado de sus grupos de amigos, sin antes siquiera haber corroborado si ella se sentía cómoda estando a solas en el lugar donde se conocieron.

Ya analizamos la importancia del *aislamiento* en el proceso de construcción del *confort* y la necesidad de que surja como algo casual. Por eso remarcamos la importancia de hacer el *aislamiento* con una *negación plausible:* "Acompañáme a la barra, te voy a hacer un test...".

Una forma de relajar a la mujer en el momento del *aislamiento* consiste en utilizar una *falsa limitación temporal*, por ejemplo:

–Tengo que irme en un ratito, pero antes quiero conocerte un poco más. Vení, voy a hacerte un test de personalidad.

De esta manera, lograremos que ella, en lugar de pensar: "Me lleva allí para besarme...", probablemente piense: "¿Se va a ir sin besarme?". El deseo de ser besada aflora al ser negada la posibilidad.

Recordemos que la *kinoescalada* es justamente eso: un aumento paulatino de toques con sus subidas, sus bajadas y sus mesetas. No se trata de ganar centímetro a centímetro de su cuerpo sino de ir estableciendo, con acercamientos y alejamientos, la comodidad en el toque. Más que sentir que avanzamos y ella nos frena, tenemos que lograr que la mujer sienta ganas de que avancemos cada vez más. Para eso, es preciso que retrocedamos después de cada avance. Dos pasos adelante, uno atrás.

En cuanto al beso, también es parte de la *escalada* de toques; de hecho, es un toque más entre los dos. Esto significa que del beso al sexo hay un camino por recorrer. Es muy común ver hombres que, una vez que besaron a la mujer, avanzan ininterrumpidamente, intentando llegar al sexo lo antes posible. Ya hemos tratado este tema y o cierto es que una actitud de ese tipo transmite desesperación.

No hay fórmulas infalibles para atraer; se trata de hacer las cosas de la mejor manera posible. El beso será la mayor prueba de afinidad entre los dos. Si no estamos cómodos después de besarla, quizás se deba a que no congeniamos. Incluso hay razones de compatibilidad que están fuera de nuestro alcance y que pueden determinar que la atracción no se produzca. En un caso así, quizá hayamos hecho un juego perfecto e incluso nos hayamos besado, pero sin embargo la atracción no surgió y fue por falta de compatibilidad.

Ahora bien, si llegamos a besarnos, lo más probable es que eso nos relaje a ambos y justamente ahí empiece lo mejor del vínculo. Quizá intercambiemos contactos para vernos otro día o incluso nos vayamos juntos esa misma noche. Si la estamos pasando muy bien, la última posibilidad sería la más natural; en ese caso, lo mejor suele ser, simplemente, decir "Vamos", sin dar más explicaciones. Si ella está a gusto, se irá con nosotros. Como enseña el refrán, "No aclares, que oscurece".

Si nos hace sentir más cómodos, podemos invitarla a desayunar, a tomar algo, a un jacuzzi, a interpretar para ella un tema con la guitarra o a mostrarle cómo se ve la luna o la ciudad desde nuestro balcón. La realidad es que ambos sabemos para qué estamos yendo a nuestra casa. Jamás debemos tratar de convencerla lógicamente de que, como estamos pasándolo bien, se impone tener sexo. Si ella duda, no la apresuremos, solo ofrezcámosle lo mejor. Si ella dice: "Me tomo un taxi desde acá", podemos responderle: "Vamos a mi casa, la conocés y llamamos un taxi desde ahí, que es más seguro". Si dice: "Es que vine con mis amigas...", dejémosla que hable del tema con ellas; seguramente, quiere saber qué piensan. Vayamos al baño, hagamos tiempo; lo que importa es que pueda obtener la aprobación de su grupo. Luego, volveremos con nuestra propuesta: "Vamos". Pero no insistamos ni tratemos de convencerla para tener sexo; simplemente, propongámosle seguir pasándolo bien. Debemos sugerirlo con seguridad, ya que si dudamos quizá dé la impresión de que no tenemos confianza en nosotros mismos o de que ella no nos atrae mucho, que nos da igual que se vaya con nosotros o con sus amigas. Si no queremos o no podemos partir con ella esa noche, o creemos que es ella la que no puede o no quiere, no dilatemos la despedida. Es mejor ser uno quien corta la situación; no suma que ella sienta que debe buscar la forma de separarse...

Insistir, nunca. Ofrecer lo mejor de nosotros, siempre. Si ella, sea en un *venue* o camino a nuestra casa "o la de ella" se muestra insegura, no insistiremos. Si ella dice "Ay, no sé si deberíamos...", nosotros respondemos con una sonrisa: "Yo tampoco lo sé, por eso te invito a casa y te echo a patadas en cinco minutos, solo quiero que la conozcas". Si ella dice "Estoy nerviosa"; nosotros respondemos "Yo también y me alegra, porque significa que me gustás". Si ella dice "Hoy no puedo hacer nada íntimo", nosotros respondemos "Yo tampoco, no pienso tocarte una vez que entres a mi departamento". Es decir, si ella está nerviosa o insegura, lo peor que podemos hacer es mostrarnos indiferentes a sus sentimientos. Todo lo contrario: lo más oportuno será empatizar con ellos. Una vez que estemos en sintonía nuevamente, la *kinoescalada* resurgirá de seguro. Y si *sube la temperatura* en el ambiente, todos sabemos en qué termina.

## Yendo del living a la cama

Tanto si es la misma noche en que la conocimos o en una cita posterior, el hecho de que ella esté en nuestra vivienda no quiere decir que tengamos sexo asegurado. Siempre hay tiempo para equivocarse.

Lo peor que podemos hacer, una vez en casa, es ocuparnos de todo solos, mientras ella mira. Se trata de crear un ambiente romántico: bajar la intensidad de las luces, preparar unos tragos, buscar la música, cerrar las cortinas. Hagámosla participar de la creación de la ambientación, actuemos como si ya fuéramos pareja. Uno pone la música y el otro prepara los tragos, por ejemplo.

Si nuestra vivienda es un monoambiente de paredes blancas y peladas, parecerá que nuestra vida también es así. Y peor aún si se acumulan en el piso papeles, bolsas o platos sucios. Además de limpiar, es bueno que nuestra casa tenga accesorios y que cuando ella entre, su curiosidad se satisfaga con objetos que representen algo para nosotros: fotografías, recuerdos de viaje, regalos, libros, juegos, accesorios, etcétera.

El juego sexual comenzará antes de que lleguemos a la cama. Tenemos que contar con lugares cómodos para iniciar la *escalada*: un sillón, un *puff*, hamacas, almohadones. Sería difícil hacerla sentados en dos sillas de madera con una mesa de por medio.

Una vez comenzada la escalada sexual, habrá llegado el momento de ir a la cama. Las mujeres suelen sentir cierta ansiedad antes de tener sexo por primera vez con un hombre. Con excepción de los últimos cincuenta años, a lo largo de la historia de la humanidad el sexo representó para ellas la posibilidad de quedar embarazadas, con todas las consecuencias que eso representa. Ese dato ya está grabado en su memoria genética.

La única forma de lograr que se sienta cómoda una mujer que está experimentando una RUM (*reevaluación de último momento*) es mostrarle que realmente estamos interesados en ella y que para nosotros no es solo un objeto sexual. Además, puede haber razones que la incomodan y no tienen absolutamente nada que ver con nosotros, como por ejemplo que no se depiló ese día, que está menstruando o no le gusta la ropa interior que tiene puesta. Si realmente nos atrae esa mujer, tendremos que comprender si no está lo suficientemente cómoda como para tener intimidad. Tampoco seremos el único hombre que en su primera noche con una mujer no pasó de dormir con ella, sin sexo. En la mayor parte de esos casos, a la mañana siguiente ella siente deseos de "recompensarlo".

La naturaleza es ciega. Hombres y mujeres tuvimos, tenemos y tendremos sexo. La cuestión es con quién y cuándo. Cuanto más sepamos sobre seducción, más opciones se abrirán en nuestro camino y viviremos una sexualidad más libre, en la que nuestras mayores fantasías se hacen realidad.

## Herramientas para un *juego sólido*

Diez herramientas para tener siempre a mano:

1. Un buen *opener*.

2. Un **NEG comodín**, adaptable a cualquier interacción.

3. Una *demostración de alto valor* demoledora.

4. Un *test de complicidad* fiable.

5. Un *cold reading* para crear *valor único*.

6. Una *negación plausible* para *aislar*.

7. Una rutina para **generar confort**.

8. Un *kissclose* calibrado.

9. Una técnica de *escalada* en *kino* para *levantar temperatura*.

10. Una respuesta empática para **relajar su ansiedad** la primera vez que vayan a tu casa.

> **Field Report**
> ⸺▶ Mario.
>
> **El juego.** En FR Mario realiza, por medio de la utilización de DAVs sutiles, un cambio de fases necesario para finalizar su juego con dos amigas.

## Home Cinema, chocolate y trío de sábado por la tarde

«Sábado lluvioso, frío; una de esas tardes perfectas para mirar películas abrazado con una bella dama. Pero estaba soltero, mi último intento de noviazgo había terminado dos meses atrás. Tenía que buscar otra opción. En el chat del Facebook apareció conectada una actriz que me presentaron en una fiesta dada tres semanas antes en mi casa. Era hermosa, muy divertida y en seguida hubo buena química. Pasamos un rato hablando de cine y quedamos en contactarnos algún día. Ya casi la había olvidado hasta esa tarde en que vi su nombre en la lista del *chat*. Las cinco letras de "Laura" brillaban como un cartel de publicidad. Como ya nos conocíamos y ella había estado en casa, le propuse directamente hacer una tarde de proyección de películas en mi living.

Aceptó sin muchas vueltas. Entonces le dije:

–Invitá a alguien si querés, la casa es grande y la pantalla también. Yo invité a un amigo.

No era mentira. Solo que mi amigo Lucas aún no me había confirmado que venía. En todo caso, yo solo estaba demostrando desinterés invitándola a una reunión con otras personas. La idea era que no se sintiera incómoda pensando que yo buscaba una cita clásica, sino que le proponía algo más casual. Recién al otro día, todavía embriagado con la experiencia de este encuentro, me daría cuenta de que en ningún momento ellas preguntaron por mi amigo ausente, ni pareció que sintiesen su falta.

Mientras la esperaba, ordené mi casa y separé algunas películas. Laura llegó un par de horas más tarde. Yo estaba decidido a liderar la situación.

—¡Hola! Está viniendo una amiga para acá. Se llama Ana, creo que la conociste en la fiesta...

Perfecto. ¿Cómo olvidar a su amiguita, si era una diosa? Mi sábado se estaba poniendo mejor minuto a minuto. Laura me preguntó dónde miraba usualmente las películas.

—No sé, acabo de comprar el proyector. Pero a un amigo se le ocurrió que podríamos proyectar en el techo. Ponemos el sommier acá, agregamos el sillón para los pies, y entramos perfecto los tres, ¿no?

Dudó un poco. Quizá me apresuré. No quería presionarla así que la dejé a solas en el living con una buena excusa:

—Voy a mandar un mail mientras llega tu amiga. Es un segundo, estoy coordinando un evento para esta noche y son los últimos detalles.

Estuvo bueno porque se instaló la idea de que al finalizar la película quizá debían irse, lo cual creo que la relajó porque cuando volví de enviar los mails ella estaba calculando en qué sección del techo hacer la proyección.

Entonces llegó su amiga y se entusiasmó inmediatamente con la idea de mirar la película acostados. Elegimos ver un clásico de los 80, *Laberinto*. Mientras conectaba el proyector, me reía internamente viendo cómo observaban cada una de las DAVs sembradas en mi casa: mis libros de cine, fotos con mis sobrinos y el *didgeredoo* que mi hermano me trajo de Australia.

Cuando terminé de hacer las conexiones y me dirigí al somier, ellas ya estaban acostadas. Sin dudarlo, me escabullí entre ellas. Mi gato aparecía y con su confianza habitual caminaba pidiendo mimos por encima de los tres. Todos queríamos complacerlo, así que nuestras manos empezaron a cruzarse en el suave pelaje felino. Con cada caricia al gato, aumentaba la naturalidad con que rozábamos nuestros dedos y empezaba a subir la temperatura en el ambiente (¡al menos la mía!).

Terminó la película y los tres seguíamos ahí, en la cama, hablando de la actuación de David Bowie. Para dar valor a la situación, comenté:

—Qué lindo hacer *fiaca*, estar tirados acá sin nada en especial que hacer. Estos momentos no los cambio por nada

—¡Sí, qué bueno! –dijeron casi a dúo. Y Laura agregó:

—¿Por qué hay que hacer algo siempre? Deberíamos disfrutar más de la vida sin culpas...

Casi me tiento y aprieto a fondo el acelerador. Por suerte, tuve buenos reflejos y se me ocurrió una idea mejor.

—¿Conocen el juego "Tengo un barco lleno de..."? Es así, cada uno debe proponer una categoría, por ejemplo "Tengo un barquito lleno de palabras que empiezan con A" o "Tengo un barquito lleno de cosas que podemos encontrar en un baño". De a uno por vez, hay que ir nombrando cosas que cumplan con la categoría propuesta y el que se queda sin nada que decir, pierde.

—Empiezo yo, tengo un barquito lleno de frases para decirle a alguien que quiero...

Me pareció ver una mueca extraña en la cara de Ana. No sé si le pareció un poco tonto mi juego, pero Laura estaba tan emocionada que no dijo nada y se sumó al juego sin hacer comentarios.

Las primeras respuestas fueron bastante obvias: "Te quiero", "Me encantás", "¡Sos perfecta!". Pero a medida que avanzaba el juego y con un poquito de intervención de mi parte, empezó a subir la temperatura. Una de ellas dijo: "Putita", "¿Te gusta así?", "Te hago de todo".

Entre las risas y el entusiasmo del juego, el contacto físico había pasado a ser algo natural. Después de un par de rondas, en las que ambas perdieron, les dije que tenían una prenda que cumplir. No lo pensé dos veces: ¡pedí masajes! Esta vez fue Ana la que, sin dudarlo, comenzó con la tarea. Laura miraba con algunas dudas. Poco a poco, los masajes se fueron transformando en caricias.

Laura seguía acostada a mi lado sin demostrar demasiado interés en sumarse. Lo primero que pensé fue que, al vernos coqueteando, consideraba la posibilidad de hacerse a un lado y dejarnos solos. Pero de pronto, no sé de dónde, vino a mi cabeza un razonamiento que transformó el curso de esa noche: ella quería sumarse pero no sabía cómo. Verme con su amiga no había hecho más que generar *preselección*.

Buscando incorporarla al *franeleo*, estiré mi mano a la altura de la suya y comencé a acariciarla también. Fue mucho más simple de lo que había imaginado.

Estado de la situación: una linda actriz, a la que poco conocía, me hacía masajes. Su mejor amiga, a quien conocía aún menos, me acariciaba por el otro costado. Iba todo sobre ruedas, pero se hacía necesario liderar muy bien para llevar todo un escalón más hacia el Olimpo.

—Vamos a turnarnos, ¿quién sigue?

No sé quién de las dos propuso entonces hacernos masajes mutuamente y en simultáneo los tres. Empezó un juego placentero de tres cuerpos tocándose, sin respetar ningún orden. Ya la situación estaba bastante clara y mi erección también. Comencé besando a Ana, con la que más me había estado tocando. Enseguida besé también a Laura, mientras Ana le acariciaba la nuca. Nuestras manos se cruzaban por detrás del cuello de su amiga. Separé mis labios de los de Laura y tomé también a Ana de la nuca. Con una presión muy leve, fui acercando sus rostros hasta que se besaron.

En pocos segundos más estuvimos los tres desnudos, moviéndonos bajo las sábanas. Me concentré en hacerlas acabar primero a ellas. Después me hicieron acabar a mí. Un suspiro a coro resonó en el cuarto.

Nos quedamos acostados un buen rato, fumando flores y escuchando música. Me relajé profundamente y me quedé dormido, hasta que me sorprendió la nariz fría de mi gato que buscaba atención. Al despertar, creí que todo había sido un sueño. Unos microsegundos de decepción se transformaron en una gran sonrisa cuando las vi a ellas dos durmiendo a mi lado.

En el techo todavía se proyectaba el fondo azul que había quedado al terminar la película. 》

# Epílogo
*Cómo seguir a partir de ahora*

## Bienvenido a tu Membresía AVM

Con la compra de este libro te damos acceso, gratuitamente, a tu nueva y exclusiva Membresía Virtual de LevantArte. Tanto si llegaste hasta estas líneas al finalizar su lectura como si saltaste todo el texto desde el Prólogo hasta aquí, tenemos una respuesta que hará que esta experiencia resulte más completa. A continuación te explicaremos los principales puntos que hacen a esta Membresía y te diremos cómo acceder a ella. De más está decir que estamos a tu disposición para lo que necesites. Decenas de miles de hombres en el mundo te damos en este acto la bienvenida.

## Prácticas guiadas por un *coach*

Desarrollar una habilidad requiere dedicar una gran cantidad de horas a su práctica. Contar con una guía precisa para esto nos ahorra tiempo y dinero, pues evita que transitemos caminos poco eficaces o de dudosa procedencia. LevantArte dedica gran parte de su labor a crear espacios de práctica adaptados con el fin de formar al hombre en el hábito de responder a las altas exigencias del día a día, en circunstancias reales. Tanto si se trata de simulaciones en clase (dentro de un aula donde se aúnan todas las necesidades didácticas) o de prácticas dentro de *venues*, espacios abiertos o discotecas, la ayuda de un especialista resulta inestimable para lograr los resultados deseados.

Desde su apertura en 2008, LevantArte ha tenido como principal desafío adaptar los más exclusivos métodos internacionales a nuestra realidad. Las diferencias socioculturales entre países de habla hispana hicieron indispensable realizar un estudio particular y especializado de los patrones de comportamiento descritos a nivel internacional. Esto requirió efectuar una adaptación pedagógica y llevar a cabo una constante actualización de contenidos, lo que a su vez nos permitió obtener el máximo grado de excelencia a la hora de trasmitir conocimientos y el mayor grado de eficacia llegado el momento de aplicarlos. Nuestra experiencia es avalada por los más exigentes resultados.

### *Teacher Training Course* (TTC / LevantArte)

LevantArte cuenta con el mejor equipo de profesionales expertos en Dinámica social y *coaching* aplicado a la seducción. Todos ellos están certificados por el exclusivo Teacher Training Course (TTC / LevantArte), que los ha dotado de la mayor experiencia posible en el área. Sus rangos certifican la superación de hasta siete niveles distintos, en los que han demostrado su excelencia y especialización. Los *coaches* de LevantArte no solo destacan por su capacidad pedagógica, sino también por su calidad humana. Con estas cualidades logran que cada uno de sus nuevos discípulos llegue a ser la mejor versión de sí mismo, en tiempo récord y con la mayor eficacia.

### Seguimiento personalizado & CAMPUS

Personalizar objetivos, marcar una hoja de ruta y medir los resultados obtenidos son elementos que forman parte de la estrategia de aprendizaje de los exclusivos Seminarios que dicta LevantArte, sean presenciales u online. La

Membresía Virtual de LevantArte permite el acceso al CAMPUS VIRTUAL para personalizar un plan de aprendizaje a medida, acceder a la mediateca temática –con más mil ítems entre videos, libros y audio–, obtener las claves de ingreso a los grupos privados de intercambio de técnicas y estrategias especiales, más la posibilidad de asistir a prácticas *coacheadas*, entre otros tantos beneficios. La Membresía Virtual de LevantArte es la llave que abrirá las puertas a tu nuevo estilo de vida. Si llegaste hasta aquí con el libro es momento de decírtelo: ¡esto recién comienza! No hay final para una vida en continuo movimiento y aprendizaje. Tenemos *coaches* con décadas de experiencia y que siguen evolucionando y aprendiendo día a día; el camino del desarrollo personal es infinito y está plagado de satisfacciones.

**Situaciones reales requieren soluciones reales**

Nuestra experiencia nos permite garantizar resultados que la mayor parte de los hombres ni siquiera imagina antes de contratar nuestros exclusivos Seminarios o nuestro servicio Premium de *coaching* personalizado. Más de veinte mil hombres pasaron por nuestras aulas y tenemos el índice de satisfacción más alto del mercado. Miles de vidas transformadas demuestran empíricamente cómo, sobre la base de un éxito social, sexual y amoroso, un hombre puede desarrollar al máximo su potencial con las mujeres.

Comienza a utilizar todos los beneficios de tu Membresía Virtual de LevantArte, poniéndote en contacto ahora mismo con nosotros a través de nuestro sitio web **www.levantarte.com** o por mail a info@levantarte.com

Bienvenido a tu nuevo y exclusivo estilo de vida.

### ¿Qué es LevantArte?

LevantArte es la academia líder en *coaching* social, liderazgo y seducción de América Latina, con sedes en Argentina, Uruguay, Chile, Colombia, Perú y México. Desde la apertura de LevantArte en 2008, hemos desarrollado el más completo método con el que ya formamos a más de diez mil hombres. La modalidad es presencial, online o mediante el servicio Premium en *coaching* personalizado.

### Método internacional de seducción

La seducción es una rama derivada de la dinámica social, las ciencias del comportamiento, la psicología evolutiva y la PNL, todas materias de grado que se estudian desde hace más de veinte años en las más importantes universidades del mundo. Sus principales referentes no solo son reconocidos como destacados investigadores, sino también como autores de grandes obras. Algunos de ellos son Anthony Robbins, Helen Fisher, Leil Lowndes, Steven Pinker, David Buss y Timothy Perper.

### Academias de seducción en el mundo

De modo paralelo a su desarrollo científico, la dinámica social aplicada a la seducción se ha extendido a nivel internacional, permitiendo crear modelos de aprendizaje, técnicas, estrategias específicas y un sinfín de material didáctico avanzado. Sus principales referentes han puesto en práctica, documentado y sentado las bases para expandir este conocimiento por todo el planeta. Entre ellos, destacan Erik Von Markovik (Aka Mystery), Neil Strauss (Aka Style), David DeAngelo, Álvaro Reyes y Ross Jeffries. Autores de *best sellers* como *The Game* (*El método*), *The Mystery Method* (*El secreto*) o *Double your dating* (*Duplica tus citas*), sus ideas han expuesto en detalle el exclusivo estilo de vida que se enseña en las principales academias del mundo: Love Systems, StyleLife Academy, Real Social Dynamics o LevantArte.

## LevantArte

Escuela de seducción

www.levantarte.com

LevantArt en YouTube: http://www.youtube.com/levantart

LevantArt en Facebook: http://www.facebook.com/LevantArteseduccion

LevantArt en Instagram: https://www.instagram.com/levantarte/

LevantArte es una *trademark* perteneciente a HotSpot & Kraft (Copyright 2008).

## Agradecimientos

Seré ingrato en estos agradecimientos. Me resultaría imposible nombrar a cada una de las personas que, de un modo u otro, están relacionadas con los contenidos de este libro. En los doce años que llevo al frente de LevantArte, miles de personas influyeron en lo que pienso acerca de la seducción. Alumnos, amigos, *coaches*, novias, periodistas, amistades pasajeras, amores de una noche, *haters*, investigadores, escritores, fanáticos, colegas... La lista se alarga a medida que la escribo. Consciente de la inevitable injusticia de no poder agradecer a todos como corresponde, no quiero sin embargo dejar de nombrar a las dos personas involucradas en esta segunda edición de *El juego de la seducción*: Mike Tabaschek y Rubén Kaplan. Ideólogos del bien, de este libro, mis amigos y compañeros de trabajo. Sin ellos, sin mí, este texto no existiría. ¡Gracias!

# Glosario

**A1.** *Opener, apertura*. Primera fase del juego de seducción y de la etapa de atracción. El hombre abre un *set*, utiliza una FLT y comienza la interacción con un grupo de mujeres hasta alcanzar el *punto de enganche social*.

**A2.** Fase intermedia de la etapa de *atracción* en la que se desarrolla en todo su potencial la *teoría de grupos*. En A2, el hombre realiza *demostraciones de alto valor* (DAV) a la vez que demuestra un marcado desinterés sexual en su objetivo (utilizando NEGs) y busca en ella un "ping-pong" de *indicadores de interés* (IDIs)

**A3.** Fase final de la etapa de *atracción* en la que el hombre comienza a mostrar interés en su *objetivo* en el *set* y recompensa los esfuerzos e *inversión* realizada por ella con IDIs. También inicia la construcción de *valor único* para permitir la transición hacia la etapa de Confort. Finalmente, el *aislamiento* permite pasar a C1.

**Abrir** / Técnica. Acción de comenzar una interacción con un *set* utilizando un *opener* u otra rutina como *rollplay* o, directamente, un NEG.

**Aislamiento (aislar)** / Técnica. El *aislamiento* es la acción y técnica utilizada para llevar al *objetivo* fuera de su grupo de amigos, a un lugar propicio para comenzar a generar *confort*. Establece el cambio de A3 a C1. La locación debe estar *aislada* de cualquier otra interacción o distracción y permitir que ambos se alejen de sus grupos de pertenencia. La técnica de *aislamiento* es un *test de complicidad* y también constituye una forma de *inversión*.

**Ala** / Derivado del inglés *wing*, un Ala es un compañero, un aliado en el campo, en definitiva, otro Aven. Un hombre que controla las técnicas de seducción y conoce las fases del proceso. Los Alas respetan las reglas del Ala, se *suben el valor* mutuamente, se motivan y, sobre todo, dentro de un *set*, entretienen a los amigos y amigas en el grupo para que sus compañeros de juego puedan tener un momento a solas con sus *objetivos* y logren, de esta manera, pasar a C1. La ética Aven, basada en valores de no competitividad y respeto mutuo, hace que la relación entre Alas sea el baluarte de una hermandad entre hombres, necesaria para poder desarrollar un juego avanzado.

**Ansiedad a la aproximación** / Se denomina *ansiedad a la aproximación* a la particular emoción que se produce en el hombre desde el momento en que divisa a una mujer atractiva hasta que comienza a hablarle. En ese lapso, la *ansiedad a la aproximación*, también conocida bajo sus siglas AA, se incrementa. Si transcurren varios minutos, esto puede impedir que él se vea relajado y natural; su lenguaje corporal, en ese caso, resultará inapropiado para lograr una aproximación efectiva y probablemente le genere rechazos. Una vez lograda la aproximación, la ansiedad disminuye rápidamente, tanto si se acepta o se rechaza el ingreso de ese hombre al *set*. Pero si él no realiza la aproximación, su ansiedad se transformará en frustración y no le permitirá desarrollar los patrones necesarios para comenzar a desplegar una habilidad Aven. Técnicas como la *regla de los tres segundos*, forjar cierta insensibilidad frente al rechazo o incluso generar un *state* previo a la aproximación servirán como paliativos para que no se cree una AA dañina.

**Aro** / Técnica. Esta técnica plantea una analogía con los juegos que requieren saltar dentro de un aro. En la seducción, se llama *aro* a cualquier pregunta o técnica específica que permita medir, en base a la respuesta obtenida, si la persona a la que está dirigido el mismo puede responderlo con *complicidad* o no. Estos niveles de interés mensurables guardan relación con el tamaño del *aro* utilizado: uno pequeño no requiere gran *complicidad*, pero uno grande, sí. Los *openers* son *aros*, también los *shittests*, los NEGs, etcétera. Todos generan una respuesta en ping-pong que hace que la interacción avance o decaiga. Controlar estas pequeñas células de habilidad Aven implica poder avanzar secuencialmente y sin interrupciones a través de las fases del juego.

**Aven** / Acrónimo de artista venusiano. De la mitología griega: Venus, diosa del amor. Se refiere a un hombre que ha estudiado y perfeccionado sus habilidades relacionadas con la seducción y el amor. Es definido como "un artista en el campo, un científico en la revisión". Existen nomenclaturas similares como PUA (del inglés, *pick up artist*) o MDLS (maestro de la seducción), aunque Aven es la que representa de forma más humanista y científica la condición de hombre-amante.

**Body Rocking** / Técnica. Anglicismo: vaivén, cuerpo en movimiento. Esta técnica es una *falsa limitación temporal* que se transmite a través del lenguaje corporal. Permite generar el desinterés necesario para lograr el punto de enganche social en el momento de abrir un *set*. Pueden utilizarse diferentes variaciones según la intensidad deseada: desde un mínimo movimiento corporal al aproximarse al *set* hasta un movimiento pendular constante que no indica con certeza cuál es nuestra posición dentro del mismo ni dentro del espacio en donde ellos se desarrollan. Por ejemplo, comenzar una interacción con lenguaje corporal no frontal y con la cabeza girada por encima del hombro para dirigirse al interlocutor.

**C1.** Primera fase de la etapa de *confort*, en la que, por primera vez, hombre y mujer pueden tener una conversación a solas. En ella comienzan a aflorar los sentimientos de empatía y conexión emocional. C1 se desarrollará dentro de la locación en donde las personas se conocieron, ambas ligeramente *aisladas* de los respectivos grupos de pertenencia.

**C2.** Fase intermedia de *confort*. Sucede en un lugar intermedio entre aquél en que se conocieron y aquél en donde pueden llegar a tener sexo. En esta etapa, en una primera cita, puede haber beso (también puede haber sucedido eso antes). C2 también puede saltarse y pasar de C1 a C3, por ejemplo, en el caso en que se realice una ONS (*one stand night*).

**C3.** Fase final de *confort*. Sucede en una locación de seducción cercana al lugar en donde pueden llegar a tener sexo. Comienzan las primeras caricias y juegos preliminares al mismo.

**Calibrar** / Establecer con exactitud la correspondencia entre lo que se pretende de una acción, técnica o rutina y el efecto que realmente produce. Para ello se observará la reacción del *objetivo* y demás personas involucradas en la interacción, a fin de elegir si es conveniente continuar utilizando esa técnica o rutina o si es necesario modificar algún aspecto de la misma, sea el lenguaje corporal, el momento de la interacción en que es utilizada u otra instancia.

**Calibrar un NEG.** La *calibración* es un momento fundamental en la iniciación de un Aven. Es cuando las técnicas se aprenden y se practican, para desarrollar y construir una habilidad. En este libro también aparece mencionado como *calibración* o en sus distintas conjugaciones verbales.

~ Glosario ~

**Cita directa** / Modo de cita en la que un Aven invita a su *objetivo* a realizar alguna actividad juntos, a solas. Este modelo de cita generalmente requiere de niveles previos de *inversión* altos y, en lo posible, de una *escalada* en *kino* que haya permitido *cerrar* con un *kissclose*.

**Cita indirecta** / Modo de cita en la que un Aven invita a su *objetivo* a cierta actividad social y le ofrece que también concurran amigos o conocidos de ella. Es una invitación en la que el hombre deja en claro que, aunque la mujer no asista, él lo hará. Por eso, este modelo de cita generalmente no requiere niveles de *inversión* muy altos ni *closes* muy sólidos en el juego previo. Pero sí es necesario tener algún tipo de interacción previa que haya generado *confort*, sea con una llamada de *confort* o la utilización de plataformas virtuales, como Facebook. La invitación puede ser para asistir a una fiesta, un recital, una obra de teatro, etcétera.

**Close** / Técnica. Anglicismo: *cerrar*. Se refiere al acto y hecho de concluir una interacción en forma exitosa. También en plural, como *closes*. Se corresponde con las distintas etapas del juego según el tipo de *close*, la técnica utilizada y la cantidad de *inversión* registrada hasta ese momento. Puede referirse al acto de intercambiar información (#*close* se refiere a intercambio de teléfonos, *FBclose* al intercambio de cuentas de Facebook) o al acto de besarse o consumar el acto sexual (*kclose* o *kissclose* es el cierre de la interacción con beso; *fullclose* al cierre con sexo). Existen diversas técnicas para cada tipo específico de *close*, así como también diversas estrategias para llegar a ellos. El paso correcto entre cada una de las etapas del juego conlleva indefectiblemente la utilización de diversos *closes*.

**#Close o *numberclose*** / Técnica. Referido a *close*. Cerrar la interacción con un intercambio de teléfonos.

**Cocky&funny** / Del inglés: arrogante y juguetón. David DeAngelo definió a estas dos características como las del tipo de personalidad masculina que mayor atracción pueden generar en una mujer. Estos mismos rasgos pueden encontrarse en la figura del hermano mayor, un hombre que mantiene una postura relajada y bromista frente a las mujeres (en este caso, su hermana pequeña) pero que también actúa de forma segura y protectora con ellas. Una especie de liderazgo reducido al primer núcleo biológico familiar. El estilo de vida Aven tiende a desarrollar las habilidades necesarias para tener una personalidad *cocky&funny*. Técnicas como los *rollplays*, los NEGs o las demostraciones de desinterés impredecibles refuerzan este tipo de conducta y sirven como disparadores de la atracción. También se utiliza su acrónimo, C&F.

**Complicidad** / Predisposición mensurable a responder de modo positivo a los *tests de obediencia* o *complicidad*. La *complicidad* genera niveles cuantificables de *inversión* y éstos permiten proyectar avances con respecto a la fase del juego en la que se está interactuando. La *complicidad* también puede ser negativa. El principal modo de generar *complicidad* es superar paso a paso cada una de las etapas correspondientes a la *atracción* y luego a *confort*. Sus niveles son fácilmente medibles utilizando *tests de obediencia*, escaladas en *kino* y *rapport* o cualquier modalidad en *closes*.

**Control de marco** / Técnica. Referente a *marco*. Acción voluntaria de liderar una interacción y su *marco* hacia el escenario que se desee. Ejemplo: controlar el *marco* para evitar que en la mujer se despierte el *factor fulana*.

**DAV** / Técnica. Acrónimo de *demostración de alto valor*. También puede encontrarse plural (DAVs) para describir el uso de varias de estas técnicas. Se utiliza para subir el *valor relativo percibido*. Las *demostraciones de alto valor* incluyen todo comportamiento, actitud o estilo de vida que pueda generar *atracción* en una mujer o en un grupo social determinado. Las DAVs pueden ser demostradas (una mujer ve a un hombre teniendo una conversación animada con la mujer más linda del lugar); comunicadas (un hombre cuenta acerca de su viaje a un parque de diversiones junto a su sobrino) o sub-comunicadas (una mesera le acerca al hombre un champagne como cortesía de la casa, como agasajo a un cliente distinguido). Para que una DAV funcione como tal, debe contener los tres principios fundamentales de una demostración de valor: protección de seres queridos, preselección y liderazgo entre hombres.

**Descualificador** / Técnica. Son frases que permiten *descualificar* al hombre como potencial pareja sexual. Posibilitan la realización de una *demostración de desinterés* que suele ser correspondida con una mayor atracción por parte de la mujer. Los *descualificadores* engloban a los NEGs y a formas más sencillas de demostrar desinterés más cercanas a la actitud *arrogante y juguetona* del *cocky&funny* de David DeAngelo. También se utiliza en forma de *falso auto-descalificador*. Por ejemplo: "¡Vos y yo nunca podríamos ser pareja!". Por principios de psicología inversa, es un modo indirecto de hacer pensar a una mujer que podría formar pareja con quien pronuncia la frase, más aún cuando comienza a sentir atracción por él.

**DEV** / Técnica. Acrónimo de *demostración de escaso valor*. Se refiere a cualquier forma de mostrar un VSR bajo. Antónimo de DAV.

**Escaneo** / Técnica. El escaneo sucede en A3 y *confort* y es la acción por la cual un Aven indaga si las cualidades de la mujer con la que interactúa son lo suficientemente buenas según sus estándares. Esta técnica, a su vez, comunica a la mujer de manera tangencial que está interactuando con un hombre de *alto valor*, que no se conforma sólo con sus cualidades físicas. Muestra abundancia y una agenda apretada, por ende, también *preselección*. Un hombre exigente para elegir mujeres es un hombre de alto VSR.

**Escudo de protección** / Conjunto de estrategias femeninas utilizadas para evitar interacciones con hombres de bajo *valor de supervivencia*. Estas estrategias actúan como filtro social y garantizan a las mujeres su interacción exclusiva con hombres que a ellas les interesan. Ejemplos de filtros utilizados por las mujeres para evitar hombres de bajo valor: ignorarlos, aducir que tienen novio, bailar, ser despectivas, permanecer donde el volumen de la música no permite un diálogo fluido, etcétera. Para superar este escudo, un Aven utiliza un combo de FLT-*opener*, para poder pasar sin ser detectado por el radar femenino y luego comenzar a generar atracción y mostrarse como un hombre de alto VSR.

**Etapa de atracción** / Etapa inicial del modelo de seducción desarrollado por Mystery. Es la etapa previa a la de *confort*; en ella el hombre y la mujer se conocen y se dan pruebas de interés recíproco. Se subdivide en A1, A2 y A3.

**Etapa de confort** / Etapa intermedia del modelo de seducción desarrollado por Mystery. Es la etapa posterior a la de atracción y previa a la de seducción; en ella la pareja interactúa a solas y genera la conversación, la conexión y la intimidad. Se subdivide en C1, C2 y C3.

**Etapa de seducción** / Etapa final del proceso de seducción, posterior a la de confort. En ella se consuma el acto sexual. Se desarrolla estando la pareja a solas en la locación en la que tendrá lugar la relación sexual. Se subdivide en S1, S2 y S3.

**Factor fulana** / La reputación social de las mujeres y sus valores de supervivencia y reproducción se ven afectados en gran medida cuando alguno de sus comportamientos se aparta de la norma social. Cuanto mayor sea el *valor relativo* de esa persona, más grande será la presión social que deberá soportar como consecuencia de las decisiones que adopte en relación con su vida sexual y amorosa. El *factor fulana* es un alerta emocional que se dispara en las mujeres cuando la *inversión* que están haciendo en una interacción (o la consecuencia potencial de sus actos) pueda disminuir su *valor relativo* o desprestigiarla a nivel social. Esta alarma se activa cuando ella siente que está actuando como una mujer fácil, que está siendo demasiado sexual, cuando se dejó llevar muy rápido por sus deseos físicos, cuando tuvo que liderar hacia el sexo y/o cuando comprueba que el *valor relativo* del hombre que está con ella es menor al valor suyo propio en VSR. En su avance, un Aven todo el tiempo toma mediciones de los niveles de *factor fulana* de ella, para impedir que un descenso haga naufragar la interacción. Las técnicas utilizadas para detener cualquier sentimiento contradictorio van desde el liderazgo en grupos hasta la utilización de *negaciones plausibles* o la creación de *valor único*.

**FBclose** o *Facebookclose* / Técnica. En relación con *closes*. Cerrar la interacción realizando un intercambio de cuentas de Facebook.

**FLT** / Técnica. Acrónimo de *falsa limitación temporal*. Se utiliza al comienzo de la interacción como una demostración de desinterés que permite al hombre desmarcarse como potencial pareja sexual. Indica que el tiempo que éste dispone para estar en el *set* es limitado (aunque la estrategia luego sea quedarse todo el que haga falta; por esta razón, precisamente, es que la limitación se denomina falsa). Se implementa para sugerir que el hombre no tiene ningún interés en seducir. Es uno de los elementos básicos (junto al *opener*) necesario para superar el escudo de protección femenino pasando bajo su radar. En su forma más básica, se reduce a la frase: "Chicas, tengo un minuto". Su utilización verbal es siempre en modo afirmativo y tono imperativo. En un nivel avanzado, puede también transmitirse o comunicarse subliminalmente mediante el uso del lenguaje corporal.

**FR/*Field report*/Reporte de campo** / Narración en primera persona que resume lo ocurrido durante alguna circunstancia específica de juego. Ya sea de noche, una cita, de día, en la calle o la narración de todo un fin de semana, un Aven realiza estos reportes para evaluar sus resultados y saca conclusiones que le permitan avanzar en el desarrollo de su habilidad. Tomado exclusivamente desde un punto de vista pedagógico, los FRs no intentan subir el ego de nadie ni recoger aplausos por sus hazañas. Los reportes de campo son espacios en los que los hombres comparten sus experiencias; esto permite desarrollar un pensamiento crítico colectivo, fundamental en todo proceso de crecimiento. El análisis de reportes de campo permite descubrir patrones de comportamiento específicos, tanto femeninos como masculinos, a lo largo y ancho de toda la comunidad Aven internacional.

**Fullclose** / Técnica. En relación con *closes*. Cerrar la interacción con una relación sexual.

**IDE** / Técnica. Acrónimo de *indicador de desinterés*. Puede hallarse en su forma plural al contabilizarse más de uno de ellos. Determinan una indicación de desinterés tanto de una mujer hacia un hombre, como de un hombre hacia una mujer. Permiten contabilizar la escasez de atracción ejercida o dada. Algunos IDEs funcionan como señales conscientes e inconscientes que envían las mujeres cuando no se sienten atraídas por otra persona. Pueden ser verbales o no. Por ejemplo, simular que no se escucha, ser indiferente, no contestar una pregunta. Un IDE también es utilizado como concepto cuando se aplica en ecuaciones de atracción o micro calibración para analizar el resultado de algunos procesos necesarios durante el juego: un NEG es un IDE, una FLT también, etcétera.

**IDI** / Técnica. Acrónimo de *indicador de interés*. Puede hallarse en su forma plural al contabilizarse más de uno de ellos. Determinan una indicación de interés tanto de una mujer hacia un hombre como de un hombre hacia una mujer. Permiten medir la cantidad de atracción ejercida o dada. Algunos IDIs funcionan como señales conscientes e inconscientes que envían las mujeres cuando se sienten atraídas por alguien. Pueden ser verbales o no. Por ejemplo, sonreír, mirar a los ojos, tocar a la otra persona, preguntarle algo, retomar una conversación, permanecer cerca aunque no se esté interactuando. Un IDI también es utilizado como concepto cuando se aplica en ecuaciones de atracción o micro calibración para analizar el resultado de algunos procesos necesarios durante el juego: una DAV es un IDI, un *opener* también, etcétera.

**Inversión** / La *inversión* es un concepto de juego. Permite la contabilización estratégica de IDIs en la etapa de A3, en donde la cantidad de éstos comienza a generar confusión. Consciente o inconscientemente, las mujeres *invierten* en las relaciones de pareja; esto puede expresarse en lo emocional, físico, económico o en tiempo y esfuerzo. Cada uno de estos tipos de *inversión* es mensurable y puede ser generado por un Aven. A su vez, de la *inversión* se desprenden ciertas técnicas que ayudan a generar una *inversión* mayor por parte de la mujer y, en consecuencia, un mejor cambio de fases, con medidores más confiables de los niveles de atracción generados. Estas técnicas van desde el *rapport* o el *kino*, hasta la utilización de *test de obediencia* o *complicidad*.

**Juego sólido** / Analogía de un juego basado en cimientos sólidos en donde cada una de las fases se ha transitado con solidez. Un Aven con un juego avanzado utiliza esta terminología cuando entiende que, de principio a fin, su juego ha transcurrido en forma correcta y se han cumplido uno a uno todos los preceptos de la *atracción,* el *confort* y la *seducción*. También se utiliza la expresión "sólido" para distinguir procesos específicos que han salido a la perfección. Por ejemplo, "hacer un *numberclose* sólido".

**Kino** / Técnica. *Kino* proviene del término kinestesia, formado a partir de dos voces griegas: *kinesis*, "movimiento" y *aisthesis*, "sensación". Será atribuible a todo lo que sea contacto físico y su proyección en lo emocional. Es *inversión* y también es una forma de *levantar temperatura*. Requiere liderazgo al tocar, naturalidad e imprevisibilidad. Además, su *escalada* se relaciona con los conceptos del *push&pull*, pues permite un "tira y afloja" constante que lleva a que la interacción avance hacia el sexo. Esta *kinoescalada* es fundamental para que el cambio entre fases se realice de forma correcta y se evite caer en zona de amigos o se genere un innecesario *factor fulana*.

**Kissclose o kclose** / Técnica. En relación con *closes*. Cerrar la interacción con un beso.

**Lectura en frío** / Técnica. Del inglés *cold reading*, bajo su nombre genérico se agrupan diversas técnicas empleadas para que un sujeto convenza a otro de que sabe más acerca del él que lo que el propio sujeto conoce de sí mismo. Utilizado en psicología desde hace más de 50 años, ha tenido una aceptación social muy grande en ámbitos como la astrología o las predicciones. En la seducción se utiliza esta técnica para generar una fuerte conexión emocional, tanto en la etapa de *confort* como para suscitar *atracción*.

**Llamada de confort** / Técnica. Primer contacto telefónico luego del #*close*. El primer llamado suele utilizarse para construir *confort*. En el segundo llamado de *confort*, la cita puede plantearse de forma directa o indirecta.

**MAG** / Macho alfa del grupo. En animales sociales, en la comunidad, el macho o hembra alfa es el individuo que los otros siguen. En los humanos, esta expresión se refiere a un hombre poderoso, generalmente con posición social alta y con aptitudes de liderazgo de grupo. La acción o técnica de ocupar ese lugar o de repeler a quien lo detenta dentro de un *set* o de un determinado grupo social puede encontrarse en forma conjugada como, *maguear* o *magueo*.

**Marco** / El *marco* es todo el escenario en donde transcurre la interacción. A diferencia de los *contextos*, en donde una misma frase se puede interpretar de distintas formas, los *marcos* delimitan el alcance de una interacción mensurable en valor. Pueden incluir desde secuencias básicas de técnicas (como la *apertura* de un *set*) hasta complejas interacciones en grupo (como las generadas por la utilización avanzada de *social proof*). En ambas circunstancias, el *marco* delimita el valor que se ha generado; de acuerdo con la cantidad de éste, las interacciones resultarán efectivas o derivarán en rechazos que finalizarán toda posibilidad de juego. El *marco* se extiende hasta la cita y luego se hace fundacional en la relación que un Aven decida tener con una mujer.

**Micro calibrar** / Compensar en cada acción, rutina o técnica específica la relación entre *interés* y *desinterés*. Está relación IDE/IDI es fundamental para mantener un comportamiento equilibrado y lograr un *juego sólido* efectivo. Si un *opener* demuestra mucho *interés*, éste se micro calibrará con *desinterés*, tanto sea corporal (*body rocking*) o verbal (*falsa limitación temporal*). La micro calibración incluye también factores como la imprevisibilidad, para permitir que los patrones utilizados por el Aven no sean fáciles de deducir y, de esta forma, mantener el control y liderazgo sobre la interacción. Aparece también mencionado como micro calibración o palabras derivadas.

**NEG** / Técnica. Originariamente, del inglés *negative compliment*. Puede hallarse en su forma plural (NEGs) para contabilizar varios. Algunos autores españolizan el término como "Nega". La invención del término pertenece a Erik Von Markovik a.k.a. *Mystery*, y es un elemento fundamental de la personalidad arrogante y juguetona (*cocky&funny*) descripta por David DeAngelo como la que biológicamente genera atracción en una mujer. Al utilizarse en A2, esta técnica posibilita revertir los *valores relativos* entre un Aven y su *objetivo*. También le permite a él avanzar en su interacción y realizar un correcto cambio de fases. Los NEGs son comentarios juguetones y divertidos, que también pueden ser arrogantes pero nunca serán hirientes, humillantes ni tendrán el menor rasgo xenófobo. Permiten al Aven desmarcarse como potencial pareja con un interés sexual inmediato en la mujer. Por ejemplo, "¿Cómo te dejaron entrar a este *venue*? ¡Sos tan insoportable como mi hermanita menor!".

**Negación plausible** / Técnica. La *negación plausible* se utiliza en todas las fases del proceso de seducción. Otorga al hombre la responsabilidad en el liderazgo de la interacción y despoja a la mujer de la necesidad de tomar decisiones, sean positivas o negativas, con respecto a la posibilidad de tener sexo y a sus consecuencias. De esta manera se evita que se active en ella el *factor fulana*; también posibilita que la interacción continúe avanzando para beneficio mutuo. Un ejemplo: si en una primera cita un Aven ofrece a una mujer ir a tener sexo a su casa, las probabilidades de despertar el *factor fulana* en ella son altas. Si, en cambio, la invita a cocinar o a cenar, se construye una *negación plausible* que, incluso habiendo tenido sexo, brinda a la mujer la posibilidad de justificar que la cita era sólo para cocinar o una vía de escape si cambia de parecer y decide no tenerlo.

**ONS** / Acrónimo del inglés *one night stand*. Se refiere a una relación sexual de una sola noche y suele utilizarse para designar a las que se consuman en la misma noche en que las dos personas se conocen y/o se besan por primera vez. Dentro del juego, se ubica en una misma sucesión temporal, que va desde A1 a S3 sin interrupciones. Este concepto también se vincula con la creación de un juego sólido.

**Opener** / Técnica. Anglicismo referido a una frase de *apertura*. Ésta, junto a la FLT, conforma la ecuación inicial necesaria para superar el *escudo de protección* en un *set* y comenzar una interacción con un grupo de mujeres y hombres. A diferencia de cualquier frase, los *openers* poseen en su interior un patrón que permite no demostrar demasiado interés sexual de forma inmediata y generar *valor* en el tópico utilizado, para lograr llamar la atención del grupo. Pueden ser espontáneos, enlatados, guionados y hasta *rollplays*. Su variedad permite adaptarlos en forma congruente a las DAV del hombre que los utiliza.

**Pavoneo** / Técnica. En referencia al diseño del plumaje de los pavos reales que, al pavonearse, generan *atracción* en las hembras de su especie. Esta técnica es utilizada para amplificar nuestra respuesta en el campo, mediante el uso de una o dos prendas de vestir u objetos que llamen la atención. La aplicación de esta técnica permite demostrar que un hombre puede soportar mayor presión social (miradas, etc.) y, por ende, posee mayor VSR. Esta presión social también puede ser negativa. Será importante no exagerar en la utilización de objetos (para no resultar ridículo) y acompañarlos con una vestimenta acorde a las reglas de la inteligencia social. Utilizado correctamente, el *pavoneo* genera algo de *social proof*, un *valor relativo* mayor que si no se usa nada y la *negación plausible* necesaria para que una mujer pueda aproximarse a un hombre y *abrirlo*. También se encuentra el vocablo conjugado como verbo en el acto de *pavonearse*.

**Peón** / Mujer con la que un hombre demuestra *preselección* en un *venue*. Puede ser una amiga, un *obstáculo* o una completa desconocida. Se entiende por *peón* a la mujer que participa inconscientemente del juego y por la que un Aven no siente deseo específico de avanzar sexualmente.

**Peonaje** / Técnica. Acción de demostrar *preselección* con un *peón* en un *venue*. Suele utilizarse *kino* para llevarla del brazo, indicando conexión y liderazgo, recorriendo un circuito que permita ampliar el *marco* de *valor relativo* a la persona que está utilizando la técnica. Un ejemplo de esto es entrar con una mujer del brazo a la pista de baile.

**Pivote** / Es un *peón* consciente de su rol en las dinámicas del juego. Puede ser una amiga o incluso una familiar que colabora con un Aven para generarle *preselección*. Generalmente se atribuye el papel de *pivote* a las mujeres que son conscientes de las técnicas que un hombre está utilizando y colaboran con él para que obtenga mayor eficacia.

**PNL** / La programación neurolingüística (PNL) es un modelo de comunicación interpersonal que se ocupa fundamentalmente de la relación entre los comportamientos exitosos y las experiencias subjetivas subyacentes, en especial, modelos de pensamiento.

**Preselección** / Referido a VSR. Considerado uno de los tres interruptores principales de atracción. Una mujer considera que cuando un hombre es atractivo para otras mujeres es porque es apto como potencial pareja y a partir de ese instante se siente atraída por él. Técnicas como el *peonaje* coadyuvan a generar *preselección*. Para lograr esto, también sirve hablar de mujeres, amigas y referirse a situaciones amorosas (no sexuales) dentro de una interacción.

**Punto de enganche social** / Paso de la Fase A1 a la Fase A2. El hombre abre un *set* (A1) y supera el *escudo de protección* (utilizando una FLT + *opener*). Entonces, el *set* lo integra voluntariamente y logra el *punto de enganche social*. A partir de entonces, comienza la interacción en A2.

**Push&pull** / Técnica. Anglicismo. Consiste en mostrar interés y desinterés alternadamente. Quien primero describe su uso con detalle es Robert Greene en *El arte de la seducción*. El *push&pull* (empujar y tirar) tiene un poderoso efecto psicológico doble en las mujeres, pues es una forma única de enviar señales mezcladas. Empujando a una mujer fuera de radio (mostrando *desinterés*) y trayéndola de vuelta (con *demostraciones de interés* o aprobación) se logra confundir sus pensamientos y a ella le es difícil prever qué sucederá a continuación. Correctamente utilizada, esta técnica genera ansiedad y excitación. El tirar (traer, acercar) se tornará emocionalmente intenso, pues habrá habido un empuje previo. También se reconoce a esta técnica como *tire y afloje*.

**Rapport** / Técnica. Término proveniente de la Programación Neurolingüística (PNL). Indica el proceso en el que dos o más personas perciben que están en sintonía, sea porque sienten lo mismo o por el modo de relacionarse con los demás. El *rapport*, en teoría, incluye tres componentes conductuales: atención e interés mutuo, un lenguaje corporal positivo entre ambas personas, y coordinación de movimientos o sincronía. Un Aven utiliza esta técnica para generar *confort* con la otra persona y acelerar un cambio de fases que podría durar mucho más tiempo o no tener lugar jamás.

**Remordimiento de comprador** / Analogía. Se refiere al arrepentimiento que puede sentir un comprador cuando adquiere un producto en estado emocional de necesidad y que luego se arrepiente de su acto. De manera análoga, las mujeres que se sienten precariamente atraídas por un hombre que acaban de conocer, pueden llegar muy lejos en un lapso demasiado corto.

En el momento, pueden satisfacer su atracción o su excitación sexual, quedando expuestas luego a sentimientos de arrepentimiento si su estado emocional cambia. Este concepto guarda relación con el *factor fulana*, pues posee los mismos patrones de comportamiento emocional. Un Aven cuida permanentemente que su interacción no genere remordimiento en su *objetivo* y controla la *escalada* en *kino* para que la excitación sexual vaya de la mano con la construcción de *confort*. Algunas técnicas de *valor único* permiten acotar este tipo de *escaladas* sexuales fuera de control. Por ejemplo, si están sucediendo, el Aven puede susurrar al oído de ella, en plena excitación: "Éste no es el momento ni el lugar".

**Roll off** / Técnica. Anglicismo: autoexpulsarse. *Hacer un roll off* significa retirarse elegantemente de una interacción en un *set*, dejando abierta la posibilidad de retomarla luego.

**Rollplay** / Técnica. El *role playing* está comprendido dentro de las técnicas para generar dinámicas de grupo específicas. Dos o más personas representan una situación o caso concreto de la vida real, actuando según el papel que se les ha asignado de tal forma que éste se haga más vívido y auténtico. En seducción, se utiliza como técnica para generar un mayor *valor relativo* en el hombre y que, de esta manera, logre liderar situaciones que permitan un cambio de fase. Puede ser utilizado como un *opener* y llegar a ser un importante constructor de conexión y *confort*. Ejemplo de *rollplay*: "contratar" a una mujer como asistente personal, representar un casamiento, etcétera.

**RUM** / Acrónimo de *reevaluación de último minuto*. Como una respuesta en ansiedad similar a la desarrollada por el hombre cuando se aproxima a una mujer, la RUM puede aparecer en una mujer cuando presiente que la situación sexual es inminente. El sexo representa una *inversión* mayor para la mujer que para el hombre (principalmente, por la posibilidad latente de embarazo) por lo que resulta razonable que ellas evalúen hasta último momento la decisión de tener una relación sexual. La RUM es, entonces, una racionalización femenina; una última revisión de la propia decisión. Puede también ser un intento por evitar ser vistas como "chicas fáciles" con el consecuente perjuicio de su reputación o *valor social* en una sociedad muy conservadora: generalmente, un *juego sólido* evita la aparición de la RUM pues le asegura a la mujer que está por realizar una buena *inversión, congruente*.

**S1.** Primera fase de la etapa de *seducción*. La pareja comienza la *escalada* en *kino* hacia el sexo, los juegos preliminares. Si sucede muy rápidamente, esta *escalada* puede despertar el *factor fulana* y provocar una *resistencia de último minuto* (RUM).

**S2.** Fase intermedia de la etapa de *seducción*, punto de no retorno antes de que ocurra el sexo. Es el momento en que puede activarse la *resistencia de último minuto* (RUM).

**S3.** Fase final de la etapa de *seducción*: el sexo. Cuando esta etapa se reitera repetidamente, puede ser el comienzo de una relación estable.

**Set** / Anglicismo. *Set* es un grupo de personas reunidas, que puede tener cantidades variables de miembros; puede ser mixto o estar compuesto por hombres o mujeres exclusivamente. Una vez conseguido el punto de *enganche social*, un Aven desarrolla su *teoría de grupos* para lograr generar *atracción* dentro de los *sets*. La disposición misma de los *sets* decidirá la relación de valores que un Aven encontrará dentro del mismo y, en consecuencia, las técnicas que utilizará para lograr conseguir a su objetivo.

**Shittests** / Anglicismo. Los *shittests* son *indicadores de interés*. Pequeñas pruebas (en forma de pregunta, de comportamiento o actitud) que las mujeres realizan para evaluar la reacción de los hombres y medir así la congruencia con respecto al valor en VSR que éstos dicen o demuestran tener. Las mujeres sólo utilizan estos *shittests* cuando se sienten atraídas por un hombre. Bajo una aparente agresión (por ejemplo, "No me gusta tu camiseta") suele esconderse una *prueba de congruencia* para testear la seguridad de ese hombre en sí mismo. Un hombre de *alto valor* o un Aven pueden responder de tres maneras diferentes a estos *shittests*: revirtiéndolos, ignorándolos o planteando un nuevo *aro* o escenario para continuar generando atracción. Cualquier actitud reactiva confirmará en la mujer que hay errores en la *congruencia* entre ese hombre y su *valor*, y determinará que la interacción finalice.

**Social proof** / Técnica. Anglicismo: *prueba social*. Derivado de su propio concepto, *social proof* es la acción misma de llevar a cabo el concepto. La técnica se refiere a realizar aquellas acciones que aumenten nuestra *prueba social* dentro de un determinado grupo. El *valor* de un hombre (en VSR) siempre resulta de la suma de los *valores* de quienes lo rodean. A nivel social, esto facilita que la mujer compruebe una *congruencia* con ese valor; a partir de ese momento tendrá confianza en la *atracción* que está sintiendo y se permitirá actuar en consecuencia. Toda *prueba social* requiere la coordinación de ciertos elementos que un Aven controla, como la utilización de *rollplays*, la aplicación de *teoría de grupos* o la tolerancia de una determinada presión social. Por ejemplo, cuando un hombre es saludado efusivamente por el dueño de un *venue*, acompañado por mujeres hermosas y asediado por los flashes de la fotógrafa del sitio.

**State** / Referido al Aven. El *state* define la confianza en la habilidad desarrollada por un Aven para mantener un estado de ánimo proactivo acorde a sus exigencias de juego, que le permita conseguir resultados óptimos y avanzar en el correcto desarrollo de su propia habilidad en él. Esta capacidad se vincula con la de construir un VSR *congruente* y un estilo de vida acorde a las necesidades propias de todo hombre. También se lo llama *juego interno* (del inglés, *inner game*).

**Teoría de grupos** / La *teoría de grupos* es la solución aplicada a las dinámicas sociales que Mystery desarrolló para lograr invertir los valores (en VSR) iniciales entre un Aven y un *set* de mujeres. De esta forma, aplicando la división entre *objetivo* y *obstáculo* dentro del mismo, se consigue la oportunidad de generar *atracción* con un valor relativo inicial superior al nominal antes de aproximarse al *set*. La dinámica dentro del grupo permite que se lo utilice para beneficio del hombre y éste, en un lapso muy breve, pueda adoptar un papel de liderazgo y *complicidad* general dentro del mismo. El desarrollo de una habilidad en el manejo de esta *teoría de grupos* resulta esencial en la consecución de resultados.

**Teoría de la gata** / Crea una analogía entre la personalidad de las mujeres (especialmente sus mecanismos de dirección de la atención) y las actitudes felinas típicas. El punto principal en el que se basa esta analogía es que las mujeres, como los gatos, no aceptan órdenes pero en cambio pueden ser tentadas para tomar determinado curso de acción. Esta teoría tiene puntos similares con las conductistas, que apoyan su desempeño en los patrones de comportamiento que hacen a las interacciones. La *teoría de la gata* hace referencia a técnicas como el *push&pull*, la *kinoescalada* o la utilización de objetos de *pavoneo*.

**Test de complicidad** / Técnica. Conocida como *test de complicidad* o *TC*. Corresponde a una de las formas de generar *inversión* en esfuerzo y es altamente utilizada para poder medir los niveles de *complicidad* ante el requerimiento de avanzar en las fases del cortejo o juego. Corresponde a cualquier acto que un hombre logre que ella haga por él. No se trata del simple hecho de escucharlo, sino de que ella realice alguna acción para impedir que la interacción se acabe. Estos *tests TC* pueden utilizarse desde el comienzo mismo de la interacción, llegando hasta el sexo y más allá también. Son componentes decisivos en la dinámica de grupos y en la aceptación de patrones de comportamiento social.

**Valor único** / Técnica. Se utiliza para generar un sentimiento mutuo, que generalmente aflora en una pareja durante determinado tiempo luego de conocerse. Por cuestiones de cambios de fase en el juego, se aplica una distorsión temporal que permite que ambos sientan como si todo ese proceso ya hubiera pasado. Se utiliza desde la etapa de A3 en adelante. El *valor único* es una demostración de estándares por parte del hombre y una *validación* al *escaneo* generado en ella. Un chiste interno entre ambos, complicidad, un gusto en común o la confesión de un secreto son ejemplos de creación de *valor único*.

**Venue** / Del inglés, lugar. Un *venue* es la locación en la que un Aven realiza su juego. Puede ser un bar, boliche, galería de arte, reunión privada o cualquier espacio de ocio donde se reúnan hombres y mujeres a interactuar socialmente.

**VSR** / Acrónimo de *valor de supervivencia y reproducción*. El *valor de supervivencia* es la capacidad que tiene cierto individuo para sobrevivir en su hábitat. El *valor de reproducción* está determinado por la genética de ese individuo; si es sano y fértil, él posee un mayor *valor de reproducción*. A la hora de seleccionar compañeros sexuales, todas las especies animales se inclinarán por los especímenes de mayores *valores de supervivencia y reproducción* entre los posibles candidatos. Dentro del juego, un Aven realiza mediciones constantes de este *valor* con el fin de generar atracción. Dentro de la terminología, es conocido también como *valor* o *valor relativo*.

# Bibliografía

BRIZENDINE, Louann. El cerebro femenino. Las claves científicas de como piensan y actuan las mujeres y las niñas. Paris. Editorial RBA/Del nuevo extremo, 2010.
CARNEGIE, Dale. Cómo ganar amigos e influenciar sobre las personas. Buenos Aires: Ediciones Sudamericana, 2006.
COVEY, Stephen. Los 7 hábitos de la gente altamente efectiva. Barcelona: Ediciones Paidós, 2005.
DEANGELO, David, How to meet women in bars and clubs. Nueva York, DD, 2005.
DYER, Wayne. Tus zonas erróneas. México: Editorial Grijalbo, 1991.
FERRIS, Timothy. O Céu da Mente. Rio de Janeiro: Editorial Campus, 1993.
FISHER, Helen. Anatomía del amor. Barcelona: Ediciones Anagrama, 1992.
—, Por qué amamos. Buenos Aires: Ediciones Punto de lectura, 2006.
FISAS, Carlos. Erotismo en la historia. Barcelona: Editorial Plaza Janes, 1999.
FROMM, Erich. El arte de amar. Madrid, Editorial Paidós, 2009.
FROMM, Erich. El miedo a la libertad. Madrid, Editorial Paidós, 2009.
FUSARO, Fabio. Mi novia, manual de instrucciones. Buenos Aires. Editorial Siglo XXI, 2006.
GALLOTI, Alicia. Placer sin limites. Barcelona: Ediciones Marinez Roca, 2000.
GLADWELL. Malcolm. Blink: The Power of Thinking Without Thinking. USA: Editorial Back Bay Books, 2005.
GOLEMAN, Daniel. Inteligencia emocional. Madrid. Editorial Kairos, 2010.
GOLOMBEK, Diego. Sexo, drogas y biología. Buenos Aires. Editorial Siglo XXI, 2006.
GRAY, John. Las mujeres son de Venus y los hombres son de Marte. Barcelona: Debolsillo, 2009.
GREENE, Robert. El arte de la seducción. Barcelona: Espasa-Calpe, 2011.
HARRIS, Carol. Los elementos de PNL. Madrid: Ediciones Improve, 2002.
HELITZER, Melvin. Comedy writing secrets. Cincinnati, EE. UU.: Writers Digest Books, 2012.
HOPKINS, Cathy. A la caza de las mujeres. Buenos Aires, Editor Javier Vergara, 1991.
KIYOSAKI, Robert y LECHTER, Sharon. Padre rico, padre pobre. Buenos Aires: Editorial Aguilar, 1997.
LOWNDES, Leil. How to make anyone fall in love with you. EE. UU.: McGrawHill, 1997. - Undercover Sex Signals, 2006, Citadel Press Inc.,U.S.
MAGARIN, Dalila. O homem irresistível. San Pablo: Editorial Original.
MANSON, Mark. Models: Attract women through honesty. London. Editorial CIPP. 2011
MORRIS, Hugh. The art of kissing. EE. UU.: Dolphin Books, 1977.
ORTEGA Y GASSET, José, Estudios sobre el amor, Madrid, Editorial Edaf, 1994.
PEASE, Allan y Bárbara. El lenguaje del cuerpo. Barcelona: Ediciones Amat, 2006.
ROBBINS, Anthony. Poder sin límites. Buenos Aires. Editorial Vintage, 2010.
STRAUSS, Neil. El método. Barcelona: Ediciones Planeta, 2006.
SAVIAN, Sergio. Paquera, guia prático da conquista. San Pablo:Editora Gente, 1999.
TZU, Sun. El arte de la guerra.
VON MARKOVIK, Erik, The Mystery Method: How To Get Beautiful Woman Into Bed, Connecticut, Tantor Media, Inc; Library edition, 2007.
WEIL, Pierre y TOMPAKOW, Roland. O corpo fala. Rio de janeiro: Editorial Vozez, 2000.

## ¡Esto recién comienza!

No tenemos dudas de que luego de leer este libro muchas cosas habrán cambiado en tu vida.

Sin embargo... esto recién comienza.

Las habilidades sociales son un camino de crecimiento continuo. No hay una meta a la que llegar, ni laureles en los que dormirse. Se trata de ser una mejor persona día a día y para siempre.

Queremos que sepas que estamos para acompañarte en el desarrollo de tus habilidades al nivel de la perfección que desees.

Sin importar cuánto hayas logrado, nos gustaría que consideres este libro como el puntapié inicial: toda habilidad se practica y se mejora a niveles exponenciales con la guía de un mentor.

Te invitamos a seguir transitando este camino con nosotros.

Visitá www.levantarte.com para acceder a mentorías, entrenamientos y cursos con Martín Rieznik

¡Lo mejor está por venir!

Se terminó de producir en el mes de abril de 2021
en Latingráfica S.R.L., Rocamora 4161,
Ciudad Autónoma de Buenos Aires.